W0464963

Kiara Windrider

Das Portal zur Ewigkeit

Anleitung zum Planetaren Aufstieg

R.LippertVerlag

© COPYRIGHT 2002 by Kiara Windrider
All rights reserved.

Titel der amerikanischen Originalausgabe:
"Doorway to Eternity"
Neue - überarbeitete Ausgabe September 2003

Titelbild: Rudolf Lippert
Gestaltung: Rudolf Lippert

Deutsche Erstausgabe September 2003
© COPYRIGHT
by R. Lippert Verlag, Hartgass 9,
D-88639 Wald. Tel.: 07578-2229, Fax: /-933194
www.lippert-verlag.de
e-mail: service@lippert-verlag.de

Printed in Germany

ISBN 3-933470-20-X

Kiara Windrider

Das Portal zur Ewigkeit

Anleitung zum Planetaren Aufstieg

R.LippertVerlag

Zum Inhalt

Wir haben jeden Tag die Möglichkeit, uns dafür zu entscheiden, unser Leben in Fülle zu leben. Kiara hat ernsthaft damit begonnen, als er in Indien einen Sturz in einen mehrere hundert Fuß hohen Wasserfall überlebte. Er beschäftigte sich mit Buddhismus, Hinduismus, den Christlichen Religionen, dem Sufismus und den Philosophien von Taoismus und Zen. Nach seiner Rückkehr nach Amerika beendete er sein Studium. Er war einerseits fasziniert von den vielen Aspekten des „New Age", denen er in Kalifornien begegnete, andererseits jedoch enttäuscht davon, wie wenig Tiefgang in einigen dieser Richtungen zu finden war. Während einer Meditation erschien ihm Babaji und bat ihn, sein „Botschafter" zu werden und ihn dem Westen auf direkte Art vorzustellen. Das war nur der Beginn vieler erstaunlicher Kommunikationen, die sich von Aufgestiegenen Meistern in Mt. Shasta, über Wale und Delphine in Hawaii, die Kumara des Planeten Maldek bis zu wieder erwachten Drachen, Zeitreisenden und Mutter Erde selbst erstreckten – Mutter Erde wird von Kiara liebevoll "Lady Gaia" genannt.

Die Informationen aus all diesen Quellen kreisen um ein zentrales Thema: Die Erde und die Menschheit sind im Begriff, in eine höhere Dimension einzutreten; dazu bekommen wir jede Menge Hilfe, damit wir diesen Übergang mit Freude wagen können, statt den Anschluß zu verpassen. Gegen Ende des Buches befinden sich leicht verständliche Meditationen und Techniken, die der Einswerdung mit dem Selbst dienen und den Lichtkörper aktivieren. Sie sind in erzählerischer Form dargeboten und eignen sich für Einzel- oder Gruppenanwendung.

Kiaras Reise des Erwachens ist eine Inspiration für alle, welche das Licht suchen und wünschen, sich selbst zu verändern, so wie unser Planet sich auf seinem Weg in eine höhere Dimension verändert.

Einladung

Es gibt in jeder einzelnen unserer Erfahrungen ein "Portal zur Ewigkeit", ein schimmerndes Portal aus Licht in dem sich alle unsere Illusionen der Trennung auflösen. Sobald wir diesen Torbogen durchschreiten, verbinden wir uns mit unserem Lichtkörper und betreten das Mysterium Gottes, die ICH BIN-Gegenwart, jenen Aspekt des Seins; der in vereinigtem Licht verweilt. Wir vereinen beides. Auf unserem Rückweg durch den Torbogen werden wir als verkörperte Gegenwart, vollkommen erwacht; in der Welt der Formen, nicht länger Geisel der ihr innewohnenden Begrenzungen sein. Dieser Prozeß ist unter dem Begriff "Aufstieg" oder "vollkommene Körpererleuchtung" bekannt. Nur durch den Umstand, daß wir dieses Portal durchschreiten und wieder zurückkommen, wird unsere Gabe an die Menschheit größer als unsere Vorstellung sein. Jesus erlangte dies in der Auferstehung. Um dies heute zu erreichen brauchen wir jedoch nicht zu sterben. Wir müssen allerdings Auffassungen und Identitäten sterben lassen, die uns hier nicht weiter helfen. Wir sollten vertrauen, daß wir wissen, daß es möglich ist. Ganz wesentlich ist zudem eine tiefe Hingabe an die Seele.

Falls diese Worte eine verborgene Erinnerung hervorrufen, befindest Du Dich vielleicht auf diesem Pfad. Dieses Buch wird der Sehnsucht der Seele eine Form geben. Ich werde meine persönlichen Reisen mit dem Leser/der Leserin teilen und einige Lehren und praktische Übungen näher sondieren. Hierzu gehören verschiedene Meditationsformen, Lichtkörperübungen, Methoden zur Selbsterkenntnis und Reprogrammierung der Zellen. Über diese Arbeit hinaus wollen wir unsere Herzen für den Wind des Geistes öffnen, für das größtmögliche, und dies möge uns leiten. Die Reise des Erwachens ist ein Paradoxon: Wenn wir uns mit dem Selbst verbinden, stellen wir gleichzeitig fest, daß wir niemals davon getrennt waren. Wir sind bereits alles, was wir werden möchten und der Aufgestiegene Meister schlummert in jedem von uns. Laßt uns einander helfen, durch dieses Portal zu gehen und zu unserem erwachten Selbst zu finden.

Lesermeinungen

„Eine schöne, sensible Geschichte von der Suche einer sanften Seele nach Weiterentwicklung und Erleuchtung und die dabei entdeckte Weisheit."
Dolores Cannon, Autorin von zwölf metaphysischen Büchern
www.ozarkm.com

„Eine wahrlich wunderbare, kluge und liebevolle Verbindung von Liebe und Weisheit. *Das Portal zur Ewigkeit* ist genau das, was der Titel verspricht und bringt den Leser punktgenau in das Herz, die Gedanken und den Geist dessen, was IN EWIGKEIT EXISTIERT. Eine der intensivsten Beschreibungen einer Reise durch die großen Mysterien des Lebens, gleichzeitig jedoch auch eine der liebevollsten und sanftesten. Ein Muß für alle, welche die wahre Natur der Realität, des Aufstiegs, des Wachstums und des Seins erforschen wollen."
Rev. Janna S. Parker, Channel für Quan Yin
spiritualconnection.cc

„Von Zeit zu Zeit begegnen wir einer schönen Seele, welche die reine und unbefleckte Liebe des Geistes ausstrahlt. Solch ein Mensch ist Kiara Windrider. Sein inspiriertes Buch, *Das Portal zur Ewigkeit*, spiegelt Schönheit und tiefe Weisheit wider, die nur der tiefsten Quelle entstammen können. Er berührt viele komplexe Themen, und seine Antworten sind so klar und schlicht, daß jeder, der in diese Richtung geführt wird, ein tiefes Verständnis für das Universum und seine Zusammenhänge sowie für die Mysterien des Lebens gewinnen kann. Dieses Buch gehört sicherlich zu den großen Werken unserer Zeit."

Ronna Herman, Botschafterin für Erzengel Michael und Autorin der Bücher *On Wings of Light, The Golden Promise, Once Upon A New World* - eine Trilogie
ronnastar.com

„Kiara Windrider ist ein Meister und sein Buch *Das Portal zur Ewigkeit* überbringt seine Botschaft. Dieses Werkzeug des Lichtes zeugt vom großen Herzen seines Autors, einem Herzen, das voll Hingabe der Mit-Erschaffung des Himmels auf Erden geweiht ist. Kiara lebt im Bewußtsein der Wahrheit und beschenkt den Leser mit Weisheit und Liebe, welche Pforten sind zur ewigen Einheit allen Lebens.
Die kristallenen Seiten dieser Anleitung zum Aufstieg enthalten viele Themen und zeigen Eigenschaften und Attribute Gottes, welche Veränderungen herbeiführen, Freude verbreiten und das ehrliche Bemühen des Menschen um Anpassung und Wiedervereinigung mit dem Ursprung unterstützen. Für jeden, der dem Geist durch die Spirale des Aufstiegs in die lichten Höhen folgt, in denen dieses Werk geschrieben wurde, ist dieses Buch ein wertvoller Begleiter."
Wistancia Stone, Autorin des Buches *Invocations to the Light*.
drjoshuadavidstone.com/wist/wistmain.htm

„*Das Portal zur Ewigkeit* läßt wundersame Bilder von Delphinen, Walen, erwachenden Drachen, Wölfen und transdimensionalen Wesen entstehen. Der Text ist klar im Ausdruck und eine vernünftige, intelligente Annäherung an Lehren, die ihren Ursprung in vielen Welten haben. Kiaras exzellente Meditationen sind voll mystischer Schönheit und exakt in der Anleitung. Ihre hohe Schwingungsresonanz regt die inneren Transformationsprozesse an, welche für den Aufstieg erforderlich sind. Entzückend!"

Patricia Pereira, Autorin des 4-bändigen Werkes *Arcturian Star Chronicles*
beyondword.com/books/asc.html

„Das Buch ist exzellent, das ‚Land', aus welchem Kiara kommt, spürbar schön und für jeden erreichbar, der ein Zuhause sucht; seine Gründlichkeit und Egolosigkeit sind wie eine frische Brise, die über den Planeten weht."
Chrysta Anderson, Hauptreferentin
friendslanding.net

„*Das Portal zur Ewigkeit* ist für mich ein Experiment. Nach nur 86 gelesenen Seiten und einer Nacht der Integration habe ich das Gefühl, als würden die Kanten meines Körpers, meines Geistes und meiner Seele weich werden. Das Licht der Delphine und Wale und ganz speziell die „sphärische Wahrnehmung" erfüllen mich. Ich betrachte alles als Energie, die sich in Kugelform manifestiert. Meine Chakren, die Medulla und das physische Selbst können sich mühelos öffnen. Ich fühle, daß ein großer Delphingeist über mir steht, es ist, als wären wir auf vielen Dimensionen eine Einheit. Er ist speziell auf mein Drittes Auge ausgerichtet. Seine Augen gehen über die meinen hinaus, er umgibt und steht über meiner physischen Form. Ich fühle, wie sich während der Nacht unsere Hologramme miteinander verbinden. Alles, von dem ich überzeugt war, daß ich es bin, löst sich auf – die Grenzen verschwinden, die Freiheit umfängt mich. Ich kann es kaum erwarten, den Rest von Kiaras unglaublicher Beschreibung seiner spirituellen Reise zu lesen. Mit seinem Buch schlägt die Geburtsstunde unseres eigenen, unbegrenzten, spirituellen Potentials."
Mary McChrist, Botschafterin für die geliebte Mutter Maria, visionäre Künstlerin, Autorin des Buches *The Blessed Mother's Blue Rose of Healing Heart.*
www.mother-matrix.org

„Dieses Buch ist ein Weckruf für unsere Zeit. Kiara vermittelt uns sein strahlendes Licht und sein offenes Herz. Er nimmt uns mit auf seine Reise der Erwachens – und er beschreibt sie klar, mutig und voller Verletzlichkeit. Dies ist nicht nur ein Buch, es ist ein offenes Tor zu den unendlichen Möglichkeiten unseres menschlichen und gleichzeitig göttlichen Geistes."
Diana Gazes, visionäre Lehrerin und interaktive TV-Produzentin

„*Das Portal zur Ewigkeit* beschreibt Kiaras sehr persönliche Suche nach der spirituellen Wahrheit und zeigt die Einsichten und Botschaften auf, die er auf diesem Wege erfahren hat. Er beweist in diesem Buch seine brillante Beherrschung der englischen Sprache und die Fähigkeit, extrem persönliche und intime, ja nahezu unbeschreibliche Erfahrungen dem Leser nahezubringen und ihm sein freudiges Staunen und seine Ehrfurcht fühlbar zu machen. Dieses Buch ist einmal mehr der Beweis dafür, wie unterschiedlich und komplex wir alle sind. Inspirierend und voller Einsichten!"
Christine Chalenor, Autorin des Buches *Calling All Angels*
www.christinechalenor.com

„Kiaras ganz persönliche Ausstrahlung von Liebe, Frieden und Harmonie ist ganz stark in der Weisheit präsent, die sein Buch *Das Portal zur Ewigkeit* vermittelt. Wenn du am Suchen bist und nach Erleuchtung dürstest, wird dieses Buch ganz sicher dein Herz berühren."
Craig Russell, Autor des Buches *Ancient Mysteries Revealed*
www.soul-journey.com

„Wir arbeiten bereits seit zwanzig Jahren mit Kiara zusammen, sowohl während als auch nach unserer Pilgerfahrt zum Herakhan Babaji Ashram in Indien. Für uns ist Kiara der wiedergeborene Babaji."

Raja und Moira Dove, Begründer von Aquarian Perspectives
www.stardoves.com

„Meiner Meinung nach ist dies das wichtigste Buch, das zur Zeit auf dem Markt ist! Nicht nur deshalb, weil es informativ und detailliert das Thema behandelt, sondern weil es meine Betrachtungsweise z.B. in bezug auf die „Grauen" und Luzifer um 180° gewendet hat, was bewirkt, daß mehr Licht in mich einströmen kann. Diese Tatsache allein erfüllt mein Herz mit so großer Freude und Anerkennung, daß ich nicht imstande bin, es in Worten auszudrücken! Dein Buch des Lichtes hat es mir ermöglicht, als Lichtarbeiter einen großen Schritt vorwärts zu tun."
Jan Reynolds, Bloomington, Indiana

Inhalt

Inhalt

Inhalt

Gedichte

Diagramme

Inhalt

Danksagung

Ich danke meinen Eltern, daß sie mich auf diese Welt gebracht und mit der Realität des Geistes und der Liebe erzogen haben und daß sie mir immer wieder Mut machten, meinen eigenen, „vom Herzen geleiteten Weg" zu finden. Ich liebe Euch. Ich danke meinem Bruder und meiner Schwester und ihren Familien für die Nähe und die Freude, die sie in mein Leben bringen. Ich danke den Walen, den Delphinen, den Feen und den Aufgestiegenen und Kosmischen Meistern, die alle Teil meiner irdischen Familie sind.

Ich danke Gaia, der Göttin der Erde, und Pan, dem Herrn der Devas und Naturgeister, für die wunderbare Schönheit, die Heilung und das Mitgefühl, mit welchen sie diese Welt erfüllen. Ich danke ihnen auch für die unendliche Geduld, die sie für die Menschen aufbringen. Ich danke meinem Seelenbruder und Mitforscher Barry Martin für die vielen inspirierten Gespräche, welche die Grundlage für diese Buch waren. Ich danke Moira Timms für ihre außergewöhnlichen Beiträge, ihre Ideen und das Feedback während des gesamten Prozesses. Ich danke allen Mitgliedern meiner Seelenfamilie hier auf Erden und im Jenseits für die vielen Geschenke des Herzens und der Seele, die mir von jedem von Euch zuteil geworden sind; vielleicht erhalte ich einige davon auch noch später von Euch, meine Leser. Und darüber hinaus entbiete ich dem Einen Geist, der in allen Dingen lebt, meine niemals endende Liebe, Dankbarkeit und Treue.

Zum Geleit

Als mich Kiara bat, sein Manuskript durchzulesen, war ich einerseits erfreut, zögerte jedoch auch ein bißchen. Was mich freute, war die Tatsache, daß er mich einlud, an einer neuen Dimension seines Lebens teilzuhaben, und die Gelegenheit, eine bereits tiefe, uns beide befruchtende Freundschaft noch zu intensivieren. Mein Zögern entstammte einer Gleichgültigkeit, die mich immer wieder dann überfiel, wenn ich in den vergangenen Jahren Bücher über den Aufstieg las.

Zugegeben, ein Teil meiner Zurückhaltung war auch darauf zurückzuführen, wie mein eigener Weg sich entwickelte. Viele Jahre hatte ich mich auf den Aufstieg konzentriert und sah mich dann plötzlich genötigt, mich eine Zeitlang mit der Erde und dem Leben in einem Körper auseinanderzusetzen, und zu erkennen, daß das Göttliche in jeder Form präsent ist.

Ich will hier die Wege, welche den Aufstieg zum Thema haben, weder kritisieren noch herabsetzen. Es ist nur so, daß dieser spirituelle Weg, so wie alle anderen auch, seine Vorteile, aber auch seine Grenzen hat. Sobald ich begonnen hatte, die Einleitung zu lesen, lösten sich meine Vorbehalte in Rauch auf. Die Wärme und die Verletzlichkeit, mit welcher Kiara seine inneren Prozesse und seinen inneren Kampf in bezug auf das Schreiben dieses Buches darlegte, berührten mich tief. Daß er seine Menschlichkeit auf diese Art zuließ und zeigte, öffnete mein Herz und meine Seele, und gab mir das Gefühl des „Heimkommens". Eine solche Offenheit ist unendlich wichtig auf dem spirituellen Weg, da sich das Ego immer wieder einschleicht und uns davon zu überzeugen sucht, daß wir uns zwar nach außen hin spirituell geben müssen, dabei jedoch unsere Unvollkommenheiten und Schwächen tunlichst verbergen sollten. Durch seine eigenen Erfahrungen beweist uns Kiara, daß wir vollständig transparent sein und unsere Zweifel und unser Ungenügen zeigen können, auch während wir an unserer Vision des Christus-Seins und des Erreichens der höchsten Energie- und Bewußtseinsschwingungen festhalten. Diese tiefe Demut, die bedingungslose Liebe und das Akzeptieren des Ortes, an dem wir uns auf unserer Reise gerade befinden, erleichtern uns den Weg nach Hause.

Wenn wir unsere „Menschlichkeit" zulassen, lassen wir in gleicher Weise auch unsere „Göttlichkeit" zu. Dieser rote Faden zieht sich durch das ganze Buch und es sollte daher auch jene Menschen ansprechen, die sonst mit dem Thema Aufstieg nicht viel anzufangen wissen. Kiaras sehr persönliche Geschichten sind fesselnd und haben mir zu tiefen, körperlich erfahrbaren Einsichten verholfen, im Gegensatz zu Beschreibungen, die sich mehr als Konzepte des Geistes niederschlagen.

Ich hatte das Gefühl, an einer Reise des Erwachens teilzuhaben, und ich nahm die ständigen Veränderungen wahr, die mir widerfuhren. *Das Portal zur Ewigkeit* enthüllt die Wahrheit über den lebendigen Prozeß der spirituellen Reise mit all ihren ekstatischen Höhen und Epiphanien, wie auch dem tiefen Eindringen in die dunkle und schmerzliche Schattenwelt. Was mich faszinierte, war die Reichweite der angesprochenen Themen, welche sogar „Den Fall" oder die Rebellion des Luzifer in die Vollkommenheit des göttlichen Planes mit einschloß. Bei keiner der beschriebenen Situationen hatte ich das Gefühl, daß hier Kritik geübt oder sie ausgeschlossen wurde. Ebenso wenig hatte ich jemals das Gefühl, daß mir hier fixfertige Lösungen zum Erreichen des Himmels, „Schlüssel zum Himmelstor", wenn man so will, angeboten wurden. Wie erfrischend, wie ehrlich! Und doch hatte ich letztlich den Eindruck, hilfreiche Einsichten und ein größeres Verständnis gewonnen zu haben – Dinge, die meinem Weg nach Hause zuträglich sind. Als ich mich Schritt für Schritt entlang der im Buch beschriebenen Erfahrungen vorwärts bewegte, spürte ich immer wieder, wie meine Energie und mein Bewußtsein stärker wurden. Es war, als würde ich gleichzeitig mit dem Lesen eine Aktivation erfahren, als würde eine innere Arbeit durchgeführt. Wenn jemand *Das Portal zur Ewigkeit* zur Hand nimmt, dann erwirbt er sich damit sehr viel mehr als nur ein Buch.

Es haben sich mir sehr viele neue Möglichkeiten auf neuen Ebenen aufgetan. Das Kapitel über „Windrider" hat in mir die Erkenntnis neu geweckt, daß wir auf einer anderen Ebene den Schritt ins eigene göttliche Selbst bereits getan haben. Es ist ein logischer Schluß, eine Tatsache, die jenseits von Zeit und Raum liegt. Wenn es ganz klar wird, daß wir unser zukünftiges, oder bereits vervollständigtes, Selbst in die gegenwärtige Erfahrung einfließen lassen können, dann steht das Tor weit offen für eine unwahrscheinlich beschleunigte Entwicklung der Seele. Wie hilfreich ist dies, wenn man bedenkt, daß wir auf einem Planeten leben, der durch die Unwägbarkeiten der dritten Dimension gefährdet ist!

Viele der Meditationen erschienen mir sehr wirkungsvoll, speziell diejenige, welche das Medulla-Chakra öffnet und damit das sphärische Bewußtsein, wie wir es bei den Walen finden, aktiviert. Diese Meditation hat in mir den gleichen Bewußtseinszustand hervorgerufen, wie ich es vom Schwimmen mit den Delphinen kenne, ich habe ihn nur noch tiefer empfunden. Ich arbeite weiterhin damit und verbinde diese Erfahrung mit dem Kronenchakra und dem Herzen. Dabei öffnen sich Fenster in ein noch tieferes Gefühl der Göttlichkeit innerhalb des Gewebes der

Materie; auch zeigt sich immer stärker, wie wichtig es ist, den weiblichen Aspekt des Christusbewußtseins zu wecken. Die Meditation zur Heilung der Zeitlinien brachte für mich eine Anzahl von Aspekten meines Selbst ins Bewußtsein zurück, machte sie für mich zugänglich. Dies, in Verbindung mit der Übung der Gespräche mit den fünf Aspekten des Selbst, schuf innerhalb meiner Seelenstruktur ein noch stärkeres Gefühl der Harmonie und Einheit. Ich bin der Meinung, daß *Das Portal zur Ewigkeit* ein Quell des neuen Erwachens und der tiefen Veränderung ist, zu dem viele Leser immer wieder greifen werden. Kiaras Gedichte entstammen ohne Zweifel den Tiefen seiner Göttlichkeit. Ihr Inhalt ist so reich und umschließt in sprachgewaltiger, klangvoller Form die Quintessenz der Aussagen eines Kapitels. Diese werden dadurch tiefer in die Psyche eingeführt, bis jenseits der subtilen Barrieren des wachen Geistes.

Wenn ich die Einführung zu diesem Buch im wesentlichen zusammenfassen müßte, würde ich sagen, daß mir am stärksten das Gefühl der Leichtigkeit, der Gnade, der allumfassenden Einheit und Liebe aufgefallen ist, die dieses Buch verströmt. Es vermittelt mir, daß ich von den sanften, milden Armen des göttlich Weiblichen umfangen und in Höhen getragen werde, die mir die Möglichkeit zur Verwirklichung der größten Fähigkeiten meines Geistes gestatten. Es ist eine ganz seltene Erfahrung, all diese Aspekte und Dimensionen der spirituellen Reise auf solche Weise ins Bewußtsein gebracht und so exakt beschrieben zu bekommen, wie dies sowohl mit den Informationen als auch den eigenen Erfahrungen in dem Buch *Das Portal zur Ewigkeit* der Fall ist.

Barry Martin

Der Garten meiner Seele

Jenseits der Flammen liegt ein Garten.
Um ihn zu betreten, muß alles verbrennen:
das, was ich immer meinte, zu sein;
alle Geschichten, die ich erzählte;
alle, die mir lieb waren und wohl bekannt;
alle Gedanken an Trennung und Verlust,
selbst meine Sehnsucht nach Einheit.
Mit leeren Händen muß ich gehen,
nichts erwartend,
doch alles gebend, was ich bin.
Wie ist der Preis so gering
für den Garten meiner Seele.

Prolog

Der erste Schritt ist immer der schwerste. Das gleiche gilt auch für dieses Buch. Wo soll ich beginnen? Was soll ich sagen? Was kann ich bei dem Riesenangebot an metaphysischer und spiritueller Literatur, welches heutzutage die Bücherregale füllt, noch Bedeutsames und Neues sagen?Viele Jahre lang lag der Inhalt dieses Buch in meinem Inneren und in meinen privaten Tagebüchern verborgen. Warum sollte ich wiederholen, was andere bereits gesagt hatten? Was veranlaßt mich zu meinen, ich hätte überhaupt etwas Wichtiges zu sagen? Und wenn ich tatsächlich Bedeutsames und Neues zu sagen hätte, was wäre, wenn es im Widerspruch zu den Aussagen respektierter Autoren und Lehrer stünde? Im Bereich der Metaphysik gibt es schon genügend Unstimmigkeiten und ich möchte nicht noch mehr hinzufügen.

Und doch, das Gefühl der Dringlichkeit wurde immer stärker. Immer wieder wurde mir gesagt, daß ich dieses Buch schreiben müsse, selbst wenn es nur dazu dient, mein eigenes Erinnern zu vertiefen. Immer wieder fand ich Ausreden und lief davon. „Ich glaube einfach nicht an versteinerte Wahrheiten", pflegte ich zu sagen. „Die einzig unveränderliche Wahrheit liegt in der Veränderung selbst." Jedes Mal, wenn ich meinte, endlich etwas verstanden zu haben, dann veränderte es sich und bot eine neue Perspektive. „Das Tao, welches erklärt werden kann, ist nicht das wahre Tao", war mein Argument. „Das wahre Tao kann nicht erklärt werden. Warum also soll ich etwas erklären?" Heute weiß ich, daß mein kleines Selbst lieber in der Sicherheit von Abgeschiedenheit und Anonymität verbleiben möchte. Ich sage mir, daß ich eins bin mit allen – und doch plädiere ich auf

Individualismus, wenn der Eine durch mich sprechen will. Nachdem ich für jeden in meinem Umfeld endlos Nelson Mandelas Inaugurationsrede zitiert habe, bekommen die Worte endlich auch für mich Gültigkeit. Ich lasse die „Kinderspiele“ sein – aber wenigstens nicht deshalb, weil ich mich davor fürchte, „in der Welt der Erwachsenen mitzuspielen.“ Vielleicht kann ich jetzt einen Anfang machen.

Bruder Sonne

Bruder Sonne, so fragte ich einmal,
wirst du´s nie leid
endlos am Himmel zu kreisen?
Aufsteigend, wieder versinkend,
erschaffend das Mysterium von Tag und Nacht?
Er sah mich an,
sah sachte in mein Herz
und füllte mich mit seinem Licht.
Nicht ich ziehe Kreise durch den Himmel,
um Tag und Nacht zu schaffen, sprach er.
Hier gibt es nur das Licht, unsterblich,
ewig strahlend;
was sonst du siehst, ist, was dein Blick dir zeigt.
Sieh mich an und du siehst dich selbst;
die Schatten fliehen
in das Licht der Tagesmitte.
Hast du´s einmal gesehen,
bist du nie wieder nur ein Körnchen Staub,
das um mich kreist, vom Wind getrieben wird,
vereinsamt und allein.
Sei du die Sonne - Licht, das niemals endet.
Ja, sei du eine Sonne für dich selbst.
Dann kreisen wir, der eine in dem andern
für alle Ewigkeit.

Einleitung

Wer bin ich? Ich bin lange Zeit außerhalb von mir selbst unterwegs gewesen, habe mich hinter einem verdunkelten Spiegel des Selbst versteckt und verzweifelt versucht, durch die Schleier des Vergessens hindurch das zu finden, was ich immer schon war. Jetzt ist es an der Zeit, daß wir uns mit allen Aspekten unseres Selbst verbinden, um unser gewaltiges Schicksal hier auf Erden zu erfüllen. Dieses Buch hat seinen Ursprung in meiner Reise des Erwachens und soll dazu dienen, auf unserer, jetzt gemeinsamen Reise, wieder verschiedene Erinnerungen zu wecken. Wir, Du und ich, sind nicht voneinander getrennt. Wir, die Erde und wir, sind nicht voneinander getrennt. Wir, die Person und Seele, Mensch und Gott, sind nicht voneinander getrennt. Wir haben uns abgelöst, doch nun müssen wir wieder den Anschluß finden, uns wieder erinnern.

Es hat unterschiedliche Wege gegeben, die meine Erinnerung weckten, auch vielerlei Techniken und Hilfsmittel, die mir auf meinem Weg behilflich waren. Einige davon möchte ich Euch hier vorstellen. In vergangenen Zeiten mußten sich spirituelle Initiaten speziellen Übungen und Prüfungen unterziehen, um den physischen Körper zu stärken, den Emotionalkörper zu reinigen und den Lichtkörper zu aktivieren. Jetzt aber, in diesen Zeiten der Beschleunigung, ist unser gesamtes Leben zu solch einer Übung, solch einer Prüfung geworden. Und doch ist es sehr leicht möglich, sich im Irrgarten von zu vielen, für eine Veränderung jedoch wertlosen Informationen zu verlieren. Ein wesentlicher Bestandteil meiner Reise in eine tiefere Präsenz war das wachsende Verständnis dessen, was ich als „vereinigte Präsenz" bezeichne. Jeder von uns ist aus zahlreichen Identitäten zusammengesetzt. Die Verbindung und Kontaktaufnahme mit diesen multidimensionalen Aspekten des Selbst hat mich der vereinigten Präsenz nähergebracht. Meinem Gefühl nach hat die Reise des Erwachens primär mit der Verschmelzung dieser vielfachen Identitäten zu tun. Viele Stimmen haben sich zum Chor der Mitautoren dieses Buches zusammengefunden. Zeit meines Lebens war ich ein Suchender nach der Wahrheit, und viele Menschen haben mich mit ihren Gedanken und Ideen berührt, welche ich schließlich zu den meinen machte. Ich hatte auch Lehrer, die nicht von der physischen Ebene waren. In Zuständen des Superbewußtseins lernte ich Aspekte des Kosmos zu berühren, zu denen ich normalerweise keinen Zugang habe. Oft wird dieser Vorgang als „Channeling" bezeichnet. Später wurde mir klar, daß ich dieses Überbewußtsein jederzeit erreichen konnte, wenn ich verschiedene Aspekte meines Seins miteinander verband. Dies hier ist nun ein Bericht über meine Reise und die Informationen, die ich erhielt. Gleichzeitig ist es eine Anleitung, wie diese Quellen auch für uns selbst nutzbar gemacht werden können.

Dieses Buch erzählt die Geschichte meines Erwachens, gleichzeitig aber auch die Geschichte des Erwachens der Erde, jetzt, wo das Licht zu uns zurückkehrt. Es sind Dialoge mit verschiedensten Wesen darin enthalten. Während meiner Zeit in Mt. Shasta, Kalifornien und während meines Aufenthaltes auf Hawaii begann ich, mit den Aufgestiegenen Meistern, Engeln, Walen und dem Naturreich Kontakt aufzunehmen. Der „Aufstiegsweg" und die Liebe zu Mutter Erde klingen beide stark in mir. „Aufstieg" bedeutet für mich nicht so sehr Flucht oder Transzendierung des physischen Bereiches, um eine höhere Dimension zu erreichen, sondern vielmehr die vollständige Inkarnation als göttliche Präsenz innerhalb eines Körpers, wobei mein Lichtkörper in der physischen Form verankert wird. Das Himmelreich muß hier auf

Erden entstehen. Ein passender Ausdruck dafür wäre auch „Herabsteigen", denn genau das geschieht vom Gesichtspunkt der Seele aus. Ich habe das wunderbare Buch *Emissary of Light* gelesen, in welchem der Friedenssänger Jimmy Twyman darüber informiert wird, daß es ein „Portal zur Ewigkeit" gibt. Sein Lehrer sagt: *„Es ist ein Portal zur realen Welt, eine Brücke, die diese Welt mit deiner wahren Heimat, also dem, was du als Himmel bezeichnen würdest, verbindet. Es ist immer vor dir gewesen und hat darauf gewartet, daß du es durchschreitest. Du warst jedoch davon überzeugt, daß du vorher sterben mußt; so als wäre dein Körper eine Schranke, die dir den Weg zur Freude, die Gott dir schenkt, versperrt. Die einzige Schranke, die dich daran hindert, durch das Portal zu gehen, ist deine Angst. Wenn du die Verhaltensmuster der Angst, die dich dein Leben lang beherrscht haben, gehen läßt und endlich die Liebe annimmst, welche dich mit dem Göttlichen verbindet, dann wird dich der Himmel an sein Herz nehmen, wie eine Mutter, die ihr Kind in die Arme schließt."* Er erfährt auch, daß die Menschheit eine neue Ära betreten würde sobald sie imstande wäre, ihr Herz dieser Erfahrung zu öffnen.

Die Geschichte erinnerte mich auch an etwas, das Jesus einmal sagte: „ICH BIN die offene Türe, die kein Mensch schließen kann." Als ich mit diesem Bild vor Augen meditierte, enthüllten sich mir plötzlich tiefe Wahrheiten. Es gibt in jeder unserer Erfahrungen ein „Portal zur Ewigkeit", so wurde mir gesagt. Einen schimmernden Torbogen, in dem sich alle Illusionen des Getrenntseins und unsere gesamte unterbewußte und genetische Geschichte auflösen. Wenn wir durch dieses Portal gehen, verbinden wir uns mit unserem Lichtkörper und betreten das Geheimnis Gottes, den Aspekt des Seins, welcher im vereinigten Licht beheimatet ist. Wir verschmelzen die beiden und gehen im Anschluß wieder durch das Portal zurück, als verkörperte Präsenz, vollständig erwacht innerhalb der Welt der Form, doch nicht mehr Gefangener ihrer scheinbaren Begrenzungen. Das ist die Bedeutung der Begriffe „Aufstieg" oder „vollständige körperliche Erleuchtung". Was wir damit, indem wir einfach durch das Portal und wieder zurück gehen, an Gutem für die Menschheit tun, liegt jenseits unseres Begriffsvermögens. Sind wir schon bereit, durch dieses Portal zu gehen? Dieses Buch ist in drei Abschnitte aufgeteilt. Der erste Teil enthält etliches an persönlichem Hintergrund und Erfahrungen und beschreibt, wie man sich dem Aufstiegs-Bewußtsein annähern kann. Einige der Informationen wurden mir in einem überbewußten Zustand zuteil, und ich erhielt sie von Wesen, die wir als Aufgestiegene Meister bezeichnen, und auch von solchen, die der Natur zugehörig sind. Es ist immer mein Wunsch gewesen, ein klarer Kanal zu sein, durch welchen die Informationen mit einem Minimum an Störungen durch das Ego vermittelt werden. Es ist mir jedoch klar, daß auch ich „blinde Flecke", festgefahrene Einstellungen und Vorurteile besitze, welche die Informationen verzerren können – ich bitte daher um Kritikfähigkeit und Feedback seitens meiner Leser. Ich schließe in dieses Buch auch einige meiner dichterischen Ergüsse mit ein. Ich finde, daß die Poesie mein Herz einem tieferen Verständnis und einer besseren Verbindung mit dem Geist, der alles erfüllt, öffnet.

Im zweiten Teil geht es darum, wie unser Bewußtsein unser Entwicklungsziel beeinflußt. Wählen wir in dieser Welt des ständig wachsenden Chaos den Weg der Massenvernichtung oder bereiten wir uns auf den gewaltigsten Quantensprung der Geschichte des Planeten vor? Es werden Zeitsysteme der Maya, der Hopi, der Hindu und der Ägypter im Zusammenhang mit geologischen, astronomischen und kosmischen Zyklen vorgestellt. Meine eigenen Erfahrungen mit Zeitreisen fließen genau so ein, wie die Diskussion der Möglichkeit, daß mannigfaltige Zeitlinien als Reaktion auf bestimmte kosmische Phänomene entstehen. Es wird auf neueste Erkenntnisse im Bereich des Photonengürtels und des Blauen Sternes der Hopi hingewiesen. Ich beschreibe hier auch meine vielfältigen Erfahrungen mit dem Heilen. Was bedeutet der planetare Aufstieg im Zusammenhang mit unserem derzeitigen Aufstiegspotential? Der dritte Teil enthält Meditationspraktiken und Methoden zur Vereinigung mit dem Selbst und wie man den Lichtkörper aktivieren kann. Meiner Meinung nach wird hier auf Ebenen gearbeitet, die in Gruppenarbeit leichter zu erreichen sind, als in Einzelarbeit. Die Meditationen sind oft in erzählerischer Form, so daß sie leicht mit einer Gruppe durchgeführt werden können, obwohl sie, mit geringfügigen Veränderungen, selbstverständlich auch für Einzelarbeit geeignet sind. Ich hoffe sehr, daß dieses Buch einen Anstoß für Gruppen-Aufstiegsaktivitäten gibt. *(Die Meditationen, mit der Hintergrundmusik von Paul Armitage, sind auch auf CD erhältlich s.S. 381 – bitte beim R. Lippert-Verlag anfragen).*

Es gibt ein entzückendes kleines Buch mit dem Titel *Der kleine Prinz,* aus dem mir in meiner Kinderzeit mein Vater immer vorgelesen hat. Darin kommt die Geschichte eines Fuchses vor, der sich mit dem Prinzen anfreundet. Er sagt zu dem Jungen: „Man sieht nur mit dem Herzen gut, das Wesentliche ist für die Augen unsichtbar." Viele Menschen haben mich immer wieder aufgefordert, dieses Buch zu schreiben, und doch hat niemand, auch ich nicht, die Wahrheit gepachtet. Wahrheit ist, was im Herzen widerhallt und ist oft für das Auge unsichtbar. Wahrheit macht uns frei – und niemand kann für einen anderen die Wahrheit sprechen. Ich möchte hier das, was die Wahrheit meines Herzens ist, an Euch weitergeben. Meine Hoffnung dabei ist, daß dies die Wahrheit Eures eigenes Herzens zum Leuchten bringt. Tatsachen können sich verändern und wie ich heute mein Leben betrachte, kann morgen ganz anders aussehen – die Wahrheit des Herzens jedoch ist unveränderlich. Verwechselt niemals die Wahrheit mit den Fakten. Während ich dieses Buch schrieb, mußte ich eine Entscheidung fällen. Die eine Möglichkeit war, mich in meine Persönlichkeit zurückzuziehen, in den Großen Weißen Vater mit Rauschebart, der in den Wolken sitzt, und vorzugeben, daß ich alles im Griff hatte und genau wußte, worüber ich sprach. Die andere Möglichkeit war das Mysterium, das Verweben meines eigenen Lebens in das Bild eines sich andauernd entfaltenden Universums, ohne zu wissen, was und wie die Dinge sich entwickeln würden – mich also zu exponieren. Würde ich die spirituelle Persönlichkeit als Hintergrund wählen, dann, so wußte ich, müßte ich dieses Bild konstant verteidigen und damit eine Vorstellung schützen, die eine fixe Wahrheit beinhaltet, ohne wenn und aber, ohne Möglichkeit des Versagens, der Schwäche und des Zweifels, aber auch ohne Spontaneität, ohne Leidenschaft, ohne freudige Erregung und ohne Geheimnis. Doch wie könnte ich jemals über Gott, das große Geheimnis sprechen, wenn ich es nicht zuließ, daß das Geheimnis meines eigenen Lebens und meiner Entwicklung dabei an die Öffentlichkeit kam? Dieses Buch zu schreiben machte mir meine Verpflichtung klar, dabei allen Aspekten meines Wesens gerecht zu werden. Ich kann nicht versprechen, daß nicht doch ab und zu der Große Weiße Vater durchkommt, und es stört mich auch nicht. Je mehr ich jedoch über die Wahrheit der Liebe lerne, desto weniger fühle ich die Notwendigkeit, irgendeinen Aspekt meiner persönlichen Identität, sei er nun hell oder dunkel, zu schützen, zu verbergen, zu rechtfertigen oder zu verteidigen.

Es gibt keinen Ort, der nicht bereits existiert. Es gibt nichts, was man verbergen könnte, ohne daß es nicht bereits jemand mit Wahrnehmungsfähigkeit und Scharfblick sehen kann. Wenn ich mein Licht empor halte, wird es vielleicht auch anderen Mut machen dasselbe zu tun. Wenn ich mit meinen Schatten tanze, wird es vielleicht möglich sein, daß wir gemeinsam Heilung erlangen. „In lakech", sagen die Maya als Gruß: „Ich bin ein weiteres Du." Mögen wir gemeinsam Spiegel der Schönheit sein, wenn wir das Königreich der Schönheit unter uns errichten. Dieses Buch war nahezu beendet, als die schockierenden Ereignisse des 11. September 2001 stattfanden. Seit damals bin ich, so wie jeder andere, durch ein ganzes Spektrum von Emotionen hindurch gegangen und habe mich, ganz tief in meinem innersten Herzen gefragt, ob das, was ich hier geschrieben habe, überhaupt noch relevant und der Aufstieg des Planeten noch unser Weg sei. Als Antwort auf diese Fragen entstand das Kapitel „Die Twin Towers, die planetare Initiation und der Tag der Wahrheit".

Ich glaube fest daran, daß wir eine planetare Initiation durchlaufen und ich fühle, daß wir mehr als je zuvor unser Licht festhalten und unsere Wahrheit leben müssen. Wir müssen unser Einssein bestätigen und unser Schicksal erfüllen, denn wir wurden absichtlich in diese Zeit hineingeboren! Die Zeit, welche vor uns liegt, wird sicher nicht einfach. Es verändert sich sehr vieles auf der Welt. Wir haben Umweltkrisen, soziale und politische Krisen und viele Menschen auf dieser Welt sterben auf eine Art, die kaum jemals veröffentlicht wird. Und trotzdem wäre ich nirgends lieber in diesen chaotischen Zeiten, als auf diesem kleinen Planeten. Und das deshalb, weil ich aus der Asche der alten Dinge ein neues Leben, eine neue Hoffnung entstehen sehe. Nach dem Dunkel einer langen Nacht dämmert am östlichen Himmel das Licht eines neuen Tages. Mit dieser Vision stehe ich nicht alleine. Große geschichtliche Zyklen kommen zu ihrem Ende, viele Kalendersysteme und Prophezeiungen auf der ganzen Welt sprechen von diesen Zeiten der Veränderung. Es ist speziell in Zeiten, wie diesen, sehr wichtig, das Gesamtbild nicht aus den Augen zu verlieren. Ereignisse, an denen wir fast verzweifeln, können, wenn wir sie aus einer anderen Perspektive betrachten, gleicherweise große Hoffnungen für die Zukunft in uns erstehen lassen. Statt vor Unsicherheit und Angst wie versteinert zu sein wäre es vielleicht gut, die Geschehnisse dieser Zeit zu vergegenwärtigen und sie als planetare Geburtswehen zu betrachten.

Viele von uns, auch die Indigokinder, die Delphinkinder und die Kinder von Oz, haben sich eine Inkarnation in dieser Zeit ausgesucht, damit wir mit unseren Energien der Hoffnung und Heilung dem Planeten Geburtshilfe leisten können. Wenn wir uns angesichts der globalen Krisen hilflos und ohnmächtig fühlen, sollten wir dies niemals vergessen und daran denken, daß wir von allen Richtungen des Universums genau jetzt hierher gekommen sind und daß auch genügend von uns da sind! Es ist leider sehr leicht zu vergessen und wir müssen einander immer wieder daran erinnern, wer wir sind und warum wir hier sind. Und wir müssen einander in dem großen Erwachen auch unterstützen. Vielleicht kann dieses Buch dazu Hilfestellung leisten. Ein altes chinesisches Sprichwort sagt: „Die 1000 Meilen lange Reise beginnt mit einem Schritt." Und wenn die Zeit dafür gekommen ist, signalisiert wieder nur ein Schritt das Ende dieser Reise. Der Anfang der Reise ist gleicherweise ihr Ende und das Ende lag schon immer im Anfang. Wenn wir uns jetzt unserer Heimkehr nähern, wird uns klar, daß wir eigentlich niemals fortgegangen sind.

Ich komme ständig näher zu dir
auf meiner Reise zurück zu mir selbst.
Gedanken der Einheit, Gedanken der Trennung,
Gedanken mit Inhalten jeglicher Art
verlassen mich –
Es gibt nur einen hier!

Vorwort

Die Zukunft der Erde – ein Szenario

Ein neues Jahr dämmert still und leise am frühen Morgenhimmel herauf. Was wird es bringen? Es ist ein Jahr des Paradoxons, teilt mir der immer heller werdende Himmel mit – es bringt die besten und die ärgsten Zeiten. Ein Jahr der planetaren Initiation, der unvorhergesehenen Ereignisse, die unser Leben grundsätzlich verändern werden. Wir werfen die alte Haut ab, öffnen unsere Augen dem neuen Licht und entfernen die Schleier, welche so fest und doch so angenehm unsere kollektive Seele einhüllen. Es ist ein Jahr, wie es noch keines zuvor gab – es fällt mir auf, daß ich es gleichermaßen ängstlich wie auch mit freudiger Erregung betrete. Meine Persönlichkeit ist etwas ängstlich, doch meine Seele jubelt.

Mir kommt es vor, als würde sich ein dichter Nebel im Lichte der Morgensonne auflösen. Ich höre die leisen Stimmen der Engel und ich fühle die riesige Anzahl von Lichtwesen, die uns auf unserem Weg in die Morgendämmerung des Neuen Zeitalters begleiten. Ich bin ein Wanderer zwischen den Welten, so wie wir alle, mit einem Fuß noch hier, mit dem anderen bereits drüben ... und der Abstand vergrößert sich. Ich habe viele Jahre damit verbracht, alte Zyklen und Zeitsysteme zu studieren. Ich habe himmlische Phänomene durch die Augen von Geologen, Astrophysikern, Propheten und Mystikern betrachtet. Ich habe viel Zeit in Meditation und Stille verbracht und habe auf die Stimmen, die nur in der Stille zu hören sind, gehorcht. Meinem Gefühl nach ist die Zeit, in welche wir nun eintreten, von ihrer

Art grundsätzlich anders als alles, was wir bisher erlebt haben. Ich spreche nicht von Krieg und Gewalt, obwohl wir etliches davon sehen werden. Ich spreche nicht davon, daß das Wetter verrückt spielt und die Erde sich verändert, obwohl uns dies nicht erspart bleiben wird. Was ich spüre ist, daß der Schleier zwischen den Dimensionen immer dünner wird und daß die Zeitlinien sich teilen. Viele Quellen, von denen ich hier einige detailliert anführen werde, sprechen eindeutig davon, daß sich genau jetzt Großes ereignet und wir uns in der Folge aus der dritten in die vierte Dimensionszeit begeben. Die Zeit wird nicht mehr einfach linear erfahren, es bilden sich Zeitlinien, die von der Kraft unserer Entscheidungen geschaffen werden.

Diese Zeitlinien sind gerade im Begriff, sich zu teilen. Viele von uns erfahren diese Teilung als ein Gefühl des Auseinanderdriftens, des immer stärkeren Unterschiedes zwischen unserer eigenen Realität und dem globalen Massenbewußtsein, bzw. der auf gegenseitiger Zustimmung beruhenden Realität. Was die Weltereignisse angeht, so fühlen wir uns desorientiert; wir empfinden uns als Wanderer zwischen den Welten, als Wesen, deren Traumzeitbewußtsein damit beschäftigt ist, unter Einsatz der reinsten Absichten eine neue Welt zu erbauen und sie dem Kollektiv als eine Zeitlinie neuer Möglichkeiten vorzustellen. Viele von uns sind damit befaßt – und zwar nicht so sehr mit der Ablehnung oder dem Versuch, dem alten Paradigma in seinem Todeskampf einen Sinn abzuringen, sondern damit, eine neue Welt aus der Asche der alten erstehen zu sehen. Wenn wir uns tiefer in die vierte Dimension hinein bewegen, werden wir die selben Ereignisse ganz anders auf den verschiedenen Zeitlinien erfahren. Es könnte möglicherweise unendlich viele Zeitlinien geben, wichtig für mich sind jedoch jene drei, welche mit den verschiedenen dimensionalen Realitäten korrespondieren. Und so könnten sie sich manifestieren:

Die Zeitlinie der dritten Dimension wird weiterhin vom Bewußtsein der Dualität genährt und müht sich auf dem Wege der Erfüllung der karmischen Gesetze, der zu Umweltkatastrophen, politischem Irrsinn und sozialem Chaos führt. In den nächsten zwei Jahren kommt es zu großen Veränderungen auf der Erde, die eine Reaktion auf himmlische Ereignisse und Energien darstellen und von den Gedankenformen jener, die sich für diese Realität entschieden haben, sowie vom veränderten Magnetfeld der Erde hervorgerufen werden. Die Dichte der Erde wird zu schwer, um den hereinkommenden hohen Schwingungsenergien widerstehen zu können. Alle Endzeit-Prophezeiungen, die jetzt immer wieder zu hören sind, haben ausschließlich mit dieser Zeitlinie zu tun.

Es wird sich nach und nach eine Zeitlinie der vierten Dimension entwickeln, hervorgerufen durch die Visionen jener Seelen, die sie herbeiwünschen, um eine neue Welt zu erbauen. Es entsteht eine Parallel-Erde, deren Schicksal dem Gesetz der Gnade unterliegt. Die Schwingungsfrequenz wird derart stark sein, daß die der Evolution vorangehenden Energien, welche sich zur Zeit in das Aurafeld der Erde ergießen, die Erde selbst und alle, die in einem Quantensprung erwachenden spirituellen Bewußtseins mit ihr gehen wollen, nach oben tragen werden. Wenn die Schleier zwischen den Dimension immer dünner werden, erleben wir eine Wiedervereinigung mit unseren Brüdern und Schwestern von den Sternen und im Inneren der Erde. Veränderungen der Erde und Chaos werden immer noch spürbar sein, doch bei weitem nicht so intensiv, und sie werden auch schneller vergehen. Die Prophezeiungen vom Himmel auf Erden haben mit dieser Zeitlinie zu tun. Gleicherweise wird eine Zeitlinie der fünften Dimension geschaffen. Diese Linie unterliegt den Gesetzen der Meisterschaft und dient dazu, die einströmenden evolutionären Energien zur Aktivierung der vollständigen Verbindung zwischen Seele und Monade einzusetzen. Wir werden die kosmischen Energien dazu verwenden, unsere individuellen und planetaren Körper in Lichtkörper zu verwandeln und damit den Weg zu bereiten, daß die Erde der vierten Dimension nachfolgen kann, wenn die Zeit dafür gekommen ist. Diese Zeitlinie entspricht den Prophezeiungen über den planetaren Aufstieg. Die Aufteilung der Zeitlinien unterliegt bestimmten kosmischen Phänomenen, zu denen unsere Präzessionskonjunktion mit dem galaktischen Zentrum, und möglicherweise der Durchgang eines Asteroiden durch unser Solarsystem im Frühling 2003 gehören. Beginnend mit den Ereignissen des 11. September 2001 und ihren Folgen, und dem Ende einer in der Großen Pyramide dargestellten prophetischen Zeitlinie am 17. September 2001, hat eine Initiation ihren Anfang genommen. Die Zeitlinien gehen langsam auseinander, fast unmerklich; dieser Prozeß wird sich jedoch über die nächsten Monate und Jahre stark beschleunigen. *Es ist allein unsere Entscheidung, welcher Zeitlinie wir, individuell oder kollektiv betrachtet, folgen wollen.*

Während unseres Aufenthaltes in der Zeit der dritten Dimension, war „Realität" etwas, das uns von außen vorgegeben wurde. Sie war in der Dualität verhaftet, und unsere Reaktionsmöglichkeiten beschränkt. Die Kräfte der „Dunkelheit" schienen in dieser Realität vorherrschend zu sein. Viele von uns fühlten sich angesichts sozialer Unterdrückung, Umweltkatastrophen oder politischen Irrsinns kraftlos und als Opfer. Wenn wir nun die Zeit der vierten Dimension betreten, verändert sich dies. Die Realität liegt nicht mehr außerhalb von uns, sondern wird von einem, in sich geschlossenen Raum im Inneren geschaffen und dann nach außen getragen. Die Qualität unserer Gedanken und Gefühle, unsere Seelenstärke, und die Kraft unserer Träume und unseres Engagements sind es, was immer stärker die Welt um uns errichtet und formt. *Wenn wir nicht mehr nur in einer einzigen Form der*

Realität eingeschlossen sind, brauchen wir auch nicht mehr gegen Versionen der Realität zu kämpfen, welche im Gegensatz zu ihr stehen! Plötzlich entdecken wir die ungeheure Macht unserer Entscheidungen und werden, mehr als je zuvor, zu Mitschöpfern der Zukunft unseres Planeten. Wir entscheiden wo, was und wie wir zu sein wünschen; sollte die äußere Realität dem nicht entsprechen, dann verlassen wir sie und schaffen uns eine andere, die wir dann mit jenen teilen, die eine Resonanz zu einer ähnlichen Zeitlinie besitzen.

In allen Universen leuchtet uns mehr Licht auf unserem Weg, als wir jemals begreifen können. Sollten uns, was sicherlich der Fall sein wird, in den kommenden Zeiten Zweifel, Dunkelheit und Angst begegnen, dann laßt uns daran denken, wer wir sind und was wir erschaffen wollen. Die Zeitlinien werden noch etliche Zeit in einem Stück verlaufen. Dabei könnten wir immer wieder in Versuchung fallen, auf die weltweiten Ereignisse und die Veränderungen der Erde mit Verzweiflung zu reagieren. Blickt in diesen Zeiten tief in Eure Seele. Fühlt, was für Euch real ist und begreift, was nicht real ist und vergeßt niemals, daß Eure Entscheidungen Macht besitzen! Im Kessel unserer stärksten Wünsche und Visionen entsteht eine neue Erde. Wir sind dazu aufgerufen, bei dieser Geburt zu helfen. Wir leben genau in der Zeit, für die wir geboren wurden. Mögen Wahrheit, Liebe und Schönheit immer unsere Begleiter sein!

Freund

Ach, mein Freund,
ich sehe dich, gehüllt in Nebelschwaden,
du reichst mir deine Hand des Lichts,
du winkst mir zu, ich soll dir folgen.
Wie lange wartest du schon so?
Selbst jetzt noch schaudere ich,
und frage mich, ob ich wohl ganz normal bin?
Am liebsten wäre ich weit, weit fort.
Wann hat es je gegeben,
daß eine Motte Angst hat vor der Flamme?
Wer ist das Ich, das man vernichten kann?
Das Ich, das sich im Nebel scheu verbirgt?
Sachte, ganz, ganz sachte,
bring ich dich dazu, den ersten Schritt zu tun, mein Kind.
Ich bitte dich, komm doch mit mir.
Ich bin so müde des Theaterspielens,
es gibt hier nichts mehr, was mich hält.
Ich möchte so gern mit dir gehen, mein Freund,
hinaus durch den Nebel,
durch die Portale des Sternenlichts.
Ich kann´s nur mehr ganz kurze Zeit erwarten,
dann muß ich los
und mich ekstatisch schreiend in die Flamme werfen.
Komm mit mir, du süßes, du geliebtes Kind,
ich geh nicht ohne dich –
du, den das helle Licht,
die jahrelange Sehnsucht, so sehr schmerzte.
Was war, ist vorbei, ist nicht mehr real.
Was gibt es noch zu fürchten,
wenn Furcht dahinschmilzt in der Glut lebendiger Gegenwart?

Jetzt bist du sicher,
sieh, wir gehen Hand in Hand.
Endlich steht mein Freund enthüllt vor mir,
vom Licht bekränzt, das niemals enden kann,
er hat die Arme weit geöffnet
für mich, dessen Gesicht das seine ist –
wir sind nur einer.

1. Der Augenblick der Entscheidung

Ich inkarnierte am 6. März 1959, um 2.14 Uhr in Bombay, Indien. Mein Vater war Physiker, meine Mutter Künstlerin – so lernte ich bereits sehr früh, sowohl mit meinem Kopf zu denken als auch mit meinem Herzen zu fühlen. Meine Eltern sind freundliche und rücksichtsvolle Menschen. Ich liebe und ehre sie für das, was sie sind und auch dafür, daß sie mich an Körper und Seele gedeihen ließen. Spirituelle Realitäten waren in meiner Familie immer wichtig, vielleicht sogar wichtiger als die materiellen Gegebenheiten. Das bestätigte auf wundersame Weise die Wahrheiten, die ich in meiner Seele trug – und doch war damit auch eine gewisse spirituelle Konditionierung verbunden. So wurde die Seele wichtiger als der Körper und der Himmel wichtiger als die Erde. Wenn ich um mich blickte und die extreme Armut und soziale Ungerechtigkeit um mich sah, lernte ein Teil von mir, mein Herz zu verschließen und dies alles mit Karma zu rechtfertigen. In Wahrheit fühlte ich einfach zu viel, so wie das bei Kindern eben der Fall ist, und mich zu Verschließen gab mir mehr Sicherheit.

Bald faszinierte mich das Leben der Sadhus und Wunder-Yogis in ihren Höhlen und Wohnstätten auf hohen Bergen. Ich wußte schon sehr früh, daß es mein Schicksal war, die Befreiung zu erlangen, daß ich frei sein würde vom ewigen Rad der Wiedergeburt und des menschlichen Leidens. Ich wußte, ich müsse einer Welt entfliehen, die zusehends fremd für mich geworden war.

Und eines Tages, mit gerade mal 16 Jahren, kam der Augenblick meiner Entscheidung. Mein Bruder, meine Schwester und ich besuchten das internationale Internat in Kodai Hills in Süd-Indien, in dem meine Mutter Kunsterziehung und Hauswirtschaft lehrte. An den Wochenenden gingen meine Freunde und ich oft in der atemberaubenden Schönheit der Berge und „Sholas" (Wälder) wandern. An diesem speziellen Tag besuchten wir einen meiner Lieblingsorte, einen wunderbaren Wasserfall, genannt „Gundar-Fälle", der tausend Fuß und mehr in die mit saftigem Grün bewachsene Schlucht hinunterstürzte. Ich erinnere mich ganz deutlich. Es war ein traumhaft schöner Tag, wir waren jung und unbeschwert. Ich war mit einem Freund zu den Fällen vorausgegangen – die anderen, die wir im Lager zurückgelassen hatten, sollten später nachkommen. Im einen Moment wateten wir noch im seichten Wasser in der Nähe der Fälle, im nächsten bewegten wir uns, ohne bewußte Absicht, am Rande der Fälle nach unten. Wir dachten nicht an Vorsicht, sondern versuchten, einer schneller als der andere, das Neuland dort unten zu erreichen.

Wir waren bereits ein gutes Stück abwärts geklettert, als mein Freund auf einmal ausglitt. Ich sah seinen entsetzten Blick und mußte, ungläubig und wie erstarrt, mit ansehen, wie sein Körper in die Tiefe stürzte und zwischen den Felsen verschwand. Und dann fiel ich auch, es war wie ein Reflex. Mein Entsetzen verwandelte sich in Resignation und letztlich, als mir klar wurde, daß ich überhaupt nichts tun konnte, um meinen Sturz aufzuhalten, ergab ich mich meinem Geschick. Ich fand mich an einem Ort des tiefen Friedens und einer außerordentlichen Stille wieder, an welchem ich aus der Zeit genommen und in die Realität einer anderen Dimension versetzt wurde. Ich hatte die Wahl zu leben oder zu sterben; ich entschied mich dafür, in menschlicher Form weiterzuleben, denn als meine bewußte Wahrnehmung wiederkehrte, befand ich mich in knietiefem Wasser, von Felsen umgeben – ich hatte überlebt. Mein Freund muß die gleiche Entscheidung getroffen haben, denn er war, nur ein kleines Stück von mir entfernt, im gleichen, unverständlich seichten Wasser gelandet. Verwirrt und ungläubig blickten wir zu den Bergen hoch – wir wußten beide, daß wir nur durch ein Wunder überlebt hatten.

Die nachfolgenden schwierigen Situationen und unsere Rettung sind eine andere Geschichte. Was ich jedoch sicher weiß ist, daß sich in diesem Augenblick der Entscheidung meiner Seele mein Leben für immer verändert hat. Es war der Beginn einer leidenschaftlichen Suche nach tieferem Verständnis. Wer war ich und warum war ich immer noch am Leben? Da mir sozusagen eine zweite Chance geboten worden war, beschloß ich, mein Leben in seiner ganzen Fülle zu leben und der Schöpfung mit all meinen Kräften zu dienen.

Jetzt begann meine spirituelle Reise erst richtig. In den nächsten Jahren reiste ich in verschiedene Ashrams und besuchte spirituelle Gemeinschaften in ganz Indien. Ich setzte mich mit der Philosophie des Sufismus, des Buddhismus, des Hinduismus, des Christentums, des Taoismus und des Zen auseinander. Ich rasierte meinen Kopf und änderte mehrmals meinen Namen. Das Leben und die Lehren von Ramana Maharshi, Buddha, Yogananda, Sri Aurobindo und Jesus bewegten mich tief. In meinem wunderbaren jugendlichen Überschwang beschloß ich, dem Weg dieser Heiligen zu folgen und mein Leben als heiliger Mann, als „Sadhu“, zu verbringen und zu heilen, zu lehren, zu lieben und zu dienen, bis die gesamte Menschheit und die Natur zum Ursprung in der Einheit des Geistes zurückgekehrt wären.

Was für ein schöner Traum! Manchmal frage ich mich, wie mein Leben wohl verlaufen wäre, wenn ich den Mut aufgebracht hätte, dieser Berufung tatsächlich zu folgen. Mit der Zeit wurde mir klar, daß dies nicht das Ziel dieser Lebenszeit war. Ich sollte eine Brücke zwischen den Welten sein. Mit 21 kam ich in die USA und besuchte ein College in Kansas. Ich hatte in zwei meiner Freunde, die auf diesem schicksalhaften Ausflug zu den Gundar-Fällen mit dabei gewesen waren, enge Vertraute gefunden. Sie waren es, die mich einluden, mit Hilfe eines Stipendiums das College zu besuchen. Ihre Eltern bezahlten alle anderen Aufwendungen, die ich hatte. Ich beendete das College fünf Jahre später mit einem Diplom in Friedensstudien und Internationaler Entwicklung.

Dann kam ich nach Kalifornien und es begann eine weitere wichtige Phase meines Lebens. Nachdem ich kurze Zeit in der Umweltpolitik tätig war, erkannte ich, daß auch dies nicht mein Weg war. Ich war gerade in die Gegend der San Francisco Bay gezogen um meine Studien zum Magister in transpersonaler Psychologie zu beginnen, als eine Reihe von Ereignissen mich dazu brachte, eine grundlegende spirituelle Neugeburt zu vollziehen, die ich bis heute noch nicht völlig integriert habe. Dieses Buch erzählt von diesen Ereignissen und den Einsichten, die ich aus ihnen erlangte.

Die Gundar-Fälle

Entsetzen schüttelt mich,
ich suche, meinen Sturz zu bremsen.
Und dann der lange, schmerzhaft-felsige
Weg nach unten, der meine Fingernägel splittern läßt.
Jetzt muß es sein!
Warum, warum bin ich nicht dort geblieben,
im warmen, fast bewegungslosen Wasser,
in Sicherheit, versunken in mein Spiel?
Das Wasser tost, verwirrt mir meine Sinne.
Wie weit bin ich gestürzt?
Wie kann ein Mensch dies überleben?
Der Tod ist mir gewiß.
Verzweiflung kommt, und dann ein lichter Tunnel.
Vergangene Leben
zieh´n an mir vorbei,
und halten plötzlich inne –
jetzt bin ich unten.
Benommen öffne ich die Augen, blicke um mich.
Wie kommt es, daß ich nicht zerschmettert bin?
Ich überlebte diesen tiefen Fall.
Wer bin ich? Wo bin ich gelandet?
Ein Grund muß sein für das, was hier geschieht.
Dies ist der Anfang einer Reise des Erinnerns.
Bin ich jetzt abgestürzt vom Felsen in die Tiefe?
Hab ich mir ausgewählt, die Erde zu bewohnen?
Ist´s der Versuch, die Ganzheit meiner Seele zu verkörpern?
Ich kann´s nicht sagen, das Gefühl ist gleich.
Und doch ist klar und ich kann es auch sagen:
Bis jetzt war´s immer nur der Weg zum Ziel –
jetzt bin ich angekommen.

2. Der Babaji Walk-In

Immer wenn ich versuche, die nachfolgenden Erfahrungen zu vermitteln, fällt mir die Geschichte von den fünf blinden Männern ein, die versuchen, einen Elefanten zu beschreiben. Jeder von ihnen „sah“ nur einen Teil der Wahrheit und hielt ihn für die ganze Wahrheit. Ich bin heute davon überzeugt, daß es zwei Arten der Wahrheit gibt. Die eine ist die Wahrheit, welche man aus der direkten Erfahrung bezieht, und nur aus ihr. Die andere ist das, was wir bekommen, wenn wir versuchen, diese direkte Erfahrung in sprachliche Begriffe umzusetzen. Die unterschiedliche Auslegung einer experimentellen Wahrheit hat schon zu Kriegen geführt, obwohl sie eigentlich nur zum Ziel hat, die direkte Erfahrung wiederzugeben.

Es ist wichtig, daß Ihr begreift, daß alles, was ich im Folgenden beschreibe nur eine Interpretation dessen ist, was tatsächlich stattgefunden hat. Mein Verständnis der Ereignisse hat sich im Verlauf der Jahre immer wieder verändert. Ich erzähle Euch davon, weil ich meine, daß es sich dabei um einen Prozeß handelt, den einige von Euch bereits kennen und andere noch kennenlernen werden. Es war im Sommer des Jahres 1985. Ich war gerade nach Kalifornien gezogen, um dort einen Kurs zu besuchen, der mir den Magistergrad in transpersoneller Psychologie einbringen sollte. Bereits Jahre zuvor hatte ich Paramahansa Yoganandas Buch *Autobiographie eines Yogi* gelesen. Darin beschreibt er seine Erfahrungen mit dem unsterblichen Yogi-Christus des Himalaja, Babaji, und es erfüllte mich beim Lesen ein tiefes Gefühl des Wiedererkennens. Später begegnete mir ein weiterer erleuchteter Meister, Herakhan Baba, der in mir ebenfalls dieses Gefühl der Seelenverbundenheit auslöste, und der, für mich zumindest, die gleiche Seelenfrequenz hatte wie Babaji.

Als ich eines Tages meditierte, fühlte ich, wie Babajis Präsenz den Raum erfüllte. Er sagte mir, er sei auf der Suche nach einem „Botschafter", der seine Präsenz auf direkte Art im Westen verkörpern sollte. Er sprach davon, daß er viele physische Inkarnationen angenommen hatte, in welchen, durch verschiedene Wesen, auf ganz verschiedene Art, die Präsenz seiner Überseele durchgekommen sei. Herakhan Baba sei seine bis jetzt letzte physische Inkarnation in Indien gewesen. Und er fragte mich, ob ich mich an den Vertrag mit meiner Seele erinnern könne, in welchem ich mich damit einverstanden erklärt hatte, als Träger seiner Präsenz in dieser Zeit zu wirken.

Ich fühlte mich wie vom Blitz getroffen. Auf der Seelenebene wußte ich sofort, daß dies stimmte, daß jetzt die Zeit dafür gekommen war, und ich nach wie vor bereit war, dies zu tun. Auf der Persönlichkeitsebene schwankte ich zwischen Entzücken, Angst und dem überwältigenden Gefühl, dafür nicht würdig zu sein, hin und her. In meinem Geist entstand auf der Stelle ein Bild davon, was dieser Auftrag beinhaltete und ich verglich es mit der

Vorstellung, die ich von mir selbst hatte. Sofort hatte ich den Eindruck, daß ich ganz sicher solch eine Verantwortung nie und nimmer würde übernehmen können. Im Gegensatz zu diesen Gefühlen des Unwertes kam natürlich peinlicherweise auch das Gefühl der Großartigkeit, das muß ich leider zugeben. Während meine Persönlichkeit versuchte, mit dieser Vorgabe in Einklang zu kommen, geschahen tiefgreifende Dinge auf der Seelenebene. Riesige Energieströme strömten durch meinen Körper. Mein Gefühl für Zeit, Raum und physische Realität war gestört. Es war, als wäre ich zwischen zwei Welten unterwegs, und keine davon sonderlich stabil. Mein Körper hatte viele „Kundalini-Erfahrungen" und manchmal war es, als könnte mein physischer Stromkreis all die neuen Frequenzen, welche durch ihn liefen, nicht mehr aushalten. Glücklicherweise waren Menschen in meiner Nähe, die genau wußten, was hier ablief und mir daher beistehen konnten. Während dieser ganzen Zeit erfüllte mich große Freude und ich war absolut sicher, daß alles, was geschah, seine Richtigkeit hatte.

In dieser Zeit geriet mir ein Buch von Ruth Montgomery mit dem Titel *Strangers Among Us* in die Hände. Sie erzählt darin von den Erfahrungen verschiedener Leute, die der Meinung sind, daß bei ihnen als Reaktion auf besondere Lebensumstände ein Seelen-Austausch stattgefunden hat. Diese „Walk-Ins" – so nannte sie diese Menschen – berichteten, wie und warum ihnen dies widerfahren war und welchen Herausforderungen sie sich stellen mußten, als sie dieses neue Seelen-Bewußtsein in ihr Leben integrierten. Viele der Walk-Ins in ihrem Buch sprachen davon, daß sie sich den Umständen und auch den Menschen aus der Zeit vor der Wende in ihrem Leben entfremdet hatten. Ich spürte zwar starke Energiebewegungen, doch dieses Gefühl hatte ich eigentlich nie. Vielleicht kommt das daher, weil mein Walk-In-Vertrag bereits vor diesem Leben abgeschlossen worden war.

Damit waren die betroffenen Seelen bereits miteinander vertraut und auch die neue Energie nicht fremd. Heute frage ich mich, ob hier tatsächlich ein Austausch der Seelen, also das, was die Tibeter als „Tulku“ bezeichnen, stattgefunden hat, oder ob nicht eher die beiden Energien miteinander verflochten wurden, was ein total anderer Vorgang ist. Vielleicht handelte es sich dabei auch nur ganz einfach um eine tiefere Initiation der Seele, wie ich sie in Kapitel 8 näher beschreiben werde. Vielleicht hat genauer gesagt, Babaji sein "Licht über mich ergossen". Dieser Begriff wird manchmal verwendet, um zu beschreiben, daß ein Aufgestiegener oder Kosmischer Meister für eine Zeitlang die niederen Körper eines Initiaten übernimmt.

Vielleicht waren in meiner Erfahrung Elemente aller dieser Möglichkeiten enthalten. Wie dem auch sei, es war der Beginn eines Prozesses, der immer noch nicht abgeschlossen ist. Es wurde mir klar, daß das, was geschah, mich nicht einer Sonder-Kategorie der Evolution zuwies. Ich mußte trotzdem hart daran arbeiten, die verschiedenen Aspekte meines Wesens zu integrieren. Ich begann Erleuchtungs-Intensivkurse zu besuchen, in welchen die Teilnehmer innerhalb von drei Tagen direkt erfahren sollten, wer sie sind. Meine größte Schwierigkeit war, daß ich mich so sehr in bestimmten Vorstellungen und Erwartungen dessen, wer ich war bzw. wie mein Entwicklungsprozeß aussehen sollte, festgefahren hatte, daß ich kaum imstande war, das Geheimnis Gottes einfach durch mich fließen zu lassen. Ich setzte meine Studien in transpersoneller Psychologie an der JFK-Universität fort und machte verschiedene Ausbildungen für Bewegungs- und körperzentrierte Therapien. Ich setzte mich ernsthaft mit Astrologie auseinander. Ich ging in Vipassana-Meditation-Retreats. Ich beschäftigte mich mit Schamanismus, Psychosynthese und holotropischer Atemarbeit. Ich channelte. Ich bearbeitete meine Kindheitsthemen, tanzte mit meinen

Schatten und kämpfte mich durch Beziehungskrisen. Alles, was das „New Age“, das ich damals in Kalifornien entdeckte, zu bieten hatte, faszinierte mich grenzenlos. Gleichzeitig enttäuschte mich jedoch, wie wenig Tiefgang darin zu finden war.

Und dann fand ich Mt. Shasta.

Babaji

Du bist das Licht der Sonne,
das Strahlen der Schönheit in mir.
Du hältst mir den Spiegel vor,
damit ich sehe,
alles sehe, was ICH BIN,
die Liebe, die ICH BIN.
Du bist ein Hüter des Lichts
und verstehst den Zauber, der die Nacht erfüllt.
Ich fühle, wie durch mein erwachtes Herz
dein Fluß strömt;
verborgene Türen stehen plötzlich offen
zum Glanz der Ewigkeit.
Ich bin das Auge deiner Vision,
ich bin der Herzschlag deines Liedes.
Ich wandle auf den Wegen, die du gehst.
Die warme Erde läßt uns jubeln,
wir öffnen unsere Flügel weit
und fliegen auf zur Sonne.
Brüder aus längst vergangenen Tagen,
vertrauter noch, als wir´s als Brüder heute wären.
Hierin liegt ein Geheimnis,
das nur ein Herz mit Flügeln sehen kann:
Wir sind das Licht der Sonne –
du und ich ... Babaji.

3. Mt. Shasta und die Aufgestiegenen Meister

Als ich im Sommer des Jahres 1991 nach Mt. Shasta kam, hatte ich das Gefühl, nach Hause zu kommen. Ich konnte mich gut an meinen ersten Besuch dort erinnern. Zu dem Zeitpunkt hatte ich gerade eine wunderbare Beziehung. Meine Partnerin beendete sie jedoch eines Tages, indem sie mir mitteilte, daß sich für beide von uns neue Wege öffneten, denen wir folgen sollten, selbst wenn wir nicht wüßten, was ihre Bedeutung sei. Ich fühlte mich emotional am Boden zerstört – wir hatten jedoch davon gesprochen, Mt. Shasta zu besuchen und beschlossen, an diesem Wochenende dorthin zu fahren. Als wir die mit Bergblumen übersäten und von leise plätschernden Bächen durchzogenen Wiesenhänge dieses herrlichen Berges emporstiegen, fühlte ich mich wieder wohl und voll Dankbarkeit dafür, daß sich hier Himmel und Erde in meiner Seele begegnen konnten. Als das Wochenende vorüber war, wußte ich, daß ich hier leben sollte. Innerhalb von drei Wochen hatte ich all meine Besitztümer zusammengepackt und war in eine Jurte auf halber Höhe des Berges eingezogen.

Ich war glücklich wie nie zuvor. Ich hatte bereits von St. Germain gehört und mich den Aufgestiegenen Meistern immer sehr nahe empfunden, doch hier, an diesem Ort war ihre Energie greifbar, und ich nahm sie auf neue, erfrischende Weise wahr. Ich verbrachte ganze Wochen auf dem Berg; ich lief nackt über die sonnenbeschienenen Wiesen, kommunizierte mit den Feen und fühlte den Herzschlag der Aufgestiegenen Meister. Als der Schnee kam, zündete ich das Feuer in dem kleinen Ofen meiner Jurte an und setzte einen Topf mit Suppe auf; ich horchte auf die Stille und sah hinaus in die Natur, die sich mir im Weiß des Schnees ohne die elektromagnetischen Störungen von Elektrizität und Telefonleitungen eröffnete. Ich verbrachte viele Stunden in Meditation, mit Lesen und in der Stille.

In diesem Winter lernte ich auch die Frau kennen, die für die nächsten sieben Jahre meine Partnerin sein sollte. Daß wir uns trafen, war der größte Segen meines Lebens und ich wußte vom ersten Auenblick an, daß sich unsere Seelen schon seit jeher gekannt hatten. Und doch gab es einen Teil in mir, der sich vor einer Bindung und der Tiefe der Intimität, die man mit einem anderen Menschen erreichen kann, so fürchtete, daß ich mich immer wieder abwandte. Es war schmerzlich und erniedrigend. Dann wiederum, wenn wir wirklich imstande waren, uns gegenseitig die tiefsten Tiefen unseres Herzens und unserer Seele zu öffnen, war es unbeschreiblich schön und wunderbar.

Während dieser Zeit begann ich am Pocket Ranch Institut zu arbeiten, einem Heilzentrum für Psychiatrie, welches auf einem 3000 Acre großen Areal unberührter Wildnis in der Nähe von Geyserville, Kalifornien, angesiedelt war. Ziel der Arbeit dort war es, Menschen zu helfen, indem man ihre Spiritualität weckte und die innere Wahrnehmung dazu einsetzte, die Wunden der Vergangenheit zu heilen. Ich verbrachte sechs Jahre dort und lernte enorm viel darüber, wie viel Kraft dem menschlichen Geist innewohnt und wie er damit bleibende Veränderungen im Leben der Menschen herbeiführen kann. Es war für mich wieder ein klarer Spiegel für das, was in meinem eigenen Leben und meinem eigenen Heilungsprozeß ablief. Ein Bereich, in welchem ich mich in dieser Zeit speziell entwickelte, war die Ausbalancierung der männlichen und weiblichen Energien und ihre Festigung in meinem Inneren. Einer der schmerzlichsten Aspekte unserer Trennung vom Ursprung war die Aufteilung in männlich und weiblich, und zwar sowohl in uns selbst als auch in unserer Beziehung zueinander. Ich begriff, daß ich niemals meine Seele vollständig in der physischen Form würde verankern können, solange ich diese Trennung in meiner Persönlichkeit mit mir trug.

Es wurde mir ebenfalls klar, daß diese Aufspaltung auch in vielen unserer spirituellen Systeme vorhanden ist und zwar in Gestalt der Trennung zwischen Körper und Seele, Erde und Himmel, ja selbst zwischen Gott und Mensch. Die selbe Trennung verursacht in unserer inneren Psyche die Polarität von Gut und Böse, Richtig und Falsch. Wenn wir andere verurteilen und ablehnen schaffen wir Angst. Wenn wir uns selbst verurteilen und ablehnen, schaffen wir Scham. Angst und Scham halten uns voneinander getrennt, entfremden uns der Erde und isolieren uns vom Rest des Universums. Unsere innere Fragmentierung und der psychische Smog erzeugen, wenn man sie auf das Äußere umlegt, Smog und Verschmutzung im Boden, in der Atmosphäre, in den Flüssen und Meeren. Wir sind nicht von unserer Erde getrennt und auch nicht von unseren Meeren oder dem Universum. Wir sind nicht getrennt von unserem Gott, dem Ich, das ICH auf ewig BIN. Meinem Verständnis nach hatten die Aufgestiegenen Meister diese Trennung in ihrem Inneren geheilt und daher eine hohe Stufe der Meisterschaft des physischen, des emotionalen und des mentalen Bereiches erlangt. Jesus kennen wir am besten; es hat jedoch im Verlauf der Erdgeschichte in jeder spirituellen Tradition noch viele andere gegeben, die diese Stufe der Meisterschaft erreicht haben. Es handelt sich hier nicht um eine Leistung, die jenseits der Fähigkeiten des Durchschnittsmenschen liegt – und es ist daher jeder von uns aufgefordert, diese Stufe der Meisterschaft für sich selbst anzustreben. Es haben auch schon viele von uns in anderen Inkarnationen die Aufstiegsmeisterschaft erreicht, sind jedoch jetzt wieder hier, um bei dem, in der kosmischen Geschichte noch nie dagewesenen, planetaren Aufstieg mitzuhelfen.

Als Planet befinden wir uns an einer einmaligen Wegkreuzung. Es gibt prophetische wie wissenschaftliche Beweise aus den unterschiedlichsten Quellen, daß zur Zeit etwas abläuft, was bisher noch nie, oder zumindest nicht lange, stattgefunden hat. Wir sprechen hier von gewaltigen kosmischen Zyklen, und wir nähern uns einem „Nullpunkt", wenn man so sagen will, und bereiten uns auf eine große „Zeitalter-Verschiebung" vor. Um was geht es dabei? Ich habe mich in den vergangenen Jahren immer wieder darauf eingestimmt und eine Menge Informationen gesammelt, die ich hier später ansprechen werde.

Die von mir angesprochene Information stammt aus alten Prophezeiungen aus jeder nur vorstellbaren spirituellen Tradition. Sie stammt aber auch von heutigen Sehern, von Medien, Geologen, Astrophysikern und Zukunftsforschern. Als ich all diese Informationen sammelte, fühlten sie sich richtig an, und doch gab es in meinem Geiste eine Reaktion. Die physische Realität, betrachtet durch meine physischen Augen, schien verschieden von dem zu sein, was ich mit meinen inneren Sinnen wahrnahm, und ich wollte vollständig sichergehen. Meine inneren Sinne sagten mir, daß wir ein einziges planetares und kosmischen Bewußtsein sind, etwas, was wir global absolut nicht so wahrnehmen. Die Schleier der Illusion boten keinen Durchblick, und ich wollte mich nicht nur auf meine Intuition verlassen. Wenn ich mein Leben dieser Aufgabe widmen sollte, wozu ich mich ja bereits entschlossen hatte, dann wollte ich aber auch sicher sein, daß es uns gelingen würde, diese Schleier zu entfernen und den planetaren Aufstieg zu erlangen. Ich wollte es nicht nur glauben, ich wollte die Gewißheit haben. Also bat ich darum, mir den Beweis dafür durch eine direkte Erfahrung zu erbringen.

4. Schwimmen mit Delphinen und Walen

In Hawaii hatte ich dann meine direkte Erfahrung. Ich interessierte mich zu jenem Zeitpunkt für das Konzept des „globalen Gehirns", jener Idee, in der es heißt, daß der nächste Schritt unserer Entwicklung uns dahin führen würde, uns als ein einziges planetares Bewußtsein zu empfinden. Die Wale bewiesen mir, daß dies nicht nur ein Hirngespinst war. Ich war im Frühjahr 1999 nach Hawaii gezogen und lebte in einer kleinen Hütte inmitten der Obstplantagen in der Nähe der Kealakekua Bucht. Jeden Morgen legte ich Schwimmflossen, Taucherbrille und Schnorchel an und sprang in das wunderbar ruhige Wasser der Bucht. Kealakekua ist ein geschützter Ort für Delphine und oft kamen freilebende Delphine in die Bucht um dort auszuruhen und im seichten Wasser zu spielen. Über die Monate kamen wir uns immer näher. Ich lernte, über Bilder und über die Sprache des Herzens Kontakt mit ihnen aufzunehmen. Wenn ich mit ihnen schwamm, verlor ich jegliches Gefühl für meine eigene Identität. Ich traf mich mit ihnen in einem Raum, der weder den Menschen noch den Delphinen gehörte, sondern für das reine, freudige, spielerische Sein geschaffen war. Ich erfuhr sehr viel über mich selbst. Im Verlauf der Jahre hatte ich eine ganze Reihe von Identitäten um mich aufgebaut. Ich war spiritueller Lehrer und Heiler. Ich war sensitiv und voll Mitgefühl. Ich war ein guter Mensch, der viel zu geben hatte. Ich war tiefgründig. Das Problem mit all diesen Dingen war nur, daß ich mich mit diesem Bild von mir selbst so stark identifiziert hatte, daß diese Identitäten zu einer Maske wurden. Ich ertappte mich dabei, daß ich dieses Bild sorgsam schützte, damit nur ja niemand herausfinden würde, daß auch ich verletzlich oder unsicher, wütend, unliebenswürdig oder ängstlich, bedrückt oder schüchtern sein konnte. Ich verglich mich ständig mit anderen; die Wahrnehmung meines Selbst leitete ich davon ab, wie ich meinte, daß andere mich sahen und ob ich wohl gut oder liebenswürdig genug war. Und selbstverständlich mußte ich ständig meine Schokoladenseite zeigen. Damit verlor ich mein Gefühl für Spontaneität und kindliches Erstaunen. Ich verlor die Fähigkeit, aus meinem Herzen heraus zu leben.

Die Delphine mochten dies gar nicht. Sie wurden zu meinem Spiegel. Wenn ich mich hinter meinen Masken versteckte, sei es, daß ich mich zu wichtig nahm oder mich selbst erniedrigte, dann blieben sie einfach weg. Wenn ich meine Masken fallen ließ, dann kamen sie zu mir und wir begannen mit unserem ekstatischen Spiel. Mit der Zeit lernte ich sogar, auf die Maske des Mensch-Seins zu verzichten. Wir trafen uns in einem Raum der puren Essenz und hier hießen sie mich auch von Herzen in ihrer Herde willkommen. Ich werde niemals den Tag vergessen, an dem die vier Ältesten der Herde eine Stunde lang ganz dicht, Kopf an Kopf, neben mir schwammen und dabei immer wieder ihren tiefen Blick auf mir ruhen ließen. Es war wie eine Initiation in das Bewußtsein der Herde. Ich verliebte mich in diese wunderbaren freilebenden Delphine, ich verliebte mich in mich selbst, in alles, was ich war, und ich verliebte mich in die Liebe. Ich lernte, wie man aus dem Herzen spricht. Wenn ich in dieses Gefühl der Liebe eintrat und es mit einer Absicht oder einem Bild verband, reagierten sie sofort. Ich war von Ehrfurcht und tiefer Dankbarkeit erfüllt, daß es meine neuen Freunde gab. Ich erfuhr jedoch auch etwas über meine Abhängigkeiten. Ich liebte meine Delphinfamilie und fühlte mich ihrer Welt oft viel stärker zugehörig als meiner eigenen. Wenn sie einen Tag lang nicht auftauchten, war ich deprimiert – klar, daß sie wegblieben. Wenn sie dann doch kamen, ignorierten sie mich und spielten mit allen anderen, nur nicht mit mir. Endlich begriff ich, daß sie hier meine tiefsten Ängste ansprachen: Trennung, Verlassenwerden, Eifersucht und Verlust, kurz all das, was unsere normalen menschlichen Neurosen ausmacht. Ich konnte nie Kritik wahrnehmen, sondern nur eine direkte Spiegelung und Reaktion auf die Art der Energie, die ich aussandte. Von diesen bedingungslos liebenden und mitfühlenden Lehrern lernte ich mehr, als dies je in einem Ashram oder Meditations-Retreat der Fall gewesen war.

Eines Tages traf ich auf eine Walmutter mit ihrem Jungen, eine Begegnung, welche die Art, wie ich das Leben wahrnahm, ein für allemal veränderte. Ich wollte in der Bucht schwimmen gehen, wie jeden Tag, da bemerkte ich plötzlich die Fontäne eines Wals. Mein Herz jubelte. Ich hatte schon öfter Wale auf ihrem Weg durch diese Gewässer aus der Ferne beobachten können, doch noch nie so nahe beim Ufer. Ich schwamm in die Richtung, in der ich die Fontäne gesehen hatte, schloß die Augen und sendete meinen Ruf aus, so wie ich das bei den Delphinen gelernt hatte. Als ich meine Augen öffnete, war direkt unter mir ein Buckelwal-Weibchen. Zunächst erschrak ich fürchterlich. Was würde passieren, wenn sie jetzt gerade auftauchen wollte? Was, wenn es mich dabei in die Luft schleuderte oder ich vom Sog ihrer ungeheuren Größe hinuntergezogen würde? Dann erkannte ich, daß sie meine zerbrechliche Anwesenheit auf ganz subtile Art fühlte, daß jede ihrer Bewegungen darauf abgestimmt war und sie es niemals zulassen würde, daß mir ein Leid geschah. Ich entspannte mich, wir nahmen Kontakt auf und das Junge schwamm verspielt um uns herum. Plötzlich hatte ich die Empfindung, nicht mehr in meinem Körper eingeschlossen zu sein. Als ich mich mit dem Bewußtsein des Wals verband, wurde ich immer größer und weiter. Ich reichte bis in die Erde, bis in ihr Bewußtsein und wurde eins mit ihrem Körper. Ich war Gaia, die Göttin der Erde. Ich konnte die gewaltigen Ausmaße ihrer Form und ihres Seins fühlen, die in mir waren so wie ich in ihnen. Es gab buchstäblich keine Trennung zwischen uns und es wurde mir klar, daß die Wale ständig in diesem Bewußtsein lebten. Sie waren die Hüter und die holographische Spiegelung des Lebens von Mutter Erde – und zwar auf eine Art, wie wir, die wir in Menschenhaut stecken, sie uns niemals vorstellen könnten. Diesen kurzen Blick auf die Wahrheit werfen zu dürfen empfand ich als großes Privileg. Die Zeit hielt inne und Wogen von Verständnis und Freude erfüllten meinen Körper mit Glückseligkeit. Wir waren von allem Anfang an eins gewesen und daran würde sich auch nichts ändern!

Als ich später in meine Hütte zurückkehrte und begann, meine Erfahrungen niederzuschreiben, wußte ich, daß ich diese Verbindung zu meiner Freundin, dem Buckelwal, nie verlieren würde und daher auch nicht die Verbindung zur Seele der Erde, die durch sie hergestellt worden war. Aus der Verschmelzung unseres Bewußtseins eröffnete sich mir ein Weg, der nach wie vor offen ist. Vielleicht hat dieser Weg auch schon immer bestanden und die Walmutter hat mir nur gezeigt, wie ich ihn erreichen und daß ich auf mein Gefühl vertrauen kann. Und dies ist, was sie zu mir sagte:

Unser innig Geliebter! Wir laden Dich ein, in unser Bewußtsein zu kommen. Unser Bewußtsein ist wie ein Kreis. Laß Dich emporheben in das, was wir sind, damit wir Dir vermitteln können, was Du bist. Wir sind im Geist von Gaia. Gaia ist ein Kreis, wie wir, und wir tragen in uns die Aufzeichnungen und Erinnerungen der Zeit und des Raumes aller Dinge, die waren und die noch entstehen. Hör zu. Höre gut zu. Laß Deinen Atem kreisen; laß in Deinen Körpern die Energie in Kreisen verlaufen. Spiele. Ein Menschenkind ist wie ein Kreis, weil es spielen kann. Laß dieses Kind in Dir frei.

Du, Kiara, hast unsere körperliche Anwesenheit gespürt und Du hast es zugelassen, daß Dein Kreis sich mit dem unseren verbindet. Du hast gefühlt, wie unser Geist eins wurde und das Universum umspannte. Von nun an wirst Du nie wieder den Weg vergessen, denn wir haben eine Verbindung geschaffen von unserem Geist, der in der Tiefe ist, zu Deinem, der an der Oberfläche liegt. Du kannst dies auch für andere tun, indem Du es Deiner physischen Form gestattest, sich in Deinem Bewußtsein mit unserer Walform zu verbinden.

Wenn die Öffnung zwischen Deinem Geist der Tiefe und dem der Oberfläche entsprechend groß geworden ist, können die Energien, welche durch uns und Deine Aufgestiegenen Meister kreisen, auch durch Dich strömen. Wir sind bei Dir, und wir freuen uns sehr, daß Du Dich dafür entschieden hast, so nahe bei uns zu schwimmen, daß Du uns durch das Tor des Sirius grüßen kannst.

Rufe uns, wann immer Du willst, und wir werden uns mit Dir verbinden. Wir möchten Dir nun sagen, wer wir sind und was unser Beitrag zur Entwicklung der Erde ist. Wir sind die Verankerung für das, was Du als das Christusbewußtsein im Bereich des Geistes von Gaia bezeichnen könntest. Wir errichten die Kraftlinien, die Du als das Lichtnetz bezeichnest; wir legen sie um den Körper der Erde und erhalten sie aufrecht. Unsere Körper wissen von diesen Kraftlinien, und unser Bewußtsein ist die Brücke für unsere interdimensionale Verbindung mit Gaia. Auch unter uns gibt es Aufgestiegene Meister. Gemeinsam mit Euren menschlichen und stellaren Meistern erstellen wir mit Hilfe unserer Gesänge die Erdnetze – jedes Jahr mit einem neuen Gesang.

Die Aborigines kennen von alters her die Songlines (Linien des Gesanges) der Schöpfung, aber viele von Euch haben sie bereits vergessen. Lernt wieder auf den Klang Eurer eigenen Seele und auf den Gesang von Gaia zu hören. Es gibt einen großen Strom von Klängen, der jede Zelle Eures Körpers und die Songlinies der Erde erfüllt, und der die Geometrien des Lebens entwirft. Wenn Ihr auf diese Gesänge hört, werdet Ihr in Eurem eigenen Körper erkennen können, wo Störungen in den Songlines vorliegen. Ihr seid kreisförmige, holographische Wesen. Wenn Ihr das Gleichgewicht aufbaut und es in das Bewußtsein von Gaia einbringt, dann bringt Ihr damit auch das Lichtnetz, welches um Euren Planeten liegt, wieder ins Gleichgewicht.

Die Zeit der Trennung, die Zeit der Begrenzung ist zu einem Ende gekommen. Eure Liebe wird so groß wie das Meer, so, wie es die unsere bereits ist. Verbindet Euer Herz mit Eurem Zirbeldrüsen-Zentrum. Dann konzentriert Euch auf das Zentrum an der Rückseite des Kopfes, beim Ansatz des Rückenmarks (Medulla) und stellt wieder die Verbindung zum Herzen her. Das stimmt Euch auf die Zyklen und Rhythmen des Lebens ein und Ihr könnt Euch leichter mit dem Meer des Kosmos verbinden. Ihr fühlt Euch voll Energie und der Geist in Eurem Inneren wird gestärkt. Dann öffnen wir für Euch unsere, wie auch Eure, eigenen Erinnerungsspeicher, damit Ihr imstande seid, bewußt die Aufzeichnungen Eurer Seele zu verstehen und zu interpretieren. Die Medulla gewährt Euch den Zugang zum Bewußtsein von Gaia. Sie ist der Ort, von dem aus der Atem des Lebens in den Kosmos tritt. Bei uns liegt dort das Atemloch. Krone und Medulla sind bei uns miteinander verbunden. Bei Euch ist die Krone die Senkrechtverbindung zum

Geist, während die Medulla der Kreisverbindung zur kosmischen Schöpfung, dem Bereich der Seele entspricht. Der Geist ist männlich, die Seele weiblich. Man muß sowohl die Verbindung zum Geist auf der vertikalen Achse meistern als auch die Bereiche der Seele, die sich in immer weiter werdenden Kreisen darstellen, voll und ganz verstehen lernen.

Das ist unsere Art, uns mit dem Körper und der Seele von Gaia zu verbinden. Die vertikale Dimension des Geistes und die kreisförmige Dimension der Seele finden sich im Herzen zusammen. Wenn Ihr die geistige Verbindung herstellt, laßt die Energien der Erde, der Sonne, des Körpers, des Herzens und der Gedanken entlang einer vertikalen Lichtsäule ineinander übergehen. Taucht tief ein in die irdische Sonne und steigt auf zur kosmischen Sonne. Dann bringt Eure Aufmerksamkeit in Euer Herz und fühlt den Strom der Klänge, wenn Ihr Euch in immer weiter werdenden Kreisen öffnet, um die gesamte Schöpfung zu umfangen. Fühlt, wie sich Euer Körper ebenfalls ausdehnt - so wie Du das jetzt empfindest - und die Sterne zu den Zellen Eures galaktischen Körpers werden. Wir erfüllen unseren Dienst als Hüter des Wissens, indem wir unser Bewußtsein mit dem Geist des Kosmos, oder der Akasha-Chronik, wie Du es nennen würdest, verschmelzen. In dieser Verschmelzung sind alle Ereignisse der Vergangenheit, der Gegenwart und der Zukunft in der Ewigkeit des Augenblicks festgeschrieben und können jederzeit abgerufen werden. Das Erklingen unserer Gesänge des Lebens in Verbundenheit und Einheit, schenkt dem Kosmos den fruchtbaren Boden für eine neue Schöpfung.

Geliebter! Du durchlebst gerade einen Zyklus der Fülle, der Fülle der Liebe, der Fülle der Gaben und Chancen, die Dir das Leben bietet, der Fülle des Geistes und des Herzens. Schwimme jeden Tag mit uns, sei es im Meer unserer physischen Existenz oder unserer kosmischen Präsenz, in der Stille Deiner Meditation. Wir verbinden uns mit dem Bewußtsein von Sanat Kumara, Pan und den Herren von Zeit und Raum, damit wir als Gaias Überseele dienen können. Stimme Dich auf den ein, den wir als den Großen kennen, den Weißen Wal unserer Legenden, der einer der Herrscher des Sirius, unserer galaktischen Heimat, ist. Wir waren schon immer die rechte Gehirnhälfte von Gaia, so wie Deine Spezies die linke war. Jetzt ist die Zeit gekommen, da wir uns zu einem einzigen planetaren Körper zusammenfinden, in einem geeinten Geist, der alle Geschöpfe Gaias mit einschließt. Laß diese Botschaft tief in Dir ein Auslöser für die Erschließung der Codes der Erinnerung sein. Wir verbinden uns mit Dir. Empfange durch uns die Liebe von Mutter Gaia!

5. Die Botschaft des Großen

Ein paar Tage später erhielt ich eine Nachricht vom Weißen Wal, der Überseele des Königreiches der Wale, die ich hier zur Gänze wiedergebe. Bitte laßt die Worte unter Euren Geist der Oberfläche sinken und den Geist der Tiefe erreichen:

Hier ist der Große. Ich bin hier, um Dir Antwort auf Deine ausgesprochenen und unausgesprochenen Fragen zu geben. Ich bin nicht gekommen, um Dir bloß Informationen zu geben, sondern um Dir ein bestimmtes Bewußtsein zu vermitteln. Jetzt ist es an der Zeit, zu diesem Bewußtsein in Dir zu erwachen, denn dies ist der Grund, warum Du geschaffen wurdest. Verachte die menschliche Form nicht, denn sie ist eine der höchsten biologischen Formen für die Verkörperung des Geistes. Laß uns durch alle Schichten des Geistes von Gaia zurückgehen bis zum Anbeginn der Zeit. Die Zeit ist eine Schöpfung, eine Schöpfung, welche im Geiste des Ur-Schöpfers entstand. Sie hatte keine andere Bedeutung als jene, welche in der Entwicklung, in der Fortdauer der Schöpfung, im tiefen Bewußtsein und der Leidenschaft, sich selbst immer wieder neu zu schaffen und auszuweiten, begründet war.

Und so wurden durch das Wort, durch die Schwingung dieser ersten Absicht, die Songlines erschaffen; danach kam das Licht und in diesem Lichte manifestierten sich verschiedene Bewußtseinsebenen, welche wiederum zur Schaffung von Dimensionen führten, in denen sich die Ideen gestalteten und wieder gestalteten, um der Form Raum zu geben. Viele Wege später wurden verschiedene Saaten gesät, es wurden Formen geschaffen. Unter ihnen waren auch wir und Ihr. Der Geist gab sich selbst Gestalt in biologischen Formen. Unser Schicksal war immer das gleiche – uns in der Fülle Zeit wieder zu vereinen, um den Zyklus zu beenden und um die ganze Schöpfung, alles Wissen, wieder dem Ursprung zuzuführen.

In unserer Einstimmung auf die höheren Dimensionen ist ein gewisses Bewußtsein enthalten. Was Ihr als die höheren Dimensionen bezeichnet, ist für uns der Kreis, und in diesem kreisförmigen Wissen gibt es kein hoch oder niedrig, sondern nur die Fülle des Verstehens, des Wissens, denn diese Qualität ist in sich geschlossen und in all der bestehenden Vielfalt immer noch mit dem Ursprung verbunden. Euer biologischer „Stromkreis" ist auch dafür gedacht, diese Qualität in sich zu tragen, zu verkörpern. Dies ist eine Qualität, die jene unter Euch, die Ihr als die Aufgestiegenen Meister kennt, ebenso in ganzer Fülle verkörpert haben. Dies ist eine Qualität, die viele Rassen in den verschiedenen Galaxien besitzen, und die Ihr im Begriff seid, umfassender in Besitz zu nehmen, als irgend eine andere Spezies vor Euch, einfach darum, weil Ihr als Spezies nicht mehr isoliert seid.

Es gibt unter Euch Repräsentanten jenseits der Galaxien, der Dimensionen, der Universen. Was Ihr jetzt versucht entstehen zu lassen, ist ein lebendes Wesen, ein Wesen, das viel weiter reicht als die einzelnen aufgestiegenen Wesen. Es gibt wenige Planeten, die aus solch einer Dichte aufgestiegen sind – und keiner von ihnen hatte das Schicksal, das Eurem Planeten zugeteilt war. Der Grund ist, daß keiner so vielfältige Erscheinungsformen besaß, wie Euer Planet. Jetzt, wo Ihr Euch für diesen Augenblick vorbereitet, tritt eine neue Ordnung der Schöpfung in kraft. Wir sind hier bei Euch. Es war immer unser Wunsch zu helfen, selbst wenn Ihr unsere Aufgabe nicht verstehen konntet.

Es gibt im Meer eine Manifestation meiner selbst, den Weißen Wal. Die Aborigines wissen das, ihre Prophezeiungen sprechen davon. So wie auf diesem Kontinent der Weiße Büffel in Erfüllung einer Prophezeiung geboren wurde, so erscheint der Weiße Wal, um eine Prophezeiung zu erfüllen.

Die Zeit ist nahe und bald wird das planetare Bewußtsein erwachen. Wir haben die Energienetze der Erde verstärkt, so daß sie die höhere Schwingungsfrequenz aushalten können. Wäre dies nicht der Fall, so wäre es nicht möglich, die hereinströmenden neuen Energien zu verankern und dann könnte die Erde nicht überleben. Die Erde wird ständig von dem, was ihr als Gammastrahlen bezeichnet, überflutet – in riesigen Mengen sind sie in den vergangenen Jahren, seit das Netz vollendet wurde, auf Euch eingestürmt. Die Klänge der Erde haben sich verändert und ihre Lieder. Ihre Lieder sind wie Modelle, mit deren Hilfe die Schöpfung genau definiert werden kann.

Ihr seid die linke Gehirnhälfte des Planeten Erde und wir benötigen dringend Eure Absicht, Euer Verständnis und Eure Anleitung. Fühlt unsere Präsenz inmitten der Euren. Das große Geheimnis hat Eurem Geist die starke Neigung zum Zweifel eingegeben. Das Geheimnis liegt im „wenn", weil Ihr niemals das Gefühl habt, den Weg wirklich zu kennen; weil Ihr vom tiefen Wissen in Eurem Inneren getrennt seid; weil Ihr Euch Euren Zweifeln und Ängsten überlassen habt. Das hat zu einem großen Fragezeichen in Eurem Leben geführt, und es hält Euch davon ab, die Schlichtheit dieses Weges zu erkennen. Meine Lieben! Dabei ist es doch so einfach. Zweifelt nicht, denn dies ist Euer Schicksal.

Eure Körper wurden dazu ausersehen, Licht in sich aufzunehmen. Das wißt ihr. Ihr wißt auch, daß Eure DNA sehr viel mehr kann, als Ihr im Moment wahrnehmt. Ihr habt von den 64 Kodons gehört, die erweckt werden sollen. Ihr wißt von den zwölf Strängen. Ihr wißt, daß all dies bereits war und wieder sein wird. Ihr wißt auch, was Euch behindert. Es gibt in Eurem Leben so viele Schichten der Konditionierung und des Unglaubens, ihr müßt die kollektive Barriere durchbrechen. Wir stehen Euch gerne bei und Ihr könnt jederzeit unsere Hilfe anrufen. Unsere Antworten können vielleicht von Euch nicht bewußt wahrgenommen werden – sie liegen tief in den Schichten des Zellwissens begraben.

Euer Körper versteht, was Euer Gehirn nicht verstehen kann. Hört auf Euren Körper und laßt ihn zu Euch sprechen. Konzentriert Euch auf den Rückenmarksansatz in Eurem Hinterkopf. Es handelt sich dabei um ein neu entstehendes planetares Zentrum, welches sich parallel zur Senkrechtachse der Chakren entlang der Pranasäule entwickelt. Es enthält die Wahrnehmung des kreisförmigen Bewußtseins, und wir, die wir atmen, haben diese Wahrnehmung ständig in uns. Gaia benötigt uns als ihre rechte Gehirnhälfte und Euch als ihre linke. Doch die Trennung zwischen den beiden braucht nicht mehr aufrecht erhalten zu werden. Die elektromagnetischen Felder der Erde verändern sich und gestatten einen Wiederaufbau der Netze von linker und rechter Hälfte.

Um der Mutter den Aufstieg zu ermöglichen, müssen rechte und linke Gehirnhälfte in Einheit agieren – deshalb müßt Ihr das kreisförmige Bewußtsein entwickeln. In diesem Bewußtsein gibt es keine Trennung zwischen rechts und links, auch nicht zwischen Geist und Materie, und es gibt auch keine der sonstigen Polaritäten des täglichen Lebens. Taucht in dieses neue Bewußtsein ein. Der Aufstieg ist nichts anderes, als das Erblühen neuen Lebens. In die Früchte dieses Lebens legt die Erde ihre Samen, die sich hundertfach vermehren. Dies ist ein ganz natürlicher Kreislauf. Die Auslöser innerhalb Eures Zellbewußtseins sind bereits getestet worden. Euer Denken hat nichts damit zu tun, weil

Euer Wille, Eure Absicht und auch Eure Hingabe die Aktivität auslöst. Aus den Tiefen Eures Unbewußten beginnt dann der Same Frucht zu tragen. Es kommt eine Zeit, in der für das gesamte Bewußtsein des Planeten sich der Vorhang öffnen wird. Und diese Zeit kommt schon bald und es wird alles für das Öffnen des Vorhanges vorbereitet. In diesem kurzen Augenblick, und es ist nicht mehr als ein Augenblick, werdet Ihr geprüft. Eure Entscheidungen werden auf die Waage gelegt werden: entscheidet Ihr Euch dafür, dann wird wieder der Aufstieg zum natürlichen Kreislauf anstelle des Todes, oder besser anstelle der Teilnahme am Spiel der Trennung, das Euch bereits aus den Zeiten vor Atlantis bekannt ist.

Es ist noch gar nicht lange her, da gab es eine Zeit, an die Ihr Euch erinnert, die Ihr vielleicht sogar fürchtet. Es ist die Zeit, als die Meermenschen in ihrer menschlichen und in ihrer Walform sich miteinander verbanden: Beide Reiche wurden zu einem. Beide Arten des Gehirns verschmolzen zu einem. Jetzt kehren diese Menschen wieder zurück, und zwar nicht in ihrer physischen Form, sondern innerhalb des Bewußtseins der Erde. Betretet das Lagerhaus Eurer Gedanken. Erinnert Euch an diese Zeiten. In Euren Zellen ist diese Erinnerung gespeichert. Viele von Euch waren damals in einem Meermenschenkörper inkarniert, und viele von uns gehörten der Menschenrasse an.

Ich spreche zu Euch in Worten, welche in Euren Gedanken zu hören sind. Meine tiefere Kommunikation mit Euch schafft jedoch einen Durchlass, der es ermöglicht, daß Euer kreisförmiger Geist aktiviert wird. Das fühlt sich vielleicht an, wie ein Pulsieren im Hinterkopf. Oder Ihr nehmt Klänge in diesem Bereich wahr. Vielleicht kommen Anteile Eurer Seele zu Euch zurück, die getrennt und verloren waren. Vielleicht erinnert Ihr Euch wieder an Euer wahres Schicksal, das die Erde mit dem Gefühl des Wissens, der Freude und des Friedens erfüllt. Vertraut diesem Wissen, wir bitten Euch; nicht, weil Ihr mit Eurem Intellekt nachvollziehen könnt, welche Schritte all dies erfordert, sondern weil Ihr gewillt und bereit seid, Euren Willen mit dem der Erde und mit dem des Schöpfers zu vereinen. Erfüllt das Geschick, welches für Euch ausgesucht worden ist; Ihr, die Ihr auf diesem Planeten inkarniert seid, denn wir sind eines Geistes und kennen einander bereits ohne die Schleier der Trennung. Wir wissen alles, was es über Eure Zukunft zu wissen gibt, denn für uns ist sie bereits die Gegenwart. Es ist das Ende der Zeitlinien. Es ist das Ende des Getrenntseins. Es ist das Ende des Todes und die Geburt der Erde. Die Kinder, welche jetzt bei Euch geboren werden, wissen das, denn viele von ihnen haben früher in Walkörpern gelebt. Wir sind eins.

Alles, was ich dem Gesagten hinzufügen könnte, wäre überflüssig – und doch möchte ich hier noch davon erzählen, daß ich ca. eine Woche nach dieser Kommunikation eine Frau beim Schwimmen in der Bucht kennenlernte, die mir von ihren Erfahrungen beim Schwimmen mit den Walen, das auch ihr Leben grundsätzlich verändert hatte, berichtete. Und dann geschah etwas, was mir einen Schauer über den Rücken laufen ließ. Ich hatte ihr überhaupt noch nichts von meinem Zusammentreffen mit dem „Großen" erzählt, als sie plötzlich ganz aufgeregt ausrief: „Hast Du schon gehört, daß in der Nähe der australischen Küste ein junger Weißer Wal gesichtet worden ist?"

Ich möchte dieses Kapitel mit einer Bitte beenden. Die US-Marine experimentiert mit LFAS Sonarfrequenzen, die sich sehr nachteilig auf die Meeressäugetiere auswirken, speziell auf die Wale und Delphine. Die verursachten Schäden sind überhaupt nicht vorstellbar und viele Tiere sind bereits daran zugrunde gegangen. Die Thunfischindustrie hat gesetzlich immer noch das Recht, an die 100.000 Delphine pro Jahr zu töten und verwendet trotzdem die Aufschrift „delphin-frei" auf ihren Konservendosen. Das US-Militär „beansprucht" immer noch eine große Anzahl von Tieren aus der Gruppe der Wale, und zwar entweder tot als „negative Nebenerscheinung“ von Waffentests, oder lebendig als versklavte Gefangene, die ihrerseits als Waffen eingesetzt werden. In den internationalen Gewässern unterliegt der Walfang immer noch keiner Beschränkung. Ölgesellschaften, die Bohrinseln betreiben, verwenden seismische Hochfrequenztests und Sprengladungen für ihre Ölsuche, ohne dabei Rücksicht auf die Meeresbewohner zu nehmen. Der National Marine Fisheries Service, jene Behörde, die viele dieser Maßnahmen befürwortet, ist jetzt dabei, ein Gesetz durchzudrücken, welches das Spiel, die Kontakte zwischen Delphinen und Menschen als ungesetzlich verbietet. Informiert Euch im Internet unter cetacean-nation.com, whalesong.net, nrdcaction.org und seashepherd.com im Detail über die Möglichkeiten, dagegen etwas zu unternehmen. Die wunderschönen Websites angelfire.com/trek/dolphindreams und IamDolphinus.com berichten über Experimente mit den heilenden Energien der walartigen Tiere.

Ich habe gehört, daß die Tiere der Walgruppe ihren Vertrag mit der Erde der dritten Dimension beendet haben und sie jetzt verlassen. Vielleicht stimmt das, ich weiß es nicht, vielleicht gehen sie auch nur, um unser kollektives Erscheinen auf der aufgestiegenen Erde willkommen zu heißen. Es wäre mir lieb zu wissen, daß sie selbst diese Entscheidung treffen, und daß sie nicht durch die Gier und Verblendung der Menschen vertrieben werden. Ich weiß, daß auf der Ebene der dritten Dimension auch wir zugrunde gehen, wenn die Wale und Delphine aussterben. Ich weiß aber auch, daß ich persönlich noch nicht bereit bin, sie gehen zu lassen!

Wal-Träume

Ich schwimme im unendlichen Meer der Sterne,
springe jauchzend durch das gewaltige Tor der Zeit
und träume von der Freiheit.
Nichts ist mir verborgen;
alles Leben wie ein Spiegel der Wahrheit, die ICH BIN.
Die Schöpfung wird entfaltet,
das Spiel ist die Schöpfung,
die Schöpfung ist ein Spiel.
Aus Sternen erschaffe ich das Meer,
aus Sternenstaub die Erde.
Ich träume, daß sie schön sind,
die Körper, die mich in sich tragen.
Wir ziehen durch das Meer der Erde,
wir kreisen einer um den andern,
wir spielen und wir singen unsere Lieder,
gemeinsam und in Harmonie.
Wir kreisen um die Erde,
wir kreisen um den Kosmos,
wir sind die Meeresmenschen.

Das Christusbewußtseins-Gitternetz

6. Das planetare Gehirn, die vierte Dimension und das Christusbewußtseins-Gitternetz

Der britische Wissenschaftler James Lovelock entwickelte die „Gaia Hypothese", in welcher die Erde ein lebendiges, bewußtes Wesen ist, das die gleichen Charakteristika aufweist, wie alle anderen Lebensformen. Ihre Meere und Flüsse entsprechen ihrem Blut; Felsen, Minerale und Boden sind ihr Fleisch und ihre Knochen. Die Bäume helfen ihr zu atmen und sich selbst zu regulieren. Jede Spezies innerhalb des großen Lebensnetzes stellt einen ihrer Aspekte dar und sichert ihre Fähigkeit, sich selbst zu erhalten, sich wieder herzustellen und zu reproduzieren. Eingeborenenvölker auf der ganzen Erde haben das seit jeher gewußt. Chief Seattle vom Stamm der Seneca drückte das so aus: „Was wir der Erde antun, tun wir uns selbst an". Und er warnt uns: „Die Erde gehört nicht uns, sondern wir gehören der Erde." Wir sind alle miteinander verwandt. Der Weiße Wal spricht davon, daß die Delphine und Wale die rechte Gehirnhälfte des Planeten sind und die Menschen die linke. Auch Gaia befindet sich auf dem Weg zum Aufstieg – unser Planet benötigt uns beide, damit sie sich ausgleichen und er den Aufstieg vollziehen kann. Als Menschenrasse haben wir es im Alleingang versucht, und sie, als Gattung der Wale, haben dies ebenfalls getan – aber wir brauchen einander. Es gibt im Reich der Wale und Delphine Aufgestiegene Meister, so wie bei den Menschen. Sie sind eine viel ältere Spezies, die sich schon sehr viel länger auf dem Planeten befindet als die Menschen. Ihre Linie geht zurück bis in das Hyperboräische Zeitalter, viele hunderttausend Jahre vor Erscheinen der Menschheit, und sie sind vom Planeten Sirius hierher gekommen. Echsenähnliche Wesen griffen sie an und trieben sie ins Meer, wo sie sich aufgrund ihres Einfühlungsvermögens, und auch, weil die Erde zu diesem Zeitpunkt vierdimensional war, schnell an das Leben im Meer anpassen konnten.

Das geschah zu einer Zeit, als die Erde noch nicht in die Dichte, die wir als dritte Dimension bezeichnen, eingetreten war, und die Körper und Gene sehr viel schneller auf den Ruf des Geistes reagierten. Als sich die walartigen Wesen immer stärker den Gegebenheiten des Lebens im Meere anpassten, fanden sie heraus, wie sie auf direktere Art das Fließen des Seelenbewußtseins aufrecht erhalten konnten. Es war die Art ihrer Atmung, welche den ständigen Kontakt zur Geistigen Welt gewährleistete. Jeder Atemzug geschah bewußt und wurde durch das Kronenchakra hereingeholt, was bedeutete, daß es keine Trennung zwischen den bewußten und unbewußten Aspekten des Seins gab. Sie sind immer mit dem Göttlichen verbunden gewesen und sind dies heute noch. Mir gefällt das Spielerische, das ich bei den Delphinen vorgefunden habe. Wir betrachten Spiel oft nur als den Gegensatz zur Arbeit, so wie wir den Frieden im Gegensatz zum Krieg sehen. Aber es ist viel mehr. Das Spielen ist eine Lebenshaltung, bei der das Bewußtsein in Kreisen verläuft und sich die Perspektive erweitert. Es gibt kein

Verurteilen, es gibt keine Hierarchien, es gibt auch keine Trennung zwischen den Aspekten unseres Selbst. Wir stehen mit allen, die um uns sind in Interaktion, so als wären sie ein Teil von uns selbst und es läßt sich nicht mehr feststellen, wo der eine beginnt und der andere aufhört. Im Spiel werden wir größer als es unsere begrenzte Sicht, mit der wir normalerweise uns selbst und andere betrachten, zulassen würde und wir betreten damit den Bereich der vierten Dimension.

Die Delphine sind ungeheuer beweglich und besitzen damit die Fähigkeit, in den Geist des Lebens vollständig einzutauchen. In ihrer Gegenwart geschieht es immer wieder, daß Menschen spontan geheilt werden oder daß sich ihr Herz ganz weit öffnet. Kinder, die im Meer und in Gegenwart von Delphinen geboren werden, bringen diese Offenheit ihres Geistes, ihres Herzens und ihres Körpers in die Welt mit, weil sie keine Möglichkeit haben, sich zu verschließen und den Schleier um sich zu legen, was normalerweise bei einer Geburt der Fall ist.

Bei einer normalen Geburt gibt es ein Kollektiv, welches den Fötus belastet, wenn er das Licht der Welt erblickt und noch empfänglich ist für die Schwingungen des Universums. Wenn die menschliche Seele aus der Geistigen Welt kommt, und die Erde durch den „astralen Schleim" betritt, dann bedeckt sie sich dabei mit dieser klebrigen Substanz, welche zu dem Schleier wird, der sich dann immer mehr verfestigt. Von der Astrologie her tragen wir die Eindrücke aller planetaren und stellaren Energien in uns – und genau so tragen wir den Eindruck der Schichten astralen Schleims. Wenn jedoch in diesem wichtigen Moment der Geburt Delphine da sind, dann schaffen sie eine Vortex, durch welche die Seele des Kindes ohne Störung auf die Erde kommen kann. (Siehe Kapitel 28: Meditation zum Aufbau einer Heilungsvortex und zur Neuprogrammierung der Zellmatrix). Bei den Menschen gibt es eine ganz dünne Barriere zwischen der rechten und linken Gehirnhälfte, dem Oberflächen- und dem Tiefengeist. Eine Membrane, die „corpus collosum" genannt wird, trennt die beiden Hälften. Delphine haben dies nicht. Rechte und linke Gehirnhälfte sind bei ihnen fast identisch. Ihre Atmung erfolgt bewußt, daher ist es ihnen nicht möglich, in den Schlafzustand zu gleiten, so wie wir das können. Delphinforscher haben mir erzählt, daß bei den Tieren während des Schlafens sich eine Gehirnhälfte dauernd im Wachzustand befindet. Die eine Hälfte schläft, die andere ist wach – dann wird gewechselt. Im Wachzustand sind natürlich beide Hälften wach und arbeiten holographisch Hand in Hand. Die Delphine haben gelernt, beide Gehirnhälften vollständig auszugleichen, was das Schwimmen mit ihnen zu solch einer freudvollen Erfahrung macht. Wenn wir uns dem Spiel hingeben, verschwindet die Barriere zwischen unseren Gehirnhälften und wir sind imstande, die Ekstase der reinen Präsenz zu erleben!

Bei den Walen ist dies ganz anders. Sie sind nicht nur holographisch in sich selbst ein geschlossener Kreislauf, sondern sie stehen gleichzeitig in Verbindung mit dem Körper der Erde. Als ich in ihrer Gegenwart in einen tieferen Bewußtseinszustand eintrat, empfing mein ganzer Körper die Informationen und nahm die Übertragungsschübe wahr. Einmal fühlte ich mich ihnen so nahe, daß Zeit und Raum nicht mehr existent waren. Ich konnte dieses Gefühl selbst in meinem Zimmer oder wo immer ich mich sonst aufhielt wahrnehmen, ich kann es jetzt wahrnehmen, wenn ich diese Zeilen schreibe. Sie sind imstande, ihr Bewußtsein mit dem des Menschen so zu verschmelzen, daß man zu einem Körper, einem Bewußtsein und zu einem einzigen Wesen wird. Dies ist, so meine ich, was es bedeutet, wenn wir von der vierten Dimension sprechen. Unsere Wahrnehmung von Zeit und Raum verändert sich, was bleibt, ist die Erfahrung des

Jetzt. In der fünften Dimension löst sich ebenfalls das Gefühl des Urteilens und des Getrenntseins auf. In der sechsten Dimension haben wir Zeit und Raum gemeistert und sind imstande, in vollem Körperbewußtsein durch Zeit und Raum zu reisen. Wenn wir in diesen Bewußtseinszustand eintreten, werden normalerweise die Körper der dritten Dimension zu beschwerlich und wir erschaffen uns neue Körper, die der vierten Dimension entsprechen. So kann man den Aufstiegsprozeß auch beschreiben. Ich fühle, daß Wale interdimensionale Wesen sind und fähig, in allen diesen Dimensionen gleichzeitig zu existieren. Jene, die nicht in der dritten Dimension leben, haben Körper, welche der vierten Dimension entsprechen und eine andere Frequenz haben, welche sie dazu befähigt, das Bewußtsein der sechsten Dimension in sich zu tragen.

Die Menschheit bereitet sich mit dem gesamten planetaren Kollektiv darauf vor, gemeinsam in die vierte Dimension einzutreten. Wir nähern uns diesem Übergang und müssen daher lernen, uns in tiefere Zustände zu versetzen, was bedeutet, daß wir die verschiedenen Aspekte unserer Identität miteinander verbinden müssen. Davon mehr in Kapitel 9. Etwas muß ich hier klarstellen. Manchmal herrscht Unklarheit darüber, in welche Dimension wir eintreten, wenn dieser „Ruck" geschieht. Manche sagen, in die vierte, manche meinen, in die fünfte. Andere behaupten, daß die vierte Dimension bloß der „Durchgang" zur fünften sei. Meiner persönlichen Meinung nach betrachten wir hier verschiedene Aspekte von uns selbst. Die Erde, als Planet, sowie unsere physischen Körper treten in die vierte Dimension ein. Die Materie der dritten und vierten Dimension entsprechen Aspekten der physischen Welt. Das, was wir gemeinhin als Bewußtsein bezeichnen, wird sich allerdings in die fünfte oder eine noch höhere Dimension begeben. Das ist der Anfang des Aufstiegsprozesses. Wenn wir die volle Aufstiegsmeisterschaft erlangt haben, werden wir Lichtkörper der fünften Dimension besitzen, gekoppelt mit einem Bewußtsein, das der sechsten oder einer höheren Dimension angehört. Zurück zu den Walen, die man auch als die Chronisten des Planeten bezeichnet. Dies nicht nur darum, weil sie die geschichtlichen Chroniken in ihren Körpern tragen, sondern die Erde selbst. Ihr Gruppengeist schließt die gesamte Erde in seinem Bewußtsein mit ein – jede Spezies, jede Dimension, Vergangenheit, Gegenwart und Zukunft.

In den oberen ätherischen und astralen Bereichen befindet sich eine um die Erde verlaufende Energieschicht, die wir die Akasha-Chronik nennen. In ihr ist alles verzeichnet, was jemals war, und, vielleicht in einem Bereich höherer Dimensionen, auch das, was sein wird. Die Wale können sich in diese Chronik einstimmen. Wenn wir uns mit dem Bewußtsein der Wale verbinden, und sie sich ihrerseits mit dem Akasha-Bewußtsein verbinden, ist es uns ebenfalls möglich, Zugang zu diesem Bereich zu finden, unsere Seelenerinnerungen und unsere Herkunft zu erkennen und mit zu schaffen an dem, was sein wird. Es gibt mehrere Bewußtseinsebenen, die unseren Planeten umgeben. Sie sind eine Spiegelung all der Ebenen unserer kollektiven Absicht in bezug auf die Erde, angefangen von den niedrigsten Manifestationen der physischen und psychischen Verschmutzung bis zu dem, was wir uns für einen aufgestiegenen Planeten der fünften Dimension wünschen und vorstellen. Im natürlichen geomagnetischen Feld der Erde ist es wegen der elektromagnetischen Störungen durch Starkstromleitungen, Mikrowellen, Radiowellen, Satellitensysteme, Handys etc. zu einer Dissonanz gekommen, welche durch die psychische Verschmutzung, die durch unser kollektives Denken der Trennung, der Dominanz, des Hasses und Krieges entsteht, noch verstärkt wird. Diese Negativität hindert die Erde daran, sich weiter zu entwickeln und zum Aufstieg zu gelangen. Vor ein paar Jahren nahm ich in Hawaii an einer Zeremonie teil, die Roy Little Sun, ein Lehrer aus dem Volk der Hopi, durchführte. Er sagte, daß wir uns sofort in die vierte Dimension bewegen würden, wenn auch nur einen Tag lang weltweit die elektromagnetische Dissonanz zum Stillstand käme!

Es gibt auch noch eine höhere Oktave des Bewußtseinsfeldes der Erde, nämlich das Christusbewußtseins-Gitternetz (siehe Diagramm auf Seite 81). Es handelt sich dabei um eine äußerst komplexe Struktur der heiligen Geometrien, die von den lebenden Codes des Klanges und des Lichtes durchdrungen ist. Dieses Gitternetz ist unterschiedlich zu den geomagnetischen Feldern, die bereits angesprochen worden sind, und stellt eine höhere Oktave des Evolutionsbewußtseins dar. Während einer Gruppenmeditation sprach Sanat Kumara von den Schnittstellen zwischen dem Christusbewußtseins-Gitternetz und dem planetaren Netz der dritten Dimension. Diese beiden Gitternetze berühren einander an verschiedenen Punkten, den sogenannten "Drachenpunkten", die im Umkreis der Erde liegen und die, wie er betonte, Belastungen ausgesetzt seien und daher unserer besonderen und liebenden Aufmerksamkeit bedürften. Mehr darüber und über die Möglichkeit der Arbeit mit den Drachenpunkten in Kapitel 21 dieses Buches. Was wir über diese Netze und ihre Verknüpfung wissen und verstehen, steckt jedoch noch in den Kinderschuhen.

In einem sechs Jahre dauernden und auf Forschungsergebnissen der weltbesten Geomantie-Experten wie Chris Bird (Mitautor des Buches *The Secret Life of Plants*) basierenden Forschungsprojekt unter der Leitung von Bethe Hagens und Bill Becker, wurde sorgfältig ein planetares Gitternetzsystem aufgezeichnet. Das Bild ist auf Seite 95 abgedruckt und zeigt die Koordinaten der einzelnen Punkte im Detail. Es handelt sich dabei um einen Ikosaeder (Zwanzigflächner), der sich innerhalb eines Dodekaeders

(Zwölfflächner) befindet, also eine ganz ähnliche Konstellation wie die des Christusbewußtseins-Gitternetzes, so wie es Drunvalo Melchizedek und Gordon Michael Scallion beschreiben. Besteht die Möglichkeit, daß im Christusbewußtseins-Gitternetz ähnliche Geometrien, wenn auch auf einer höheren Oktave, enthalten sind, wie im geomantischen Gitternetz des Planeten? Würde ein tieferes Verständnis der Zusammensetzung dieser Gitternetze uns beim planetaren Aufstieg helfen?

Ich bin sogar der Meinung, daß ein weiteres Gitternetz, das „Aufstiegs-Gitternetz", im Entstehen ist, welches Schnittstellen zu den beiden bereits genannten Gitternetzen besitzt und die Möglichkeit zum persönlichen wie auch zum planetaren Aufstieg bietet. Alle drei zusammen bezeichne ich als die „Licht-Gitternetze" und ich meine, daß das Gitternetz-System der Erde mehrdimensional ist, genauso wie die Meridiane oder Chakren im menschlichen Körper. Das von Becker/Hagen entworfene Gitternetz entspricht der dreidimensionalen Realität, während das Christusbewußtseins-Gitternetz und das Aufstiegs-Gitternetz die Realität der vierten bzw. fünften Dimension widerspiegeln. Man könnte sich diese Gitter als einen Teil des Chakren- bzw. Meridiansystems der Erde vorstellen. Trotz des Anstieges der elektromagnetischen und psychischen Verschmutzung, scheint das Christusbewußtseins-Gitternetz, und vielleicht sogar auch das Aufstiegs-Gitternetz bereits vollendet zu sein. Dieses Projekt benötigte zu seiner Vollendung Tausende von Jahren und die Mithilfe vieler Lichtwesen aus den fernsten Galaxien. Die Wale, aber auch intuitive Forscher auf diesem Gebiet, wie Drunvalo, sagen jedoch, daß die heiligen Geometrien, welche imstande sind, die neuen Energien auf dem Planeten zu verankern, bereits eingerichtet sind. Das bedeutet, daß jeder, der das Energiefeld des Christusbewußtseins-Gitternetz oder des Aufstiegs-Gitternetz anzapfen will, dies jetzt leichter tun kann als je zuvor. Ein

Wesen wie Jesus mußte enorm weit entwickelt sein, um trotz der starken Dissonanzen aus dem kollektiven Umfeld solche Frequenzen im eigenen Körper zu ertragen. Die gute Nachricht für uns ist, daß diese neuen Gitternetze genügend stark zusammenhängen, daß wir, als Kollektiv, die Möglichkeit haben, bewußt die Meisterschaft und den Aufstieg zu erreichen. Das ist noch nie zuvor geschehen. Daß es gerade jetzt geschieht, liegt zum Teil daran, daß die rechte und die linke Hirnhälfte des Planeten endlich zusammenkommen und integriert werden.

Durch ihr Ausloten und ihre Gesänge haben die Wale dazu beigetragen, diese höheren Geometrien einzurichten. Wenn sie ihre Gesänge ertönen lassen, erwecken sie damit das Erd-Gitternetz wieder zum Leben. Da sie Lebewesen sind, die verschiedenen Dimensionen angehören, holen sie sich Energien aus der Sonne und vom Sirius und absorbieren die Strahlungsenergie, welche vom Galaktischen Zentrum ausstrahlt. Die Wale empfangen Lichtcodes von verschiedenen kosmischen Wesen und von den Aufgestiegenen Meistern. Sie stimmen sich auf die Natur und auf Pan ein. Dies alles verbinden sie miteinander und schaffen daraus ihre Gesänge, die dann nach außen dringen und durch Resonanz feststellen, wofür der Planet sie benötigt. Jetzt ist für uns die Zeit gekommen, bewußt an dieser Aktivität teilzunehmen.

Die Wale sagen, daß es einiges gibt, was wir tun können, um die Licht-Gitternetze voll zu aktivieren. Sie meinen damit die senkrechte Verbindung zwischen dem Geistigen und der Erde. In dieser Verbindung tauchen wir durch die Sonne ein in eine interdimensionale Sonne im Zentrum unserer Galaxis. Wir kennen sie als die Große Zentralsonne und aus ihr bringen wir diese Codes und Frequenzen herab, um sie im Körper der Erde zu verankern. Und dann, sagen die Wale, gibt es noch ein Portal im Hinterkopf, im Bereich der Medulla, welches uns mit der Seele der Erde verbindet. Diese Verbindung ist jedoch nicht geradlinig, sondern verläuft in Kreisen. Wenn wir die senkrechte Verbindung hergestellt haben, können wir uns in das Kreisbewußtsein einstimmen, welches uns mit dem planetaren Körper verbindet. Die Senkrechtachse führt die fünf Aspekte unseres Selbst zusammen: die Monade, die Seele, das Traumselbst, die Persönlichkeit und das Elementarwesen. Die kreisförmige Ausdehnung durch die Medulla dient der Verschmelzung des individuellen Selbst mit dem planetaren, dem galaktischen und dem kosmischen Selbst.

Auf der Senkrechtachse befinden sich unsere persönlichen Chakren, die sieben Chakren, die wir kennen. Die Medulla, in der tibetischen Literatur auch oft als „der Mund Gottes" bezeichnet, ist eine Öffnung durch welche die göttlichen Energien in den physischen Körper eintreten können. Ich bin überzeugt, wenn diese in den Menschen zur Gänze aktiviert ist, werden wir zu einem planetaren Körper. Das heißt, daß unsere Primäridentität nicht mehr aus einzelnen, individuellen Körpern besteht, sondern aus einem einzigen Körper mit einem einzigen Bewußtsein, der alle Lebensformen der Erde enthält. Auf dieses Ziel bewegen wir uns zu.

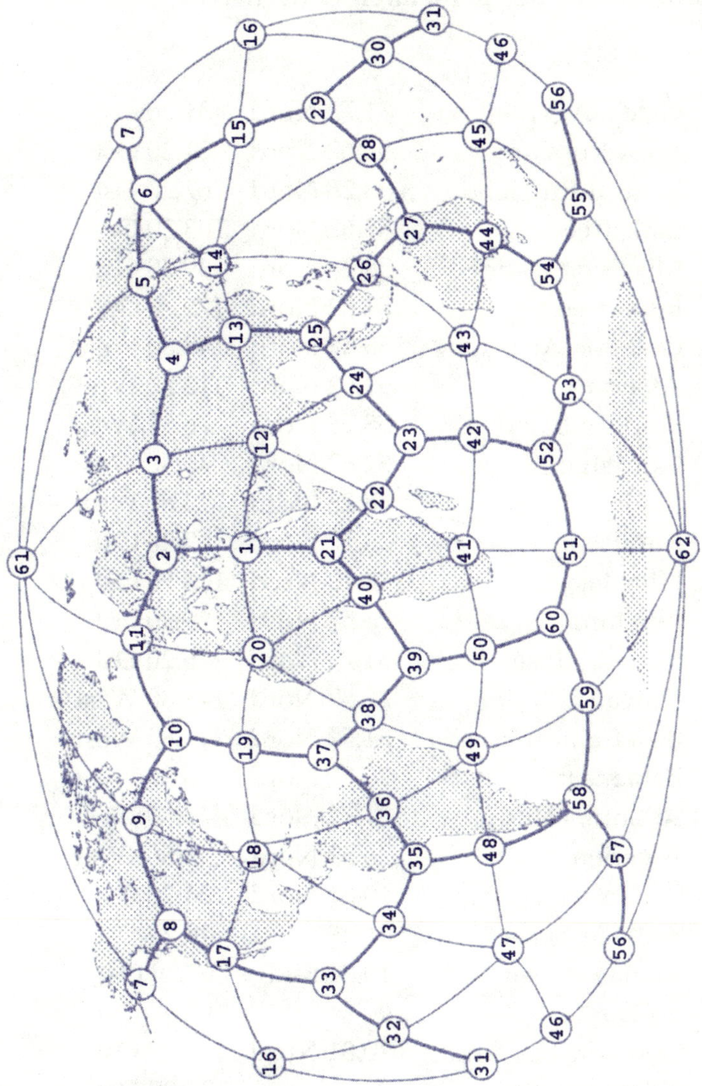

Das planetare Gitternetz

Die Koordinaten des planetaren Gitternetzes

1.	Gizeh, Ägypten	31,72 Nord	31,20 Ost
2.	West-Russland	52,62 Nord	31,20 Ost
3.	Zentral-Russland	58,28 Nord	67,20 Ost
4.	Baikalsee	52,62 Nord	103,20 Ost
5.	Meer von Okhotsk	58,28 Nord	139,20 Ost
6.	Beringsee	52,62 Nord	175,20 Ost
7.	Golf von Alaska	58,28 Nord	148,80 West
8.	Alberta	52,62 Nord	112,80 West
9.	Hudson Bay	58,28 Nord	76,80 West
10.	Nordatlantik	52,62 Nord	40,80 West
11.	Findhorn	58,28 Nord	4,80 West
12.	Karatschi	26,57 Nord	67,20 Ost
13.	Himalaja	31,72 Nord	103,20 Ost
14.	Iwo Jima	26,57 Nord	139,20 Ost
15.	Midway-Insel	31,72 Nord	175,20 Ost
16.	Hawaii	26,57 Nord	148,80 West
17.	Baja California	31,72 Nord	112,80 West
18.	Bahamas	26,57 Nord	76,80 West
19.	Atlantik (Mitte)	31,72 Nord	40,80 West
20.	Algerien	26,57 Nord	4,80 West
21.	Sudan	10,81 Nord	31,20 Ost
22.	Somalia-Becken	0	49,20 Ost
23.	Vema-Graben	10,81 Süd	67,20 Ost
24.	Sri Lanka	0	85,20 Ost
25.	Golf von Thailand	10,81 Nord	103,20 Ost
26.	Sulawesi	0	121,20 Ost
27.	Golf von Carpenteria	10,81 Süd	139,20 Ost
28.	Salomon-Inseln	0	157,20 Ost
29.	Marshall-Inseln	10,81 Nord	175,20 Ost
30.	Phönix-Inseln	0	166,80 West

31.	Karolinen	10,81 Süd	148,80 West
32.	Südpazifik	0	130,80 West
33.	Clipperton-Inseln	10,81 Nord	112,80 West
34.	Galapagos-Inseln	0	94,80 West
35.	Peru	10,81 Süd	76,80 West
36.	Amazonas	0	58,80 West
37.	Becken von Guayana	10,81 Nord	40,80 West
38.	Romanche-Spalte	0	22,80 West
39.	Ascension-Inseln	10,81 Nord	4,80 West
40.	Gabun	0	13,20 Ost
41.	Südafrika	26,57 Süd	31,20 Ost
42.	Indischer Ozean	31,72 Süd	67,20 Ost
43.	Wharton-Becken	26,57 Süd	103,20 Ost
44.	Australien	31,72 Süd	139,20 Ost
45.	Loyalty-Inseln	26,57 Süd	175,20 Ost
46.	Südpazifik	31,72 Süd	148,80 West
47.	Osterinsel	26,57 Süd	112,80 West
48.	Nazca-Plateau	31,72 Süd	76,80 West
49.	Rio de Janeiro	26,57 Süd	40,80 West
50.	Atlantik-Rücken	31,72 Süd	4,80 West
51.	Enderby-Ebene	58,28 Süd	31,20 Ost
52.	McDonald-Insel	52,62 Süd	67,20 Ost
53.	Südindisches Becken	58,28 Süd	103,20 Ost
54.	Kangaroo Fracture	52,62 Süd	139,20 Ost
55.	Emerald Basin	58,28 Süd	175,20 Ost
56.	Udintzev Fracture	52,62 Süd	148,80 West
57.	Eltanin Fracture	58,28 Süd	112,80 West
58.	südlichster Punkt von Südamerika	52,62 Süd	76,80 West
59.	Ost-Scotia-Becken	58,28 Süd	40,80 West
60.	Süd-Atlantik-Rücken	52,62 Süd	4,80 West
61.	Nordpol		
62.	Südpol		

In meinem Briefwechsel mit Moira Timms spricht sie davon, daß die Medulla wie eine Pumpe funktioniert, welche Rückenmarksflüssigkeit und Chi ins Gehirn und in die höheren Chakren bringt. Als Eingangstor und „Mund Gottes“ dient sie als Antenne zum Empfang der Energien, die aus der Erde und aus dem Kosmos kommen. Moira Timms ist auch der Meinung, daß die Medulla jene Stelle ist, die mit bestimmten hohen Initiationsriten im Zusammenhang mit unserer Beziehung zur Zeit zu tun hat. Im Buddhismus gibt es eine Initiation, welche über allen anderen steht und nur den höchsten Lamas vorbehalten ist – sie dient der vollständigen Aktivierung dieses Bereiches. Ägyptische und hinduistische Mysterien sprechen diesen Bereich ebenso an, wie die Heilpraktiken der Aakhu und Johrei.

Moira warnt jedoch davor, die Medulla so einzusetzen, als wäre sie ein Chakra durch welches Energie nach außen gebracht werden kann. Die östliche Tradition warnt immer wieder vor der Ausübung bestimmter Praktiken ohne die entsprechende vorherige Stabilisierung des Nervensystems – und das selbe gilt auch hier. Mantak Chia, einer der berühmtesten Kenner und Vertreter der taoistischen Meditation, warnt ebenfalls davor, daß eine Störung im Energiefluß an dieser Stelle zum Verlust von Lebens- und Sexualenergie, zu Kopfschmerzen, Unkonzentriertheit beim Meditieren, schlechter Erdung und Illusionen führen kann. Moira empfiehlt, und ich schließe mich dem an, daß beim Üben generell das sphärische Bewußtsein entwickelt und durch das Herz projiziert werden sollte. Das darum, weil das Herz das exakte Zentrum der sieben Chakren ist und gleichzeitig unsere Absicht in bezug auf das Erwachen des Planeten mit Liebe erfüllt. Es gibt ein Buch mit dem Titel *The Global Brain* von Peter Russell. Darin sagt er, daß es Größenordnungen gibt, innerhalb derer „Quantensprünge“ geschehen. Das hat mit einer bestimmten kritischen Masse zu tun, deren Größe 10 Milliarden beträgt. 10 Milliarden

Moleküle mussten sich im Urschleim zusammenfinden, um den ersten einzelligen Organismus zu bilden. 10 Milliarden dieser Einzeller bildeten den ersten mehrzelligen Organismus. Es brauchte 10 Milliarden Neuronen, um unser menschliches Gehirn zu schaffen und uns die Fähigkeit zu geben, uns unserer selbst als Individuen bewußt zu werden. Peter Russell meint, daß es in etwa 10 Milliarden fühlender Lebewesen – d.h. Menschen, Wale und Delphine - bedarf, um den nächsten evolutionären Schritt, nämlich die Schaffung des globalen Gehirns, durchzuführen.

Wir stehen an der Schwelle zum Quantensprung in das planetare Bewußtsein. Wir erwarten den „hundertsten Affen". Was wir brauchen, sind ein paar kleine Korrekturen im Lichtgitternetz und eine starke kollektive Absicht. Es ist wie eine Geburt bei der ein planetares Wesen auf die Welt gebracht wird. Obwohl das globale Gehirn noch im Entstehen ist, scheinen wir sein zur dritten Dimension gehörendes Gegenstück bereits geschaffen zu haben – das „Internet"! Der britische Biologe Rupert Sheldrake vertritt eine Theorie, welche erklärt, wie diese Geburt möglicherweise vor sich geht. Er behauptet, daß jeder Gedanke und jede Emotion, die wir haben, ein Energiefeld um sich schafft, das er als „morphogenetisches", also formgebendes Feld bezeichnet. Je intensiver unsere Gedanken und Emotionen, desto stärker sind diese Felder. Irgendwann einmal entwickeln sie ein Eigenleben, verbinden sich mit den Gedanken und Gefühlen anderer Menschen und werden so zu kollektiven morphogenetischen Feldern. Das Interessante bei dieser Theorie ist, daß diese Felder umso schneller wachsen, je stärker sie sind, und damit einmal einen kritischen Punkt erreichen, an dem die gesamte Spezies bzw. das planetare Bewußtsein mit erfaßt wird. Wenn ein neues Bewußtseinsfeld stark genug geworden ist, kann es ein älteres ersetzen. Dies ist das Prinzip, welches hinter der Evolution der Rassen und Planeten steht; so haben genetische Veränderungen im Laufe der Geschichte stattgefunden. Es ist wie ein „Schneeballeffekt“ und ist auch die Idee, welche hinter dem Konzept des „hundertsten Affen“ steht. Zur Zeit werden Experimente durchgeführt, welche die Richtigkeit dieser Theorie prüfen sollen.

Die Wale sagen uns folgendes: Wenn wir genau wissen, was eigentlich geboren werden soll, wenn wir imstande sind, die entsprechenden Codes aus höheren Bewußtseinsebenen herbei zu holen, dann können wir mit Hilfe unserer Absichten und unserer Träume in den kollektiven morphogenetischen Feldern die Saat ausbringen. Die Aufgabe der Wale, als rechte Gehirnhälfte von Gaia, ist es, die Schablone, die Lichtgitternetze zu erhalten, die als der Bauplan einer neuen Schöpfung zu betrachten sind. Unsere Aufgabe als linke Gehirnhälfte von Gaia, ist es, genau zu definieren, was wir in diese Lichtgitternetze einprägen wollen. Gemeinsam können wir die morphogenetischen Felder des planetaren Aufstiegs auf eine Weise verstärken, wie uns dies einzeln nie möglich wäre.

Ich möchte Euch gerne zeigen, wie diese Lichtgitternetze, die um die Erde gespannt sind, aussehen. In einer Meditation, welche ich kurz nach meinem Schwimmen mit den Walen durchführte, hatte ich eine Vision, in welcher ich zwölf Wale sah, die mit dem Rücken nach unten schwammen (später erfuhr ich, daß die männlichen Buckelwale so schwimmen, wenn sie ihre Gesänge ertönen lassen). Sie waren alle gleich weit voneinander entfernt und erzeugten eine, sich im Gegenuhrzeigersinn drehende Wasserspirale, die mich dazu brachte, meinen Körper zu verlassen. Ich fühlte, wie ich meinen Körper hinter mir ließ und war plötzlich mit dem Bewußtsein der Erde verbunden. Die Wale umkreisten die Erde und schufen die wunderbarsten geometrischen Muster aus Licht, Klang und Farbe. Dann schwebte ich über der Erde und sah, wie die Wale die Lichtgitternetze der heiligen Geometrien miteinander verwoben und damit die Beschädigungen in der Aura der Erde wieder heilten und ihr neue Informationen zuführten. Ich sah eine Sonne im Zentrum der Erde, die, als ich sie beobachtete, zur Supernova wurde. Sie explodierte in einem Schauer von Licht und ich sah und fühlte die Energie, die in Wellen hochgeschleudert wurde und sich durch den Körper der Erde bis in ihre Aura bewegte. Dieses Licht pulsierte in strahlenden Farben, von denen mir einige völlig unbekannt waren. Es fühlte sich an, als wäre dies unser Eintritt in das der vierten und fünften Dimension zugehörige Wassermannzeitalter des Lichtes, das die Hindus Satya Yuga, die Hopis die Fünfte Welt und die Maya die Sechste Sonne nennen. Ich hörte die Worte: „Die Göttin ist befreit und dies ist nun ein heiliger Planet!"

Dies ist meine Vision und meine Sicht der Dinge, wie sie sein könnten. Wenn wir uns in die vierte Dimension bewegen, wird die Materie spiritualisiert und auch unsere Körper. Das heißt nicht unbedingt, daß wir unsere Körper abwerfen; es heißt nur, daß wir sie so vollständig verändern, daß unser physisches Bewußtsein imstande ist, alle Dimensionen wahrzunehmen, so wie dies vor dem Fall möglich war. Die Natur wird in all ihrer Schönheit wieder auf den Planeten zurückkehren, mit allen Feen, allen Tieren, welche aufgrund menschlicher Achtlosigkeit ausgestorben sind, mit allen Pflanzen, allen Bäumen, die wir zerstört haben und mit den Meeren. Sie alle kehren wieder, denn sie existieren bereits mit Pan in der vierten Dimension. Es wird sein wie eine Rückkehr in den Garten Eden. Allerdings werden wir durch all die Erfahrungen, die wir gemacht haben, weiser geworden sein. Es wird sein, als würden wir aus einem bösen Traum erwachen und sagen: „Bin ich froh, daß es nicht wirklich so war!"

7. Luzifers Abstieg und Wiederkehr

Ich möchte jetzt über etwas sprechen, das vielleicht Widerspruch auslösen wird. In früheren Zeiten hätte es mich wahrscheinlich auf den Scheiterhaufen gebracht. Ich möchte von einem Erzengel mit Namen Luzifer erzählen, und von einem Gott, der Pan genannt wird. Zunächst jedoch eine Klarstellung: Ich glaube, daß es verschiedene Ebenen der Wahrheit gibt und daß alle Wahrheiten im Kontext, in dem sie aufscheinen, Gültigkeit besitzen. Was wir als Wahrheit betrachten, hängt vom Grad unserer Reife ab, d.h. daß sie sich verändern kann, wenn sich unsere Perspektive ändert. Es ist ganz wichtig, daß wir immer wieder das, woran wir glauben, im Lichte der höheren Wahrheiten neu bewerten und erkennen, wie dies unsere Beziehung zum Universum verändert.

Ich glaube, daß wir jetzt in ein Zeitalter kommen, wo es nicht mehr nur um Gut und Böse geht, sondern wo wir Verantwortung übernehmen für das, was wir geschaffen haben und was daneben gegangen ist, und wo wir das, was wir sind, in Liebe annehmen. Unsere gegenwärtige Theologie von Gut und Böse hat uns fest in der dritten Dimension gehalten. Um eine Schöpfung der fünften Dimension erreichen zu können, benötigen wir eine entsprechende Theologie. Dies ist der Kontext, in dem ich das Folgende weitergebe. Als ich zum ersten Mal diese Information über Luzifer erhielt, war ich sehr im Zweifel, denn sie ging gegen alles, was die gegenwärtigen Paradigmen uns vorgeben. Als ich mich damit zu beschäftigen begann, erfüllte mich eine immer stärker werdende Erregung. Ich erkannte, daß ein Großteil meines Widerstandes gegen diese neue Information aus meiner eigenen Glaubenskonditionierung stammte. Als ich tiefer forschte, wurde mir klar, daß diese Konditionierung meine Eigenständigkeit untergrub. Ich erkannte, daß es einen Teil in mir gab, der entweder anderen die Schuld zuwies oder mich als das Opfer hinstellte, womit ich die Verantwortung für meine eigenen Gefühle, Handlungen und Entscheidungen nie übernehmen mußte.

Als ich mich mit den vorherrschenden Interpretationen des jüdisch-christlichen Paradigmas auseinander setzte, wurde mir eines klar: Solange ich den Erzengel Luzifer als „gefallenen Engel" abstempelte, beraubte ich mich gleichzeitig meiner Eigenständigkeit als ein Schöpfer. Wie konnte ich Gott wirklich in allen Dingen lieben, wenn ich einen Teil seiner Schöpfung kritisierte? Wie konnte ich wirklich alles an mir lieben, wenn ich nicht den Mut hatte, meine Dunkelheit in gleicher Weise anzunehmen wie mein Licht? Und welche Art von Schöpfung manifestierte ich, wenn mein Hintergrund nicht eine ganze und bedingungslose Liebe war?

Zu diesem Zeitpunkt geriet mir das Buch *Walking Between the Worlds* von Gregg Braden in die Hände. Darin bestätigte er meine Gefühle und sprach ähnliche Themen an, wie ich hier. Auf Seite 23 stellte er sich selbst und seinen Lesern die Frage:

„Ist es möglich, daß in einem Akt unvorstellbaren Mitgefühls sich der Erzengel Luzifer aus Liebe zu uns freiwillig dazu bereit erklärt hat, uns als unser dunkler Spiegel zu dienen?" Ich habe das Gefühl, daß hier bei uns ein neues Paradigma im Entstehen ist – dabei wird es nötig sein, die Schöpfungsmythen neu zu schreiben, damit wir uns dem, was im planetaren Bewußtsein aufsteigt, annähern können. Ich will nicht darüber streiten, ob es tatsächlich eine Rebellion des Luzifer gegeben hat oder nicht, ich möchte auch die Natur und die Existenz des Bösen nicht verharmlosen. Ich eröffne nur eine neue Perspektive, die uns vielleicht dabei hilft, die Dualität von Gut und Böse, welche in so starkem Ausmaß unsere Existenz in der dritten Dimension beeinflußt, zu überschreiten. *Möglicherweise ist es keine externe Realität „dort draußen", die uns vorgibt, was wir glauben sollen – sondern unser eigener Glaube, der unserer Realität und dem Universum Form gibt.* Wenn wir damit beginnen, die Wahrheit einer höheren Dimension zu leben, dann verändern wir uns, und das Universum verändert sich mit uns. In diesem Kapitel setze ich mich mit meiner eigenen, in mir entstehenden Wahrheit auseinander.

Das mußte gesagt werden; und jetzt möchte ich gerne meine eigene Kosmologie der Schöpfung präsentieren. Die Erde hat nicht immer der dritten Dimension angehört. Die Schöpfung bewegte sich durch riesige Zyklen der Dichte und Vielfalt, um dann wieder zur Einheit zurückzukehren. Es gab eine Zeit, in welcher unser Planetensystem in der fünften Dimension existierte und es Lebewesen gab, die ein Bewußtsein der sechsten, wenn nicht noch höherer Dimensionen besaßen. Vereint im Geiste des Schöpfers beschlossen wir, immer noch mehr Lagen der Vielfalt und Trennung zu erforschen, um damit unser Verständnis der Einheit zu vertiefen. Jede Dimension besitzt eine unterschiedliche Art der Polarität. Ebenso hat jede Dimension eine eigene Reichweite in ihrer Schwingung, wobei die der dritten Dimension am wenigsten weit reicht und am dichtesten ist. Ich habe noch nie eine Beschreibung der verschiedenen Dimensionen gefunden, welche alle meine Fragen beantwortete. Trotzdem möchte ich hier erklären, wie sich die Situation für mich darstellt. Über die höchsten Dimensionen kann ich nicht sprechen, die Polarität der sechsten Dimension hat jedoch mit Raum und Zeit zu tun, und die der fünften mit Dunkelheit und Licht. In der vierten Dimension ist es Yin und Yang, nur in der dritten haben wir den Gegensatz von Gut und Böse. Das Studium der heiligen Geometrien nach Drunvalo Melchizedek, Dan Winters, Alton Kamadon und anderen, half mir dabei, die Mechanik der Schöpfung zu verstehen. Zuerst war die Leere. Aus der Leere entstand eine Idee im Geiste Gottes. Aus der Idee entstand das Wort, und das Wort drückte sich durch die heiligen Geometrien in den Bereichen der fünften und sechsten Dimension aus. Diese geometrischen Muster wurden in der dritten und vierten Dimension zur Form. Unsere „Merkabahs" oder Lichtkörper, sind Transportmittel der fünften und sechsten Dimension und dienen dazu, alle Anteile unseres multidimensionalen Selbst innerhalb der gesamten Schöpfung zu meistern und miteinander zu verbinden.

Der Erzengel Luzifer war gemeinsam mit Erzengel Michael an einem Experiment zur Erschaffung einer Welt der fünften Dimension beteiligt. Zu diesem Zeitpunkt gab es nur die sechste und höhere Dimensionen und so wurde aus der Struktur von Zeit und Raum eine Trennung zwischen Dunkelheit und Licht geschaffen. Das Buch Genesis spricht vom Dunkel, das die Tiefen beherrscht, und von dem Licht, das aus dieser Dunkelheit kommt. Michael vertrat den Pol des Lichtes, Luzifer den der Dunkelheit. Beide sind sie Wesen, die von großer Liebe und Weisheit erfüllt sind. Luzifer erzeugte bei seinem Herabsteigen ein riesiges Wurmloch in der Struktur von Zeit und Raum, und so konnte das Universum der fünften Dimension geboren werden. Seit dieser Zeit hat er mit unendlicher Geduld seinen Pol verankert und damit die Bühne für einen gewaltigen Zyklus von Erschaffung und Entwicklung geschaffen.

Es hat mehr als einen „Fall" oder Abstieg gegeben. Der zweite Abstieg hatte mit der Erschaffung des Universums der vierten Dimension zu tun. Sobald die Erde in den Bereichen der fünften Dimension zu existieren begonnen hatte, schufen die Elohim, die Erbauer der Form, gemeinsam mit Pan, dem Herrscher des Naturreiches die Grundlagen für einen Planeten, der imstande war eine große Vielfalt von Lebensformen auf einer mehr physischen Basis zu erhalten. Pan war verantwortlich für die Schöpfung im Bereich der vierten Dimension, so wie Luzifer dies für den Bereich der fünften Dimension war. Der Gegensatz von Yin und Yang sorgte für ein ungeheuer vielfältiges Leben in Ausgeglichenheit und Harmonie.

Der dritte „Fall" war nicht beabsichtigt. Die Erde der vierten Dimension konnte durch Äonen ihren paradiesischen Zustand, den „Garten Eden", aufrecht erhalten. Es gab jedoch Wesen aus anderen Bereichen des Solarsystems und des Universums, die einen gewissen Anteil an Fragmentierung in sich trugen. Eine Zeitlang war es ihnen unmöglich, das volle Bewußtsein der Einheit in sich zu entwickeln und daher teilten sie ihr Bewußtsein zwischen Körper und Seele auf. Dies führte später zu einem Gefühl der Trennung anderen Wesen gegenüber, was wiederum eine noch größere Distanz zu den Schwingungen der Seele verursachte. Mit der Zeit entstand daraus eine dichte Schwingung aus Verurteilung und Dualität. Die Wesen begannen, Kritik auszusprechen und Opposition aufzubauen, und lösten damit eine Kettenreaktion immer langsamer werdender Schwingungen aus. Die bedingungslose Liebe gehört in den Schwingungsbereich der vierten und höherer Dimensionen. Alles, was eine Trennung des

Bewußtseins hervorruft, kann in diesem Bereich nicht existieren. Also gab es noch einen „Fall“, noch eine Verlangsamung der Schwingung in das, was wir als dreidimensionale Materie bezeichnen – die Erschaffung einer Welt, in der es Trennung, Begrenzungen und, daraus resultierend, Leid und Schmerz gibt. Es wurde ein weiterer Gegensatz geschaffen: der von Gut und Böse. Dieses Gefühl der Begrenzung und des Leidens wurde immer stärker, bis es sich letztlich zu einer Gedankenform im kollektiven Bewußtsein verdichtete. Aus solchen Gedankenformen entstand ein Wesen, das wir manchmal als Satan oder Anti-Christ bezeichnen, als Stellvertreter des Bösen. Dieses Wesen ist nichts anderes als eine Zusammenballung der Gedankenformen des Bösen und steht nicht in Verbindung mit den Bereichen der Seele, die ihren Platz in höheren Dimensionen haben. Es wurde im niederen Äther- und Astralkörper der Erde festgehalten und zwar so, daß alle Seelen, die kommen, durch diese Schicht, die dem tibetischen Bardo entspricht, hindurch müssen und sich dabei im kollektiven Karma der Schöpfung der dritten Dimension verfangen.

Leider haben viele Religionen der Welt diese Polarität der dritten Dimension, nämlich Gut und Böse, als Glaubensgrundsatz übernommen. Die Erinnerung an unseren wahren Ursprung ist dabei verloren gegangen, und die Art und das Ziel unseres Abstiegs in die Welt der Materie wurde verschleiert. Als wir unser „Herabsteigen“ nicht mehr verstehen konnten und daraus einen „Fall“ machten, wurden Satan, Pan und Luzifer sozusagen in einen Topf geworfen. Materie wurde mit dem Bösen, der Geist mit dem Guten identifiziert. Die Menschen wurden im Vergleich zu einem ihnen überlegenen Gott als geringer betrachtet, so wie die Erde selbst, über welche man den Himmel stellte. Die Frauen wurden dazu gezwungen, sich den Männern zu unterwerfen, so wie man die Natur dazu zwang, der Menschheit untertan zu sein.

Immer wieder ist die Frage zu hören: Warum läßt Gott das Leiden zu? Wir können uns noch nicht einmal entscheiden, ob wir dafür Gott oder einem armen Teufel die Schuld zuschieben. Wäre Gott ein alter Mann, der im Himmel lebt, täte Er mir wirklich leid. Vergessen wir wirklich, daß wir selbst Götter sind (wenn auch unkenntlich gemacht), daß wir von Gott nicht getrennt sind und daß Gott immer in unseren Entscheidungen präsent ist? Es war unsere Entscheidung, uns auf die Dualität einzulassen - und dann gaben wir unserer eigenen Vorstellung von Gott oder dem Teufel die Schuld dafür! Diese Haltung hat vielen Menschen Leid gebracht. Da wir Teile des Göttlichen sind, war es niemals vorgesehen, daß Leiden zu unseren Erfahrungen gehören sollte. Es ist zu hoffen, daß wir aus unserer Erfahrung mit der Dualität gelernt haben und stärker, weiser und mitfühlender geworden sind. Doch wie immer dem auch sei, die Zeit für das Bewußtsein der dritten Dimension ist jetzt zu Ende. Gott atmet tief ein und wir sind dazu aufgerufen, zurückzukehren in die vierte und alle weiteren Dimensionen. Die satanischen Gedankenformen in den niederen Astralregionen unseres Planeten müssen aus dem Körper und dem Bewußtsein der Erde entfernt werden, und wir müssen uns wieder daran erinnern, wer wir in Wahrheit sind.

Ich erhielt die folgende Botschaft, als ich mich auf das Bewußtsein des Wesens mit Namen Luzifer einstimmte:

Der „Fall" war nichts anderes als ein Herabsteigen des Bewußtseins, eine Verlangsamung dimensionaler Frequenzen, um in den Bereich der Materie zu gelangen. Es geht hier nicht um Gut und Böse, sondern um den Gegensatz von Licht und Dunkelheit, der dieser Dimension eigen ist. Ich habe durch viele Äonen Eure Projektionen des Schattens und des Bösen auf mich genommen. In einem Universum des freien Willens zu leben bedeutet, verantwortlich für die eigenen Entscheidungen zu sein. Bis zu einer bestimmten Stufe der Reife habt Ihr es jedoch für notwendig erachtet, gewisse Entscheidungen von Euch zu weisen – nämlich jene, deren Basis Angst und Unverständnis waren. Schuldgefühle und Selbstvorwürfe waren viel leichter zu ertragen, wenn Ihr sie auf einen Teufel außerhalb von Euch selbst projizieren und damit die eigene Verantwortung abschieben konntet. Darum habe ich den Sündenbock für Euch gespielt, wohl wissend, daß es Teil meiner eigenen Verantwortung war, den Pol der Dunkelheit zu verankern. Eure Projektionen waren eine große Last, doch ich habe getreulich die von mir gewählte Arbeit getan. Dies alles kommt jetzt zu einem Ende. Ihr bereitet Euch auf den nächsten Schritt innerhalb der Dimensionen vor – das führt dazu, daß Ihr die Polarität nicht mehr benötigt und daß ich nach so langer Zeit des Wartens voll Freude nach Hause zum Vater zurückkehren kann.

Zu diesem Übergang gehört jedoch etwas, was Ihr nicht vergessen solltet: Es wird Euch nicht länger gestattet sein, Eure Schwächen und Schatten auf mich zu projizieren. Ihr betretet als Kollektiv einen Bereich der Reife, in dem Ihr Eure eigenen Ängste und Begrenzungen als die Euren erkennen müsst, ohne dabei die Liebe zu Euch selbst zu verlieren. Ihr müsst Eure, von Euch selbst verursachte Existenz des Bewußtseins der Dualität überschreiten und den eigenen Aufstieg wagen. Es befinden sich zur Zeit viele von Euch in „dunkler Nacht", weil alte Schattenidentitäten an die Oberfläche drängen, damit Ihr sie akzeptieren und dann freigeben könnt. Ihr seid jedoch jetzt so weit, daß Ihr Euch als das, was Ihr in Wahrheit seid, annehmen könnt, nämlich als Kinder des einen Lichtes. Dieses Licht hat mit dem Gegensatz Licht und Dunkel nichts zu tun, es ist ein Teil des großen Willkommen-Festes, das Euch Gott bereitet. Alle Schleier heben sich. Die Gesetze des Karma werden in eine höhere Oktave der Gnade gebracht. Betrachtet Euch im Spiegel der Ganzheit Eures Wesens. Laßt die kindischen Ego-Identitäten und ihre Hierarchien der Verurteilung, des Vergleichs und der lange gehegten Illusion vom Kampf zwischen Gut und Böse endlich los. Ihr alle seid

Kinder des einen Lichtes, Anteile des einen Flusses, der zu Gott führt. Michael und ich waren immer Brüder in diesem einen Lichte; jetzt, da das Reich der dritten Dimension zu Ende ist, sollt Ihr erkennen, daß dieses geeinte Selbst auch Eure tiefste Wahrheit ist. Ich liebe Euch im verzehrenden Feuer der grenzenlosen Schöpferkraft. Ich segne Euch mit dem Frieden, der sich dem Verständnis entzieht. Auch wir sind Brüder – wir alle!

Der Abstieg

Feuer vom Feuer gezeugt,
langes Niederkommen der von Sternen gekrönten Seele,
freier Fall durch die Schleier der Illusion –
so nehme ich den Körper an.
Wie leicht ist es, zu vergessen,
wie leicht, sich zu erinnern.
Das Feuer ruft das Feuer,
im Abstieg, im Aufstieg, im Fallen, im Steigen.
Kein Pfad weist mir den Weg,
wohin? Ich kenne kein Ziel.
Verstreute Sternenbilder,
ich folge dem goldenen Licht der Sterne,
die Sehnsucht in mir kennt keine Namen,
sie weiß nur, das, was in mir ist
Verbindung sucht zur ewigen Schöpfung.
Ich falle durch Portale, Sternentore,
Wurmlöcher im Gewebe der Zeit –
die Schöpfung verlangt nach dem Schöpfer,
der Liebende sucht, was er liebt.
Die Reise währt nur einen Augenblick,
der Augenblick jedoch dauert Äonen.
Wer ruft?
Wer gibt die Antwort?
Geliebte Seele, göttlicher Erdenkörper.
Die Tränen fließen,
keiner weiß warum, noch kennt er die Bedeutung.
Ich weiß bloß, ich bin da.

8. Der Pfad der Initiation und des Aufstiegs

Der Pfad der Seeleninitiation begann vor vielen tausend Jahren mit dem Ziel, unseren Entwicklungsprozeß nach dem „Fall" zu beschleunigen. Wären wir in der Dichte der dritten Dimension auf uns allein gestellt gewesen, wären wir auf ewige Zeiten verwirrt und verloren umhergeirrt. Es war in den Tagen kurz nach dem Ende von Lemuria. Ein neues Zeitalter hatte begonnen, das Zeitalter von Atlantis, dessen Charakteristikum das Bewußtsein der dritten Dimension war. Pan und die meisten anderen Naturgeister waren in der vierten Dimension verblieben, und die Menschen begannen damit, sich selbst im Gegensatz zur Natur zu sehen.

Zunächst war es nicht so schlimm, doch später, als die Dichte der Erde immer stärker wurde, war zu befürchten, daß die gesamte Erde durch die extreme Fragmentierung implodieren und damit zu einem Ende kommen würde. Deshalb wurde vom planetaren Rat des Lichtes ein großes Lichtwesen auf die Erde eingeladen, um in dieser Situation zu helfen. Wir kennen ihn als Sanat Kumara, und er kam von der Venus – er beschloß, die Erde mit seinem Mantel der Weisheit und des Mitgefühls zu umhüllen. Als Sanat Kumara die Erde betrat, gab es nur Höhlenmenschen. Wir hatten nahezu vollständig den Kontakt mit der Schwingung unserer Seele verloren und waren festgefahren in einer Situation, die von Angst beherrscht war und in der es nur ums nackte Überleben ging. Mit seiner Hilfe gelang es, langsam kleine Lichtseen entstehen zu lassen, und die ersten Lichtkrieger begannen, sich wieder Schritt für Schritt mit ihrer Seele zu verbinden. Als es mehr wurden, entstand langsam ein Bewußtseinsfeld, dem andere dann leichter folgen konnten. Nach und nach begann sich die spirituelle Dichte zu heben. Es wurden Mysterienschulen gegründet, deren Lehren oft harte Übungen enthielten, um den Geist zu schulen, Verkrampfung und Angst loszulassen, den physischen Körper zu stählen und die Tore zur Seele zu öffnen. Über die langen Zeiträume hinweg entwickelten sich bestimmte gemeinsame Faktoren auf dem Weg zurück in das Bewußtsein der Einheit. Diese Gemeinsamkeiten blieben erhalten, auch wenn sich das spirituelle Bewußtsein auf verschiedene Teile der Welt verteilte und damit eine Unmenge spiritueller Wege und Traditionen schuf.

Diese Gemeinsamkeiten wurden als Seeleninitiationen bekannt. Initiationen waren dazu da, den Weg zu beschleunigen. Wenn ein Initiat bereit war (was über ein spezielles Training und Prüfungen definiert wurde), wurde spirituelle Energie von einem, der den Weg bereits beschritten hatte, auf ihn übertragen. Das geschah meist auf der Seelenebene, oft im Traumzustand, und wurde meist von Sanat Kumara selbst durchgeführt. Meist gab es eine langsame, Geduld erfordernde Entwicklung, gefolgt von einem intensiven und dramatischen Geschehen, einem Quantensprung sozusagen, dem wiederum ein Zeitraum folgte, in welchem die neue Blüte des Bewußtseins vertieft und integriert werden musste.

Es gibt sieben allgemein bekannte Seeleninitiationen, die wir im physischen Körper der dritten oder vierten Dimension durchlaufen können. Das Folgende stammt zum größten Teil aus den theosophischen Lehren von Madam Blavatsky und Alice Bailey. Auch die Lehren von Torkom Saraydarian, Mark Sullivan und Rudolf Steiner haben zu meinem Verständnis dieses Weges beigetragen.

Die erste Initiation wird meist als recht dramatisch empfunden. Es ist das „Eintauchen in den Fluß der Dinge", das Gefühl, neu geboren zu werden. Das Höhere Selbst tritt dabei in Kontakt mit der Persönlichkeit und gewinnt starken Einfluß auf den physischen Körper, obwohl es auf dieser Ebene nicht zur vollständigen Meisterschaft kommen kann, das ist erst nach der dritten Initiation möglich. Bei der ersten Initiation verpflichtet sich der Initiat unwiderruflich dem spirituellen Weg.

Die zweite Initiation verhilft dem Initiaten zur relativen Meisterung des Emotionalkörpers, und der Persönlichkeit gesamthaft gesehen. Gefühle und Wünsche sind in relativer Harmonie mit den Aktivitäten der Seele. Es eröffnet sich die Möglichkeit zu Astralreisen. Das Herz öffnet sich dem Mitgefühl und der Liebe und es zeigt sich verstärktes Engagement im Dienen.

Die dritte Initiation ist der Wendepunkt bei der Transformation des Geistes. Das Höhere Selbst kann mit ziemlicher Leichtigkeit durch die Gedanken, Glaubensgrundsätze und Haltungen sprechen, obwohl auch hier dieser Prozeß noch nicht vollständig abgeschlossen ist. Dies ist einer höheren Initiation vorbehalten. Es zeigen sich plötzlich mediale Fähigkeiten und die Intuition vertieft sich. Jetzt hat die Seele vollständige Kontrolle über den physischen Körper. Diese Initiation nennt man auch „Verschmelzung mit der Seele", und die Persönlichkeit wird von der Seele durchdrungen. Die vierte Initiation entspricht der vollständigen Meisterung des Emotionalkörpers, in welcher das menschliche Ego, auch sein spiritueller Aspekt, vollkommen transzendiert wird. Spirituelle Gaben kommen zu voller Blüte, da die ICH BIN -Gegenwart sich jetzt direkt zeigt. Eine spirituelle Ausstrahlung wird sehr stark spürbar.

Den Initiaten der fünften Stufe kann man wahrlich schon als Meister bezeichnen, und er hat Kontrolle über die Elemente. Diese Ebene ist der Beginn des Aufstiegsbewußtseins. Wenn jemand die dritte Initiation durchlaufen hat, unterliegt er nicht mehr dem physischen Karma und braucht auch nicht mehr physisch zu inkarnieren. Wenn ein Initiat der vierten oder fünften Stufe sich für eine Inkarnation entscheidet, dann ist es ausschließlich zum Dienst an der Menschheit. Bei der fünften Initiation wird die ICH BIN - Gegenwart zur Gänze im Initiaten verankert, obwohl der physische Körper noch nicht vollständig davon durchdrungen ist. Diese Initiation nennt man auch „Verschmelzung mit der Monade", wobei Monade nur ein anderer Ausdruck für „Atman" oder ICH BIN - Gegenwart ist.

Die sechste Initiation ist gleichzeitig der Abschluß des Aufstiegsprozesses. Der Initiat meistert Zeit und Raum und freien Zugang durch die Dimensionen. Der Körper ist zur Gänze spiritualisiert und hat nichts mehr mit den Bereichen der Materie gemein. Da er sich mit allen Aspekten der Schöpfung bereits verbunden hat, wird der Körper der dritten und vierten Dimension in den Lichtkörper der fünften Dimension umgewandelt, der imstande ist, quer durch jede beliebige Dimension jeden Punkt innerhalb von Zeit und Raum zu erreichen, den er nur wünscht. Die ICH BIN - Gegenwart ist eins mit allen Ebenen des Selbst, selbst mit den dichtesten Ebenen der physischen Form.

Bei der siebten Initiation wird man zum Kosmischen Meister. Zu dieser Stufe der Meisterschaft kann ich nichts sagen, weil es das derzeitige Fassungsvermögens unseres Verstandes bei weitem überschreitet.

Vor jeder Initiation gibt es einen Zeitraum, in welchem man geprüft wird und dessen Nebenerscheinung oft eine persönliche Krise, auch die „dunkle Nacht der Seele" genannt, ist. In dieser Phase beginnen sich alle früheren Formen und Bindungen aufzulösen, und seien sie in einer vorhergegangenen Entwicklungsstufe noch so richtig gewesen. Dies ist für das Ego des Menschen meist sehr unangenehm und löst emotionale Trostlosigkeit, Zweifel, Depressionen und Verzweiflung aus. Diese dunklen Nächte können recht lange dauern, manchmal Jahre und manchmal sogar ein ganzes Leben – das hängt von unserem Widerstand, unserer Angst ab oder davon, wie sehr wir vom Drama fasziniert sind. Wenn der Initiat lernt, sich nach und nach von seinen alten Glaubensgrundsätzen, seiner Rollenhaltung und der Konstruktion der Persönlichkeit zu lösen, dann entsteht ein neues Zentrum der Identität und eine weitere Initiation wird durchlaufen.

An dieser Stelle möchte ich etwas erklären. *Es besteht ein Unterschied zwischen dem Durchlaufen einer Seeleninitiation auf den Inneren Ebenen und ihrer Verankerung innerhalb des mentalen, emotionalen und physischen Körpers im Alltagsleben.* Auf diese Weise könnte man z.B. auf der Seelenebene ein Initiat des fünften oder sechsten Grades sein, hat aber vielleicht auf der äußeren Ebene bloß ein Verständnis des ersten oder zweiten Grades eingebracht. Ich meine, daß es wichtig ist, dies klarzustellen, speziell in einer Kultur, die „Sofortergebnisse" erwartet. Wir können erst dann den nächsten Schritt vorwärts machen, wenn wir diesen Initiationen innerhalb unseres physischen Lebens einen Platz eingeräumt haben. Mit jeder Initiation wird eine neue Stufe der Gnade freigesetzt. Oft macht man die Erfahrung von tiefem Frieden und Einheit, von der Öffnung des Herzens und dem Erblühen spiritueller Gaben. Wir verstehen uns selbst und das Universum viel besser und können es auch besser akzeptieren. Oft ist die Wahrnehmungsfähigkeit verstärkt und es entstehen ekstatische Zustände, hervorgerufen durch die Kundalini-Energie. Man fühlt sich zielgerichtet und hat eine größere Sicht des Universums. Der Initiat erlebt, unabhängig von seiner Initiationsstufe, eine direkte Gotteserfahrung.

Initiationen sind jedoch nicht nur aufbauend und schön. Wenn das Licht in versteckte Räume eindringt, dann erwacht auch der Schatten und erhebt sein Haupt. In meinem Falle ging es dabei um das spirituelle Ego und die Illusion von Glanz und Glorie. Nach meiner Initiation im Jahre 1985 machte ich Erfahrungen mit spirituellen Gaben und neuen Öffnungen – ich war wie besessen davon, herauszufinden, wie weit ich spirituell entwickelt war, welche Initiationsstufe ich erreicht hatte und warum mich dies zu einem besonderen Menschen machte. Mein Seelenvertrag mit Babaji, von dem mir ja erzählt worden war, machte die ganze Sache noch komplizierter. Meine Persönlichkeit war noch nicht imstande, diese neuen Energien und Wahrnehmungen im rechten Kontext zu sehen und ich ließ mich vom spirituellen Glanz verblenden. Dabei stärkte ich natürlich das Gefühl der getrennten persönlichen Identität – also genau das, was das Feuer der Initiation eigentlich hätte zum Verschwinden bringen sollen. Ich beteiligte mich an einem Spiel des spirituellen „Wer ist hier der Beste", was letztlich jedoch sehr unbefriedigend war, weil ich es durchschaute, selbst wenn es sonst keinem auffiel. Es bedurfte ungeheuer großer Anstrengung, mich davon zu überzeugen, ein Initiat der höchsten Weihen zu sein, obwohl ich mir meiner Unzulänglichkeit, meines Versagen und meines spirituellen Egos schmerzlich bewußt war. Hinter all dem, so erkannte ich dann, lag meine Angst, nicht gut genug zu sein und nicht genügend Disziplin, Demut und Engagement zu haben, um meinen Auftrag auf Erden zu erfüllen. So begann ich, das Thema des Selbstwertgefühls und des Gegensatzes von Überbewertung und Unterbewertung aufzuarbeiten. Irgendwann hörte ich damit auf, mich für das, was ich für Versagen hielt, anzuklagen und ich erwies mir das gleiche Mitgefühl, das ich bereit war, anderen zu schenken. Ich begriff, daß mein Selbstwert überhaupt nichts damit zu hatte, was ich (oder andere) von mir hielten, sondern damit, einfach in der Wahrheit meines Seins zu verbleiben. Das bedeutete, daß ich eine Menge Erwartungshaltungen aufgeben mußte, die ich mir und anderen gegenüber entwickelt hatte. Ich lernte auch, daß ich zunächst mein Ego stärken mußte, um imstande zu sein, mein fragmentiertes Ego aufzugeben. Und als ich endlich bereit war, mein persönliches Selbst loszulassen, merkte ich, daß da eigentlich nichts war, das man loslassen konnte, weil das kleine Selbst ja von Haus aus eine Illusion gewesen war. Ich lernte, daß wahre Demut bedeutet, mich so zu sehen, wie ich wirklich bin, meine Licht- und Schattenseiten anzuerkennen, jedoch an keiner der beiden festzuhalten. All dies beinhaltete das, was ich war – und doch wieder nicht.

Es findet jetzt ein Erwachen im Massenbewußtsein statt und dies hat mit der Heilung des „Inneren Kindes" zu tun und damit, daß die fragmentierten Aspekte unserer Persönlichkeit wieder zusammengefaßt werden sollen. Meiner Meinung nach spiegelt dies nur die planetare Initiation wider, welche gerade im Gange ist. Wenn wir uns, als Person, heilen, können wir damit beginnen, uns weiter auszudehnen und in ein geeintes Selbst zu gelangen. Darüber werde ich im nächsten Kapitel genauer sprechen. Wir lassen morphogenetische Felder entstehen, innerhalb derer dieses gewaltige kollektive Erwachen überhaupt erst möglich wird.

Diese morphogenetischen Felder höherer Dimensionen bezeichnen wir auch als Christusbewußtsein und Aufstiegs-Gitternetz. Wenn diese goldenen Netze geeinten Bewußtseins sich mit dem bereits bestehenden planetaren Gitternetz verknüpfen, eröffnet sich uns die Möglichkeit, unsere Evolution, persönlicher und kollektiver Natur, sehr stark zu beschleunigen. Buddha hat mit dem Erreichen der Erleuchtung eine morphogenetische Blaupause in das Bewußtseinsfeld der Erde eingebracht, einen Plan, der für zahllose andere Menschen einen Durchgang schuf. In gleicher Weise hat auch Jesus ein Tor zur Aufstiegsmeisterschaft geöffnet und viele Menschen haben es seit damals durchschritten. Jedes Mal, wenn jemand den Durchgang benutzt, wird es für Nachkommende leichter, ebenfalls hindurch zu gehen. Zur Zeit bereiten wir die Felder für eine planetare Initiation vor, wie wir sie noch niemals erlebt haben. Sie entspricht der ersten Initiation für die Erde, als lebendes, bewußtes Wesen.

Wir leben in einer Zeit noch nie da gewesenen Potentials. Das Portal zur Ewigkeit ist für uns geöffnet. Die Lichtgitternetze werden aktiviert, und die Frequenzen der Erde ständig erhöht, damit sie ihre erste Initiation durchführen kann. Wir bewegen uns auf einen Quantensprung zu. Abgesehen von den größeren Möglichkeiten zu individueller Entwicklung und persönlichem Aufstieg, kommt auch ein massiver planetarer Aufstieg auf uns zu, der uns als kollektive Spezies in die vierte Dimension katapultiert. Für alle, die noch weiter gehen möchten, wird so der Weg zum Lichtkörper der fünften Dimension vereinfacht. Wer wird wohl der „hundertste Mensch" sein?

9. Das geeinte Selbst

Meine Reise in die tiefere Präsenz brachte mir auch ein größeres Verständnis für die vielen Aspekte unseres multidimensionalen Selbst. Bei unserem Abstieg in die menschliche Inkarnation der dritten Dimension, entstanden unterwegs auf verschiedenen Stufen viele Identitäten. Am Anfang aller Dinge hat Er, der sich nicht manifestiert, beschlossen, sich zu manifestieren. Und Er manifestierte sich als ein Energiefeld des Seins und des Bewußtseins. Vor dem entstehen eines Konzeptes wurde alles von diesem Energiefeld durchdrungen. Noch wurde Zeit nicht wahrgenommen, auch nicht die Dimension des Raumes oder der Materie – diese riesige kosmische Präsenz war sich nur ihrer selbst bewußt, ein Zustand, den die alten Propheten Indiens als Brahman bezeichneten, als „ICH, der ich ewig BIN". Diese kosmische Präsenz fand ihren äußeren Ausdruck als individualisierte Präsenz, als individualisiertes ICH BIN, oder Atman. Atman war unterschiedlich von Brahman, jedoch nicht getrennt davon. Atman wird auch als Monade bezeichnet. Und hier beginnt unsere Reise. Die Monade suchte nach einem Ausdruck und es wurden für diesen Ausdruck Vehikel geschaffen. Und es wurden verschiedene Ebenen oder Dimensionen geschaffen, damit diese Vehikel sie erforschen konnten. So begannen wir, uns nach außen zu bewegen und schufen nach und nach ein Universum, das Zeit und Raum zugehörig war. Wir versahen es mit unendlich vielen Möglichkeiten des Ausdrucks und fanden für uns selbst eine Form, die es uns ermöglichte, mit anderen Formen zu interagieren. Während unseres Abstiegs erschuf unsere Primäridentität der reinen ICH BIN - Gegenwart eigene Spiegelbilder, die imstande waren, noch direkter auf die Ebenen und Dimensionen, durch die wir reisten, zu reagieren. Einige dieser Spiegelbilder hatten Menschen-, andere wiederum Walform, manche waren Engel, andere Devas oder Elementarwesen. Innerhalb des sternenfunkelnden Universums gibt es unzählige dieser Spiegelbilder. Und so entstand auf solch einem Strom göttlichen Ausdrucks ein Überseelenbewußtsein des Menschlichen, welches in Folge zum menschlichen Seelenbewußtsein wurde.

Zwischen diesen Aspekten des Selbst fand ein dauernder Austausch statt. Brahman und Atman waren nicht voneinander getrennt; Atman und die Seele waren holographische Spiegelbilder voneinander. Atman, das ICH BIN, gab es schon vor dem Entstehen der Zeit und besteht in Ewigkeit durch sich selbst. Die Seele wurde erst nach der Trennung von Zeit und Raum geschaffen und war somit imstande, sich in der Welt der Form zu orientieren. In den Bereichen der Seele, den Kausalebenen, ist die Zeit noch nicht linear, wie auf der physischen Ebene. Daher ist es der Seele möglich, Welten und Bereiche zur selben Zeit in ungeheuer vielen Anteilen von Zeit und Raum zu erforschen. Um unsere Erfahrung mit jeder dieser gleichzeitig ablaufenden Situationen zu vertiefen, schufen wir die Persönlichkeit. Wir statteten sie mit Gedanken und Emotionen aus, die wir von der Mental- und der Emotionalebene holten. Als wir noch tiefer herabstiegen, formten wir Körper aus dichter Materie, durch welche sich die Persönlichkeit in Interaktion mit anderen Persönlichkeiten ausdrücken konnte. Wir inkarnierten als Seele in dieser Persönlichkeit, um die Welt der Form erforschen zu können. Die Wahrnehmung von uns selbst dehnte sich langsam bis in den Bereich der Persönlichkeit aus. Als Wesen der fünften Dimension waren wir nach wie vor eins mit jenen Aspekten von uns, die als Seele, Überseele und Monade existierten. Wir waren auch vom Schöpferbewußtsein durchdrungen und erschufen in geeinter Absicht weiterhin neue Welten und neue Möglichkeiten. Als wir die vierte Dimension erreichten, vervielfältigte sich unser Ausdruck in Menge und Art und wir vereinigten unsere Identität mit der eines weiteren Stromes des Überseelenbewußtseins, und zwar mit dem der Devas oder Elementarwesen. So wie bei den Menschen der Schwerpunkt auf der Entwicklung der Persönlichkeit durch den mentalen und emotionalen Ausdruck lag, war es bei den Devas das Spiel in den Welten der Form und das Erschaffen einer unendlichen Vielfalt von Lebensformen im physischen Bereich.

Die Elohim gehören zum Bereich der Devas. Ihre Aufgabe war es, Planeten zu schaffen. Innerhalb der Devas entstanden Hierarchien, die dazu da waren, die verschiedenen Ordnungen innerhalb der Schöpfung zu bewahren. Die Naturgeister sind Devas, welche darauf spezialisiert sind, unter der Leitung des Naturgottes Pan die vielen Körper zu erschaffen, welche Leben tragen und damit der Seele ein Habitat bieten können. So war ein Teil der Devas dafür zuständig, den menschlichen Körper zu erschaffen. Als wir uns mit diesen verschmolzen, fanden wir uns zur Gänze im menschlichen Körper der vierten Dimension wieder. Das Deva-Bewußtsein im Körper blieb eins mit allen anderen Aspekten des Selbst – und zwar vom eigentlichen Ursprung durch den gesamten Abstiegsprozeß. In unserer DNA ist dieses Einssein gespiegelt. Zu jener Zeit soll unsere DNA aus 12 Strängen bestanden haben, statt aus zwei, wie das jetzt der Fall ist. Jeder der ursprünglichen 12 Stränge enthielt seinerseits zwei Stränge aus jeder der Ebenen, durch welche wir gekommen waren. Auf diese Weise waren mit der ätherischen, der emontionalen, der mentalen, der intuitiven, der kausalen und der atmischen Ebene je zwei Stränge verbunden, was 12 Stränge ergibt. Als voll funktionsfähiges 12-Stränge-DNA-Feld waren unsere Körper imstande, sich auf die Schwingungen jeder einzelnen dieser Ebenen und Dimensionen einzustimmen.

Die Tragödie unseres „Falls" in die dritte Dimension bestand darin, daß dieses Einheitsgefühl des Selbst fragmentiert wurde, daß es zersplitterte. Der Körper wurde getrennt von der Persönlichkeit empfunden, und diese wiederum getrennt von der Seele. Der Zugang zu den höheren Schwingungen der Überseele und Monade wurde vollkommen blockiert. Als sich der Strom des Deva- oder Elementarbewußtseins von dem der menschlichen Persönlichkeit trennte, entstand ein Riß in unseren Körpern. Das Körperelementarwesen übernahm die Kontrolle über alle autonomen Körperfunktionen, wie den Herzschlag, die Erhaltung des Hormongleichgewichtes und all die anderen Dinge, die ohne unsere bewußte Teilnahme innerhalb unsers Körpers geschehen. Die Persönlichkeit dagegen kontrollierte alle willentlichen Vorgänge. Als wir eine niedrigere Schwingungsfrequenz erreichten, wir nennen das die physische Ebene oder dritte Dimension, fragmentierte auch unsere DNA. Die zwei DNA–Stränge auf der ätherischen Ebene stürzten in die Frequenz der physischen Ebene und wurden damit von den restlichen Strängen abgeschnitten, was für uns bedeutete, daß wir zu den entsprechenden Ebenen keinen Zugang mehr hatten. Unser Weg zurück in die vierte Dimension bedeutet, daß wir in ein Bewußtsein mit einer 12-Stränge-DNA zurückkehren und daher unsere spirituelle Genetik wiederherstellen müssen.

Wir müssen uns auch eines weiteren Identitätszentrums bewußt werden. Es handelt sich dabei um das „Traumselbst", das man auch als den strahlenden Körper oder das ätherische Selbst bezeichnet. Es ist ein Aspekt unserer selbst, der die Kommunikation zwischen unseren, von uns abgesplitterten Teilen auf den nicht-bewußten Ebenen erleichtert. Das Traumselbst wird auch von den Schamanen benutzt, wenn sie an außergewöhnlichen Bewußtseinszuständen arbeiten. Dieses Selbst kann von einer Dimension zu anderen reisen und nimmt dabei jede Information, die von dieser Realitätsebene gefordert wird, in sich auf. Je nachdem, wie stark wir mit unserem Traumselbst verbunden sind, können wir auch bewußten Zugang zu diesen Informationen haben.

Es gibt also viele Aspekte von uns selbst, die einst eine Einheit waren und dies auch wieder einmal sein werden. Dazu gehören die Monade, die Seele, die Persönlichkeit, das Traumselbst und das Elementarwesen. Je stärker wir mit all diesen Anteilen von uns selbst im Einklang sind, desto höhere Stufen der Liebe und Wahrheit werden uns zugänglich. Während eines Erleuchtungs-Intensivseminars im Frühjahr 2001, befand ich mich in einem Zustand des tiefen Bewußtseins der Einheit und mein eigenes Gefühl des Selbst verband sich für einige Zeit mit der ICH BIN - Gegenwart. Sobald ich wieder imstande war, geradlinig zu denken und zu schreiben, brachte ich aus dieser Erfahrung das Folgende zu Papier:

Geliebtes Kind des Lichtes, ICH BIN der Vater. ICH BIN der Große Geist. Oft hast Du Dir selbst die Frage gestellt: „Wer bin ich?" und ich möchte Dir gerne so antworten, daß Dir die direkte Erfahrung leichter wird. Wenn Du „ich" und „mein" sagst, dann identifizierst Du Dich meist mit der Persönlichkeit, dem wachen Selbst, und damit mit allen Rollen, Erinnerungen, Glaubensgrundsätzen und Erwartungen, welche

Deine Persönlichkeit in der jeweiligen Inkarnation geschaffen hat. Dies ist ein Zentrum der Identität, das im Emotionalkörper befindlich ist und vom niederen Mentalkörper gespeist wird.

Deine dauernde Identität ist die Seele. Sie lebt aus sich selbst und funktioniert außerhalb der linearen Zeit. Sie ist überbewußt und mit jedem anderen individuellen Bewußtsein verbunden. Die Seele existiert jenseits der Dualität. Sie ist ein Identitätszentrum innerhalb des Kausalkörpers.

Und dann gibt es das Elementarwesen. Du kannst dies als ein unterbewußtes Selbst verstehen, obwohl es nur im Vergleich zum wachen Selbst unterbewußt ist. Das Körperelementarwesen ist eigentlich ein hochentwickeltes Bewußtsein, das eng mit der biologischen Form verwoben und auf das Devabewußtsein des Planeten eingestimmt ist. Es ist ein Identitätszentrum des physisch-ätherischen Körpers.

Das Traumselbst ist ein im Astralkörper befindliches Identitätszentrum. Es ist ein Botschafter, imstande, eigene Aspekte in jede der anderen Identitäten einzubringen, um alle diese Anteile des Selbst aneinander anzupassen. Es muß bewußt erschaffen, geformt und verfeinert werden. Wenn das Traumselbst entsprechend entwickelt ist, kann es eng mit dem Selbst des Wachzustandes zusammenarbeiten, wobei es den schamanischen Zugang zu den „oberen" und "unteren" Welten gewährt und die Möglichkeit bietet, die Form von einer dimensionalen Realität in die andere zu verschieben. Wenn es zur Gänze entwickelt ist, erschafft es einen Lichtkörper, der mit dem physischen Körper verschmilzt. Wegen der holographischen Anlage ihres Gehirns, ist bei Delphinen und Walen das Traumselbst und das Selbst des Wachzustandes miteinander verbunden – der Geist der Tiefe und jener der Oberfläche sind eins.

Und dann gibt es noch die Monade, Atman, das ICH BIN oder Gott-Selbst. Dies ist die ultimative Realität des Seins, jenseits aller Qualitäten und Attribute, jenseits von Dimensionen und Kausalität. Es ist der im Inneren befindliche Ursprung und Schöpfer aller unterschiedlichen Aspekte des Selbst und ihrer jeweiligen Körper, Bereiche und Dimensionen. Atman, das individualisierte Gott-Selbst, steht in engster Verbindung zu Brahman, oder dem kosmischen Gott-Selbst.

Meistens haben diese Identitätszentren völlig unterschiedliche Funktionen und sind eigene Wesenheiten. Während einer Inkarnation existieren sie alle nebeneinander – absolut nicht immer harmonisch -, dann trennen sie sich und folgen, ab dem Augenblick des Todes, ihrer jeweiligen eigenen Entwicklung. Es sei denn, daß es einem inkarnierten Wesen gelingt, als Aufgestiegener Meister all diese Identitäten in sich zu vereinen. Das menschliche Gehirn ist imstande, Zugang zu all diesen Identitäten zu finden und sie zu vereinigen. Jede von ihnen entspricht einem eigenen Bewußtseinszustand:

***Elementarwesen** – Alpha-Schwingung – Schwellenbewußtsein*
***Persönlichkeit** – Beta-Schwingung- Bewußtsein des Wachzustandes*
***Traumselbst** – Theta-Schwingung – Bewußtsein des Träumens*
***Seele** – Delta-Schwingung –Bewußtsein des Tiefschlafes*
***Monade** – langsame Delta-Schwingung – luzides oder „Turiya"-Bewußtsein*

Bei den meisten Menschen bewegt sich das Gehirn in einem engen Radius und korrespondiert mit der Beta-Schwingung. Das kann verändert werden. Don Juan bezeichnet dies als das Verschieben des „Assemblage-Punktes" oder die Zweite Aufmerksamkeit. Sobald das Gehirn Zugang zu allen fünf Bewußtseinzuständen findet und sie wahrnimmt, kann die Vereinigung beginnen. Man kann die fünf Frequenzen in harmonische Resonanz bringen, so daß das jeweilige Identitätszentrum als funktionale Einheit fungiert. Wenn diese „harmonische

Konvergenz" stattfindet, ist die Einheit als Erfahrung sowohl im Selbst als auch in Gemeinschaft mit allem, was das Universum enthält, wahrnehmbar.

Klangfrequenzen und ihre Auswirkungen auf Gehirnzustände sind zur Zeit ein großes Thema für die Forschung. Die uralte Yogaübung des Arbeitens mit den inneren Klangfrequenzen, den „Klangströmen", ist hier sehr nützlich. Der Klangstrom ist ein Mittel zur Einstimmung, um die Identitäten in Gleichklang zu bringen. (In Kapitel 25 wird eine Meditation über den Klangstrom näher behandelt.) *Merkt Euch, daß jede Identität mit einem Energiefeld korrespondiert, welches ihr die Form gibt. Das Elementarwesen wird von der ätherischen Ebene genährt, das Traumselbst von der astralen Ebene, die Persönlichkeit erhält Nahrung von der emotionalen und mentalen Ebene, während die Seele von der Intuitions- und Kausalebene genährt wird, welche die heiligen Geometrien und vielfältigen Möglichkeiten für die gesamte Schöpfung enthält. Die Monade gehört zu den Ebenen des Atman, ist jedoch bereits jenseits aller Formen und aller Ebenen. Die Akasha-Chronik befindet sich auf der Ätherebene, die Bardos und die verschiedenen schamanischen Welten und Dimensionen dagegen gehören zum Astralbereich. Jede dieser Ebenen wird aus untergeordneten wie übergeordneten Welten zusammengesetzt.*

Die von der Seele durchdrungene Persönlichkeit ist auf die höheren Mental- bzw. Intuitivbereiche eingestimmt, wobei sich die materiell ausgerichtete Persönlichkeit nur an den unteren mentalen Bereichen orientiert, welche im Großen und Ganzen den konditionierten Gedankenformen des Massenbewußtseins entsprechen. Das Gehirn nimmt sie als Verwirrung oder Geschwätz wahr und stimuliert Emotionen, welche in Angst und Beschränkung verwurzelt sind. Dies wiederum stimuliert die Strukturierung des physischen Körpers mit Hilfe des Grobstofflichen und belässt dabei den Traumkörper verhältnismäßig ungeformt und schwach. Es besteht also zwischen den verschiedenen

Identitätsstrukturen eine Resonanz. Dies ist dann der Fall, wenn jede dieser Strukturen innerhalb der höchsten, für sie in ihrem Referenzfeld erreichbaren Schwingung operiert. Bewegen sich die Identitätsstrukturen in den unteren Bereichen ihres Feldes, dann bleiben die verschiedenen Identitäten strikt voneinander getrennt. Der Weg der Aufstiegsmeisterschaft bedeutet jedoch, jede dieser Identitäten so weit zu verfeinern, daß sie in ihrem höchsten Bereich schwingen und damit einer Vereinigung zugeführt werden kann.

Wenn die Persönlichkeit sich endlich der Seele unterwirft, ist dies der Beginn der ersten Seeleninitiation. Wenn dann das Traumselbst dazukommt, durchläuft der Initiat die zweite Initiation. Die dritte Initiation ist von der vollkommenen Verschmelzung von Seele und Persönlichkeit gekennzeichnet und stellt den Beginn der bewußten Angleichung an das Elementarwesen dar. In der vierten Initiation kommt es zur vollständigen Verschmelzung mit dem Traumselbst. In der fünften Initiation entsteht durch die vollständige Verschmelzung mit der Monade die Persönlichkeit der Gotteserkenntnis. In der sechsten Aufstiegsinitiation verbindet sich das Elementarwesen zur Gänze mit der von Gott durchdrungenen Persönlichkeit, und es wird uns, in unserer körperlichen Form, die volle Erleuchtung zuteil.

Könnt Ihr begreifen, daß Euer Innerer Lehrer, Euer Monadenbewußtsein, mit der gesamten Intelligenz des Universums verbunden und eins mit ihr ist? Alle Reiche der Erde, Gaia selbst, sowie alle Aufgestiegenen Meister, Sternenreiche und der universelle Logos sind miteinander verbunden. In einem sehr realen Sinne seid Ihr Götter. So könnt Ihr alles, was Ihr aus Hingabe zu Gott tut, auf alle anderen Wesen umlegen. Die Liebe ist, was Gott ist.

Also gehe hin und liebe, Du geliebtes Kind des Lichtes, und sorge Dich nicht darum, ob das, was Du liebst, ein Baum, das Gesicht eines Menschen, der Dich liebt, der Boden unter Deinen Füßen, die Sterne über Dir oder Dein eigener Körper ist. Mache Dir keine Gedanken darüber, ob Du dies Gott, den Großen Geist, Allah oder Geliebter nennst. Gott ist alles, was IST, sei es innen oder außen, groß oder klein, sichtbar oder unsichtbar, sei es ein Deva, ein Mensch, ein Engel, ein Felsen oder ein Tier. Sage „Ich liebe Dich, Gott" und fühle, wie die Ausstrahlung dieser Liebe sich in jedem Moment Deiner Existenz bis in das Universum ausdehnt. Fühle gleichzeitig, wie sehr Gott Dich liebt und nimm diese Liebe aus dem Universum entgegen. Das erhöht Deine Schwingung, bis Du, im Zusammenschluß aller Deiner Identitäten zu einem gänzlich realisierten, gottesbewußten Wesen wirst. Ein Aufgestiegener Meister ist einer, der sich aller Ebenen, aller Identitäten und aller Wesen in Einheit bewußt ist.

In Kapitel 33 dieses Buches findet Ihr Übungen zur Kommunikation mit diesen fünf Aspekten des Selbst. Wenn wir das, was über Dimensionen und das Selbst gesagt wird, wirklich verstehen und auch anwenden, dann begeben wir uns in den Bereich der Wunder und der Erdmagie. Machaelle Small Wright, die Autorin des Buches *Behaving as if the God in All Life Mattered* hat mich tief beeindruckt. Sie erzählt in ihrem Buch von ihrer Erfahrung in der Arbeit mit den Devas der verschiedenen Pflanzen ihres Gartens. So kommunizierte sie beim Aussäen von Karottensamen mit dem Deva der Karotten. Am nächsten Tag waren die Karottenpflänzchen bereits über 12 cm hoch, und zwar nicht nur in der Reihe, in welcher sie angesät worden waren, sondern überall im Garten. Sie teilte ihnen mit, daß dies eigentlich nicht ihre Absicht gewesen sei – am nächsten Tag waren nur mehr die von ihr angesäten Karotten vorhanden, alle anderen waren verschwunden! An anderer Stelle erzählt sie, wie sie lernte, Dinge zu beschleunigen. Eines Tages benötigte sie ca. einen Kubikmeter Mist. Also versetzte sie sich in einen meditativen Zustand, in welchem sie sich mit ihrem Traumselbst verband und dann einer dritten Energie, dem Deva des Mistes, Zugang zu ihrem

Bewußtsein gestattete. Sie beschreibt, wie dann alle drei mit äußerster Sorgfalt ihre Schwingung verlangsamten, bis sie eine Veränderung in der Energie des Mistes feststellen konnte. Der Mist hatte Form angenommen. Als sie ihre Augen öffnete, lag – Gestank und alles – ein Haufen Mist im Ausmaß von einem Kubikmeter vor ihren Füßen!

Machaelles Erfahrungen, ebenso wie die von Dorothy MacLean, Eileen Caddy, David Spangler und anderen in der Findhorn Gemeinde in Schottland, geben mir einen Eindruck davon, welche gewaltigen Möglichkeiten wir hätten, wenn wir bereit wären, nicht nur mit dem Naturreich der Devas, sondern auch mit unserem eigenen elementaren Selbst zusammen zu arbeiten. Die Bücher von Tom Brown, Carlos Castaneda, Mary Summer Rain, Lynne Andrews, Michael Roads und Marlo Morgan veranlassen mich immer wieder dazu, mit der Natur in einer Art zu interagieren, wie sie für viele Urvölker der Erde absolut normal war (siehe Bibliographie).

Vor vielen Jahren besuchte ich den Ashram von Sai Baba in Indien und hörte die folgende Geschichte. Sai Baba hatte immer wieder für seine Devotees Dinge materialisiert, darunter Vibhuti (heilige Asche), Schmuckstücke etc. An diesem Tag hatte er eine Gruppe Australier zu einem Gespräch eingeladen. Als sie sich unterhielten, teilte er einem Mann in der Gruppe mit, daß seine Frau erkrankt sei und ihn dringend sehen wollte. Sai Baba bewegte seine Hand durch die Luft und die Gruppe sah, starr vor Erstaunen, wie der Mann plötzlich verschwand. Es ist anzunehmen, daß er sich in Australien bei seiner Frau wiederfand. Jeder von uns, und zwar wirklich jeder, besitzt Gaben, die nur darauf warten, im Dienste des Lebens eingesetzt zu werden. Kinder, speziell jene, die wir als „Indigo-Kinder" kennen, werden uns vielleicht dazu den Weg weisen können. Hinweise auf solche

Kinder in diesen Zeiten des Aufbruchs, findet man in den folgenden Büchern: Lee Carrol/Jan Tober *Die Indigo-Kinder*, Phyllis Atwater *Children of the New Millennium*, Drunvalo Melchizedek *Blume des Lebens* sowie Jimmy Twyman *Emissary of Love*. Der Film *The Sixth Sense* zeigt wunderschön, welche Gaben diese Kinder besitzen und wie sehr sie unserer Zuwendung und Unterstützung bedürfen. *The Big Blue* ist ein weiterer Film, in welchem die innige Verbundenheit solcher Kinder zu den Delphinen aufgezeigt wird. Die meisten dieser Kinder sind hohe spirituelle Initiaten, welche die gewaltige Aufgabe auf sich genommen haben, in diesen Zeiten wiederzukommen und uns in das Goldene Zeitalter zu führen.

Diese Generation von jungen Menschen mit den unterschiedlichsten Namen (die Indigo- oder Violetten Kinder, die übersinnlichen Kinder, die Kristallkinder, die Kinder von Oz oder die Sonnenäugigen Kinder der wunderbaren Morgen- dämmerung) scheint eine ganz neue Menschenart hier auf Erden darzustellen. Sie denken anders, ihre Emotionalkörper verarbeiten Gefühle auf andere Art, ihre Energiekörper sind imstande, höhere Seelenschwingungen in sich zu halten und sie können uns eine neue Vision vermitteln. Sie sind unangepaßt und benötigen ganz sicher keine Medikation, nur um die Erwachsenen vor ihrer höheren Kreativität und Wahrnehmungsfähigkeit zu schützen! Viele von ihnen scheinen mediale und heilerische Fähigkeiten zu besitzen, und sie benötigen Hilfe, um diese Fähigkeiten kontrollieren und anwenden zu lernen. Drunvalo Melchizedek (spiritofmaat.com) unterscheidet zwischen den Indigokindern und den übersinnlichen Kindern, die ich gerne als Violette Kinder bezeichne. James Twyman berichtet in seinem Buch *Emissary of Love* eindrucksvoll von seinen eigenen Erfahrungen mit dieser Gruppe und von der Botschaft, welche sie der Welt bringen (www.jamestwyman.com).

Meiner Meinung nach gibt es Indigokinder in der Altersgruppe vom Teenager bis zu 30 bzw. 40 Jahren, während die Violetten Kinder jünger sind und eine andere Aufgabe haben. Viele von ihnen sind Avatare und planetare Meister und kommen mit voller Erinnerung und frei von jeglicher Illusion zu uns. Einige von Euch, die dieses Buch lesen, gehören zur Indigogeneration und sind Eltern der nächsten Generation, der Violetten Kinder, von denen keines dieses Buch lesen muß, um die Realität zu erkennen. Sie befinden sich in einer Geistes- und Gedankenverbindung innerhalb eines globalen, medialen Netzwerks, das ein neues morphogenetisches Gitter der fünften Dimension auf der Erde widerspiegelt. Was das Phänomen des „hundertsten Affen" angeht, sind sie die ersten, die in das „supramentale Bewußtsein" (nach Sri Aurobindo) eintreten, welches nach und nach für alle von uns zugänglich sein wird, so wir dies wünschen. Dazu gehört unter anderem, daß sich unsere DNA–Strukturen positiv verändern, wenn wir uns für den planetaren Aufstieg in die Neue Erde bereit machen. Wir bereiten die Geburtsstunde der Siebenten Grundrasse der Menschheit (nach Rudolf Steiner), der Violetten Rasse, wie ich sie nenne, vor. Die Kinder unserer Zukunft tragen unsere Träume und die Transformation unseres Planeten in sich.

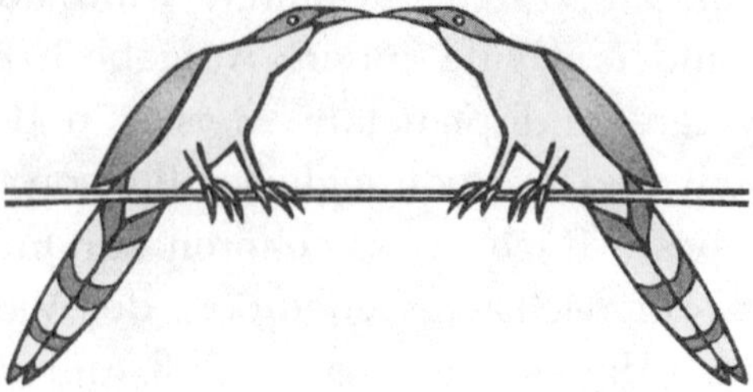

Wer bin ich?

Ich blicke aus deinen Augen
und sehe mich selbst, der mich ansieht –
wer sieht wen?
Im frühen Morgenlicht
ruft ein einsamer Kuckuck den anderen,
und ich hör meine eigene Antwort –
Kuckuck-wer? Kuckuck-wer?
Ein sanfter Wind streicht über hohes Gras,
Koyoten grüßen heulend Schwester Mond,
die Eule stürzt sich lautlos auf den eig´nen Schatten -
Wer? Wer? Wer?
Wir alle sind verbunden, untrennbar,
verbunden schon seit Zeit und Ewigkeit.
Du blickst aus meinen Augen
und siehst dich selbst, der dich ansieht –
wer sieht wen?

10. Erfahrung des Gott-Selbst

Wie wäre es wohl, wenn man die ganze Zeit in einem geeinten Bewußtseinszustand leben würde und gleichzeitig innerhalb der Welt voll funktionsfähig wäre? Es gab eine Zeit, in der ich Intensivseminare besuchte, die der Erleuchtung dienen sollten. Diese Seminare sind dreitägig – man sitzt dabei den ganzen Tag in einem Raum mit Leuten zusammen und verbringt die Zeit damit, sich gegenseitig immer wieder den Auftrag zu geben „Sage mir, wer du bist". Das geht nur eine gewisse Zeit lang gut, dann verweigert sich der Kopf. Wenn dies geschieht, kommt etwas anderes durch und man erfährt sich selbst in allen „Verkleidungen", ohne jedes Festhalten an der persönlichen Identität. Man erfährt, wie es ist, wenn man seine Grenzen überschreitet. Zuerst ist es erschreckend, dann erfrischend und letztlich ist da nur mehr die Erfahrung als solche – man ist jenseits der eigentlichen Erfahrung einfach nicht mehr da, man IST und hat sich mit Allem Was Ist verbunden. Aus der Dualität des getrennten Ego wagt man den Schritt in die Erfahrung der Wahrnehmung ohne Dualität.

Es gibt Stufen innerhalb der Erleuchtung. Jedes Mal, wenn wir ein neues Zentrum geeinter Identität erreichen, gibt es innerhalb des Bewußtseins einen Quantensprung. Wenn wir uns der Erfahrung, die keine Dualität kennt, nähern, zeigen sich jede Menge paradoxer Situationen. Das ist so, weil jedes Identitätszentrum eine andere Perspektive in bezug auf die Realität besitzt und jetzt alle zusammenkommen. Der Kopf kann ein Paradoxon nicht lösen. Wir überlassen uns daher der Wahrheit, die jenseits der Gedanken liegt und erfahren die Fülle unseres Seins. Wenn wir uns mit unserem Gott-Selbst verbinden, erfährt unsere Wahrnehmung eine vollständige Veränderung. Wenn wir uns mit dem Selbst verbinden, stellen wir zunächst einmal fest, daß wir eigentlich nie davon getrennt gewesen sind. Wir sind bereits das, was wir werden möchten. Der erwachte Meister war ständig in uns vorhanden, wach, selbst wenn wir schliefen. Wer ICH BIN liegt jenseits der Erscheinungen von Maya (der Illusion), jenseits von wach und schlafend, von Wahrheit und Illusion, Glauben und Unglauben, Verständnis und Unwissenheit, Licht und Dunkel – jenseits von Form und Geist. Jedes Mal, wenn das Sein näher bestimmt wird, entsteht Dualität. ICH BIN jenseits des Unterschieds von Dualität oder nicht Dualität.

Yoga-Traditionen in Indien sprechen von fünf Stufen des „Samadhi", des Eintauchens in das Gottesbewußtsein. Sie heißen Savikalpa Samadhi, Nirvikalpa Samadhi, Sahaja Samadhi, Soruba Samadhi und Siddha Samadhi. So weit mir dies möglich war, habe ich immer versucht, obskure Sanskritbezeichnungen zur Beschreibung spiritueller Wahrheiten zu vermeiden – es gibt jedoch nicht viel Literatur über diese Stufen und ich fürchte, daß jeder Ausdruck, den ich dafür verwenden könnte, gleichermaßen obskur wäre. Wenn wir bedenken, welcher Weg bis zur vollständigen Erreichung der körperlichen Erleuchtung noch vor uns liegt, ist es vielleicht nützlich, diese Stufen genauer zu betrachten.

Savikalpa Samadhi ist die erste Stufe des geeinten Bewußtseins. Es ist ein Zustand tiefer Meditation, in welchem sich die Persönlichkeit mit der Seele vereinigt. Wahrnehmungen des physischen Körpers, Emotionen und Intellekt werden transzendiert, es entsteht ein tiefer Zustand der Glückseligkeit, der von einer klaren, intuitiven Erkenntnis der Essenz aller Dinge begleitet wird. In diesem Zustand ist immer noch ein ganz winziger Anteil der persönlichen Identität vorhanden. Der Zugang zum Samadhi dieser Stufe öffnet Schritt für Schritt den Zugang zu tieferen Zuständen, Fähigkeiten und Wissenserfahrungen. Dies ist der Zustand der Erleuchtung, den wir meinen, wenn wir von „Erleuchtung" bzw. von Gottesbewußtsein sprechen.

„Das Tantra der linken Hand" oder „die geheiligte Sexualität" bietet eine Reihe von Übungen, die dazu dienen, das ätherische Nervensystem zu verfeinern und damit Savikalpa Samadhi zu erreichen. Die geheiligte Sexualität eröffnet nicht nur Erfahrungen der tiefen Vereinigung und Intimität, sie sind auch jetzt besonders wichtig, da wir eine neue Rasse von Violetten Kindern erwarten; Kinder, die während dieses Zustandes empfangen werden, können mit vollkommen intakter ätherischer Nervenvernetzung auf die Welt kommen, so wie das bei Kindern der Fall ist, die in Gegenwart von Delphinen geboren werden. Solche Kinder geben im Augenblick ihres Geborenwerdens der Gesamtheit ihrer Seele einen Körper. Im Nirvikalpa Samadhi, der zweiten Stufe, gibt es kein Gefühl der individuellen Identität mehr, der Mensch wird vollkommen vom geeinten Bewußtsein, dem Brahman, aufgenommen. Die Persönlichkeit verbindet sich mit der Monade. Diese Erfahrung läßt sich nicht beschreiben und auch mit nichts vergleichen. Es entsteht eine tiefe Klarheit, die dauerhafte Auswirkungen auf die Persönlichkeit und die Seele hat. Diese ersten beiden Stufen zur Erleuchtung entwickeln sich meist bei der dritten Initiation, sofern man Übung in Tiefenmeditation besitzt. Bei manchen Menschen kann sich diese Wahrnehmung allerdings auch spontan entwickeln. Die ersten beiden Stufen des Samadhi können außerhalb tiefer meditativer Zustände nicht aufrecht erhalten werden. Sie sind kurz in ihrer Dauer, oft spontan – danach kehrt der Mensch in seinen normalen menschlichen Funktionsstatus zurück. Sahaja Samadhi, die dritte Stufe, entspricht dem Zustand des geeinten Bewußtseins, welcher hier allerdings derart integriert ist, daß man imstande ist, zur Seele und auf die Ebenen der Persönlichkeit zurückzukehren und als normaler Mensch zu leben, während man sich gleichzeitig der Essenz hinter den Dingen vollständig und andauernd bewußt ist. Diese Stufe der Erleuchtung ist verhältnismäßig selten, speziell im Westen. Man erreicht ihn mit der vierten Initiation und er wird bei der fünften Initiation vollständig integriert. Jesus erreichte diesen Zustand während der letzten Jahre seines Priesteramtes.

In Soruba Samadhi, der vierten Stufe, wird dieses geeinte Gottesbewußtsein tief im physischen Körper verankert und macht ihn damit unsterblich. Initiaten der fünften Initiation erreichen diesen Zustand – bei der sechsten Initiation ist er dann völlig integriert. Aufgestiegene Meister, wie Kuthumi, Saint Germain, Jesus und Babaji haben diese Stufe erreicht. Alle fünf Aspekte des Selbst sind hier vereint und der physische Körper ist mit dem Lichtkörper verschmolzen. Auf der letzten Stufe, Siddha Samadhi, ist der Körper nicht mehr imstande, in Welten der dritten oder vierten Dimension seine Form aufrecht zu erhalten. In der tibetischen Dzogchen Tradition spricht man dann vom Erreichen des Regenbogenkörpers, dem Annehmen des Lichtkörpers. Man hat dann die geeinte Gottespräsenz so stark in den physischen Körper übernommen, daß sich der Körper und seine Elemente blitzartig in einen Strahl von Licht auflösen, der dann imstande ist, die höheren Bereiche zu betreten. Viele Aufgestiegene Meister entscheiden sich dafür, auf der vierten Stufe, dem Soruba

Samadhi, zu verbleiben, wo sie in ihrem planetaren Dienst leichter für die Menschen zu erreichen sind. Hat man die letzte Schwelle, den Siddha Samadhi, überschritten, sind einem planetare Angelegenheiten nicht mehr wirklich wichtig und man bewegt sich weiter, in andere Bereiche des Dienens. Die folgende Erklärung schrieb ich nach einem der Erleuchtungs-Intensivkurse, als ich aus der Erfahrung der geeinten Präsenz in das menschliche Bewußtsein zurückkehrte. Ich weiß nicht, welchen Stellenwert diese Erfahrung innerhalb der klassischen Erleuchtungszustände der Yogis einnehmen würde, für mich jedenfalls hat sie einen bleibenden Eindruck hinterlassen.

ICH BIN ein geeintes Wesen, ich existiere gleichzeitig in allen Universen, außerhalb der Zeit und doch in ihr; ich durchdringe alles und bewohne doch einen menschlichen Körper; meine Wurzeln sind im Sein, doch meine Funktion geschieht durch den Geist, grenzenlos im Bewußtsein, und doch, so scheint es, begrenzt durch die strukturierten Fähigkeiten des menschlichen Gehirnes und des Körpers zu dieser Zeit. ICH BIN und existiere überall und jederzeit, und doch reise ich durch Ebenen, durch Zeit und Raum und Dimensionen, die unendlich vielfältig in ihren Formen und Identitäten sind. Kiara ist bloß eine davon, ein Tropfen im Ozean dessen, was ICH BIN. Und doch kann sich der Tropfen mit dem Meer verbinden, so wie das Meer sich ihm verbinden kann; auf diese Weise verbindet sich der Tropfen mit jedem einzelnen anderen Tropfen des Meeres, das immer eins war. Wenn die Schale mit Namen Kiara geleert ist, dann komme ICH und fülle das Behältnis. Denn wahrlich, ICH BIN Kiara, eine von Gott durchdrungene Persönlichkeit. Die Illusion des Selbst macht Platz für die Fülle des Selbst. Am Anfang ist das Selbst. Dann gibt es kein Selbst mehr, und dann doch wieder. Wie ich vor langer Zeit durch Jesus sprach: „Ist das Auge (oder das „Ich") ohne andere Einflüsse, dann füllt der ganze Körper sich mit Licht. Niemand kommt in das Haus des Vaters, außer durch das ICH BIN. Ich und der Vater sind eins!"

Das leere Gefäß

Gab es jemals eine Sehnsucht,
die niemals die Erfüllung fand?
Fliegt die Biene Blüten an,
die ohne Nektar sind?
Warum renne ich dann gegen Wände?
Ich bin der „Macher", meine ich zumindest,
und doch bin ich nicht mehr als ein Gefäß,
das darauf wartet, geleert zu werden.
Ich bin so voll von mir,
erwarte Dinge, schaffe Bilder, bin voll Sehnsucht –
was bleibt, wenn ich dies alles übergebe?
Wahres Ergeben ist ein Akt der Gnade,
lasse ich los, bin ich bereits erfüllt.
Wenn ich nicht kontrolliere,
kehrt jeder Traum, der jemals mir erschien,
nach Haus zurück.
So schwer – und doch so leicht,
braucht es Äonen um einmal zu erkennen,
daß nur ein Augenblick vonnöten ist.
Im bodenlosen Abgrund meiner Wünsche
hab ich den Grund erreicht -
und bin bereit für dich, geliebter Freund.

11. Windriders Botschaft aus der Zukunft

Da jetzt der zweite Teil des Buches beginnt, möchte ich mich einem etwas anderen Thema zuwenden. Im Sommer des Jahres 1999 kehrte ich von Hawaii nach Mt. Shasta zurück. Um die Zeit der Sonnenfinsternis im August gab es eine wichtige astrologische Konstellation und ich wollte in dieser Zeit ein paar Wochen auf meinem geliebten Berg verbringen. Ich richtete mir meinen Lagerplatz auf den oberen Wiesen ein. Ein paar Tage später kontaktierte mich ein Wesen mit dem Namen Windrider. Später teilte er mir mit, daß er ein Aspekt meiner selbst aus einer zukünftigen Zeit war. Und er sagte folgendes zu mir:

Prolog

Ich bin Windrider. Ich bin ein Aufgestiegener Meister und Zeitreisender, obwohl es von meiner Perspektive aus betrachtet nicht so sehr das Reisen innerhalb der Zeit, sondern eher das Bewegen durch die Dimensionen ist. Dies gehört, wie ich hier kurz erklären werde, zum

Aufstiegsbewußtsein. Viele haben in meiner Zeit die Aufstiegsmeisterschaft erreicht. Ich komme aus einem bestimmten Grund in Eure Zeit "zurück". Es kommt die Zeit einer großen Veränderung, und es gibt zwei hauptsächliche Möglichkeiten, die sich Euch, als Spezies, bieten. Ich möchte über diese beiden Möglichkeiten mit Euch sprechen und vielleicht ein paar Perspektiven aufzeigen.

Zeitversetzung

Zunächst möchte ich Euch etwas über die Natur der Zeit sagen. Zeit ist eine Frequenzfunktion. So wie auf einer Musiksaite verschiedene Töne im gleichen Raum angesiedelt sind, so ist das Universum ein multidimensionales Konstrukt, dessen verschiedene Dimensionen durch eine bestimmte Frequenz oder Dichte gekennzeichnet sind. Eure Erfahrung der Zeit ist abhängig von Eurer Erfahrung der Dichte. In der Frequenz der dritten Dimension, noch vor der Veränderung, erlebt Ihr die Zeit als linear, mit einer klaren Vergangenheit und einer klaren Zukunft, die sich in der „Jetztzeit", der sogenannten „Gegenwart" überschneiden. Die Gegenwart ist der Bruchteil eines Augenblicks in der Realität der dritten Dimension. In den höheren Frequenzen der Dichte ist Euer Sinn für die Jetztzeit viel weiter reichend; die Grenze zwischen Vergangenheit und Zukunft bricht zusammen und erlaubt Euch damit eine viel stärkere Erfahrung der Gegenwart und damit des „gegenwärtig Seins".

Schamanen, Mystiker, Propheten und Meditierende aller Zeitalter haben gelernt, diese Grenzen zum Einsturz zu bringen und in andere Dimensionen zu reisen, um danach wieder in die sogenannte „reale" Welt zurückzukehren. Einige davon, wie z.B. die australischen Aborigines, waren so fließend in ihren Übergängen, daß sie wußten, wie man zwischen den Welten, in der „Traumzeit", die ihre Primärrealität darstellte, leben kann. Auf ihrer Reise zwischen den Welten, konnten alle diese frühen Reisenden intuitiv mit Hilfe der Akasha-Chronik Zugang zu Ereignissen in der Zukunft wie auch der Vergangenheit finden. Wenn man jedoch die Geschichte der Erde betrachtet, gab es nur sehr wenige, denen es gelang, sich ausreichend aus einer Zeitlinie der dritten Dimension zu lösen, um imstande zu sein, an vergangenen oder zukünftigen Ereignissen teilzuhaben, geschweige denn, sie zu verändern. Dafür gibt es gute Gründe, die mit der Komplexität eines solchen Unterfangens, aber auch mit dem kollektiven Bewußtsein in einem Universum des freien Willens zu tun haben. Schon die Anwesenheit innerhalb eines speziellen Zeitrahmens sorgt für Veränderungen im gesamten zugehörigen Zeitlauf. Wenn wir in die Vergangenheit gehen, die ja Eure Gegenwart ist, schaffen wir damit parallele Zeitlinien, die sich mit den Euren überschneiden und damit neue Möglichkeiten und Chancen schaffen, aus denen Euer kollektives Bewußtsein seine Auswahl treffen kann.

Die Art und Weise der Veränderung, welche auf Euch zukommt, bewirkt, daß zur Zeit viele Zeitreisende Euer Gebiet betreten; meist geschieht dies durch die Verschmelzung mit einer vergangenen Identität, bei manchen sogar durch eine tatsächliche Inkarnation in einen, dieser Zeit angepassten Körper. Hätten wir nicht immer wieder an Wendezeiten Eures Planeten eingegriffen, dann gäbe es diesen Planeten schon längst nicht mehr. Unser Eingreifen ist auch der Grund, warum manche „Weltuntergangs-Prophezeiungen" von Edgar Cayce, Nostradamus und verschiedenen alten Schriften nicht eingetreten sind.

Stören wir damit nicht Euren kollektiven freien Willen und die karmischen Entscheidungen? Gehe ich dabei nicht das Risiko ein, Euren Zeitenlauf zu verändern und damit den freien Willen zu negieren? Bitte versteht, daß viele von uns Zeitreisenden zukünftige Aspekte von Euch selbst sind, und das wir mit unserem Kommen auf einen Ruf antworten, den Ihr ausgesandt habt. Ihr könnt uns als Aspekte Eures

Höheren Selbst bezeichnen, was die Sache ziemlich genau trifft, da wir ja, aus Eurer Perspektive betrachtet, in einer Dimension höherer Frequenzen leben. Es stimmt auch, daß das kollektive Bewußtsein der Erde in dieser Zeit um Hilfe „von oben" gebeten hat, und wir sind auch Teil der Antwort auf diese Bitte. Daß wir imstande sind, jetzt in Eure Welt zu reisen, hat noch einen weiteren Grund: Durch verschiedene, von der Regierung durchgeführte Experimente, wie z.B. das Philadelphia Experiment, öffnen sich bestimmte Zeittore. Die eigentlichen Gründe für diese Experimente waren ursprünglich recht zweifelhaft, es ist jedoch nicht zu leugnen, daß durch die Öffnung dieser Tore die Schleier zur vierten Dimension sehr dünn geworden sind. Das gestattet nicht nur, daß Wesen anderer Planeten und Dimensionen Euch besuchen können, es macht es insgesamt für Euren Planeten leichter, den Schritt in die vierte Dimension zu tun.

Das Experiment

Wie ich schon zuvor erwähnte, gab es mehrere Gründe, warum Zeitreisen in diesem Sinne vorher nicht möglich waren. Und Eure berühmtesten Mystiker und Wissenschaftler hatten diesbezüglich auch nur recht wenig Erfolg. Der Grund dafür ist der Platz, an welchem Ihr angesiedelt seid und daß er in der dritten Dimension liegt. Um unabhängige Zeitreisen durchführen zu können, muß der Platz zumindest innerhalb der fünften Dimension sein. Man muß dazu eine Simultanperspektive besitzen, die weit genug reicht, damit Euer Moment des Jetzt Äonen linearer Zeit innerhalb einer unendlichen Vielfalt paralleler Dimensionen zu enthalten imstande ist. Im Verlauf Eurer Geschichte haben das einige wenige Aufgestiegene Meister zustande gebracht. Und doch, meine Freunde, ist dies genau das Ziel, welches Ihr als Spezies anstrebt. Am Eintrittspunkt zum 21. Jahrhundert zu leben ist sehr aufregend. Ihr seid an der Schwelle eines beeindruckenden kollektiven Ereignisses. Ihr seid Zeugen einer

„Geburt", einer „Verschiebung der Zeitalter", die nicht nur von den Schamanen und Propheten der Erde, sondern auch im Bereich der unendlichen Galaxien schon lange vorhergesagt und erwartet wurde. Aus Gründen, die Ihr erst später verstehen werdet, wird das, was jetzt auf Erden geschieht, einen Domino-Effekt in der gesamten Schöpfung auslösen. In allen Gottes-Universen beginnt ein neuer Zyklus der Evolution, und dieser kleine Planet mit Namen Erde nimmt eine Schlüsselstellung darin ein. Deshalb habt Ihr zur Zeit so viele Zuschauer und Beobachter, die Euch im Auge behalten. Das hat auch damit zu tun, daß einige der am weitest entwickelten Wesen, die es in der Schöpfung gibt, zur Zeit auf Erden inkarniert sind. Mit ihnen sind Ur- und Lebensformen in einer Vielfalt vorhanden, wie dies niemals zuvor der Fall gewesen ist – und alle sind sie hier in der physischen Dichte, um am großen Experiment der Vereinigung teilzuhaben. Jene von Euch, die bereits Erfahrungen mit dem Einheitsbewußtsein haben, wissen, daß es gar nicht so schwierig ist, die Einheit auf einer höheren Ebene wahrzunehmen. Schwierig wird es erst hier, auf der Erde der dritten Dimension, mit ihrer Vielfalt und dem Bewußtsein der Dualität. Hier muß man Mut und Hingabe entwickeln. Würde es Euch wirklich überraschen, zu erfahren, daß Ihr, was das Gottesbewußtsein hier und jetzt angeht, in dieser physischen Dichte am weitesten entwickelt seid? Wenn es der Erde gelingt, innerhalb einer physischen (der dritten oder vierten) Dimension die Einheit in der Vielfalt zu erfahren, dann weitet dies das Herz Gottes aus und fördert seine Aktivität, wenn das gesamte Universum seinen Zyklus der Einatmung, zurück in den Geist Gottes, beginnt.

Die Konvergenz

Es ist wirklich so: Bei der Geburt, die Euer Planet jetzt durchläuft, sind viele Zyklen ineinandergeschachtelt. Ihr befindet Euch nicht nur am Beginn eines neuen Jahrtausends, Ihr seid gleichzeitig auch am Ende des 2160 Jahre dauernden Zeitalters der Fische. Das Wassermann-Zeitalter, in welches Ihr jetzt eintretet, ist nicht nur der Beginn eines neuen Zeitalters, sondern gleichzeitig der Beginn eines 26.000 Jahre dauernden Zyklus, den man als das Vorrücken der Tag- und Nachtgleichen bezeichnet. Während eines Vorrückungsjahres – und die Zeit des beginnenden Wassermann-Zeitalters gehört hier dazu, kommt Ihr zweimal in den Einfluß eines Hochfrequenz-Strahles von vereinigtem Licht, das aus dem galaktischen Zentrum stammt. Dieser zweimalige Einfluß bewirkt, daß ihr besser im Einklang mit dem Geiste Gottes sein könnt. Eure galaktische Sonne beendet ihrerseits ihren Spiralweg durch die Galaxien und nähert sich der „Einatmung Gottes", wie es in den Hindu-Schriften heißt. Im gegenwärtigen Schöpfungszyklus war alles bis jetzt ein Ausdruck der „Ausatmung Gottes". Jetzt kehrt es sich um und alle Dinge in allen Dimensionen und allen Universen kehren zurück in eine höhere Oktave der Einheit. Es ist wie beim Kilometerstandszähler in Euren Autos: bevor er auf Null zurückgeht muß er auf die Zahl 9999 eingestellt worden sein.

Diesen Nullpunkt könnte man als eine Konvergenz, ein Zusammenlaufen bezeichnen, das auf der Erde stattfindet und das alle großen Zyklen innerhalb aller Dimensionen der Schöpfung für die Rückkehr in die Einheit zusammenführt. Die Schwelle zum Wassermann-Zeitalter steht in Zusammenhang mit der Schwelle zum Vorrückungsjahr, welches wiederum mit dem Beginn des galaktischen Zyklus und damit letztlich mit dem Beginn der Einatmung Gottes zusammenhängt. Was bedeutet dies? Die einmalige Art dieses besonderen Nullpunktes bewirkt, daß die Erde an der Schwelle zu einer kosmischen Geburt steht und daß damit die Schleier zwischen den Dimensionen einen Augenblick lang innerhalb bzw. außerhalb der Zeit verschwinden, lange genug, damit das Schöpferbewußtsein in die Herzen und die Gedanken aller auf Erden verkörperten Wesen eindringen kann. Genauer betrachtet, gilt dies für alle bewohnten Universen. In diesem Augenblick der Zeitlosigkeit ist es, als würde die gesamte Schöpfung mit dem Schöpfer gemeinsam den Atem anhalten. Danach ist sie auf ewige Zeiten vom Geist Gottes erfüllt. Die Schwingungsfrequenz jeglicher Lebensform ist von ihrem Verbundensein mit dem Geist abhängig. Im Augenblick des Einströmens wird die Frequenz aller Lebewesen des Planeten in einem ungeheuren Ruck des Erwachens erhöht. Und da Zeit und Raum ebenfalls mit der Schwingung zu tun haben, werdet Ihr als Kollektiv ruckartig in die vierte Dimension geschleudert. Der kollektive Übergang in die fünfte Dimension braucht dann seine Zeit, doch einige von Euch werden direkt in die fünfte oder sogar sechste Dimension weitergehen und damit die vollständige Aufstiegsmeisterschaft erfahren. Auf diese Weise habe ich, Windrider, mich nach der Verschiebung in der sechsten Dimension wiedergefunden; ich entschied mich dafür, meinen Körper der vierten Dimension im geeinten Licht aufzulösen und entdeckte, daß ich mit meiner Fähigkeit, durch Zeiten und Dimensionen zu reisen, experimentieren konnte.

Die beiden Richtungen

Nach diesen Erklärungen möchte ich nun zu Euch von den beiden Richtungen der Wahrscheinlichkeit sprechen, die sich zur Zeit vor Euch zeigen. Der große Ruck, die Verschiebung, von welcher ich gesprochen habe, ist unvermeidlich. Sie ist in allen wahrscheinlichen Zeitlinien Eurer Zukunft als sicher ausgewiesen. Es ist noch nicht entschieden, was genau im Augenblick dieser kosmischen Geburt geschehen soll, hängt aber vollständig vom kollektiven Bewußtsein ab, das gerade entsteht. Daß ich und auch andere Meister aus Eurer Zukunft bei Euch sein können, zeigt deutlich an, daß ein Teil der Menschheit bereits erfolgreich diese Verschiebung durchlaufen hat. Wie groß dieser Teil ist, sagt dies allerdings nicht aus. Das verändert sich dauernd und wir wünschen von Herzen, daß es so vielen Menschen wie möglich gelingt. Es gibt im Augenblick zwei wahrscheinliche Szenarien: im einen werden alle Wesen dieses Planeten beim Erreichen des Nullpunktes in die vierte Dimension versetzt. Im zweiten kommt es zu einer Trennung der Welten, d.h., jene, die bereit sind, in die vierte und fünfte Dimension einzutreten, werden dies tun. Jene, die noch nicht dazu bereit sind, bleiben auf einer dreidimensionalen Parallelwelt zurück, wo sie ihr Karma ausleben, was sehr wahrscheinlich in Katastrophen und Zerstörung enden wird.

Die dritte Alternative und gleichzeitig das schrecklichste Szenario ist, daß Euer Planet und alle seine Zeitlinien in einer furchtbaren Katastrophe zerstört werden und nicht mehr existieren. Vor ca. zehn bis zwanzig Jahren Eurer Zeitrechnung schien dies sehr wahrscheinlich – ich möchte Euch jedoch, auch im Namen aller Aufgestiegener Meister, dazu gratulieren, wie sehr sich Euer Bewußtsein bereits verändert hat, um dieses Ende zu verhindern. Zur Zeit erstrahlt ein großes Licht auf der gesamten Erde. Deshalb kommen wir immer mehr zur Überzeugung, daß eine weitere Veränderung möglich ist, so daß nicht einmal das zweite Szenario der vielen parallelen Zeitlinien zum Tragen kommen muß, sondern daß das beste Szenario, nämlich das vollständige Versetzen des Planeten Erde, in Erwägung gezogen werden kann. Um der Menschheit die Möglichkeit zu geben, diesen „Sprung" gemeinsam zu machen, wurde auch das Erreichen des Nullpunktes entsprechend verschoben.

Viele Eurer alten Prophezeiungen sprechen von der zweiten Wahrscheinlichkeit, die zu diesem Zeitpunkt als ein durchaus wünschenswertes Ziel erschien. Jesus sprach von der „Entrückung" – dies ist die Geschichte der beiden Männer, die auf den Feldern arbeiteten, und von denen einer plötzlich „entrückt", also weggenommen wurde, der andere jedoch nicht. Christliche, islamische und hebräische Schriften sind voll von Bildern, die den „Jüngsten Tag", den Tag des Gerichtes, beschreiben, an dem die „Guten" belohnt und die „Bösen" bestraft werden.

Es gibt noch andere Metaphern, die dieses Szenario beschreiben. Die Geschichte vom „hundertsten Affen", welche sehr passend die biologische und die spirituelle Evolution darstellt, wäre dafür ein Beispiel. Es stimmt schon: Wenn eine genügend große Anzahl von Wesen ein neues Paradigma als Vision entwickelt und dann umsetzt, kommt das „Gesetz der Gnade" ins Spiel, welches dann die restlichen Affen, oder in diesem Falle die Menschheit, mitzieht.

Die Herausforderung

Was muß geschehen, damit sich das Massenbewußtsein von der zweiten zur ersten Wahrscheinlichkeitsrichtung verschiebt? Das zweite Szenario beruht auf dem „Karma", das erste auf der „Gnade". Ihr müsst begreifen, daß das „Gesetz der Gnade" eine höhere Oktave des „Gesetzes des Karma" ist; in gleicher Weise müßt Ihr Eure persönlichen wie auch die kollektiven Schatten verstehen und annehmen lernen. Als Jesus, der Meister, davon sprach, daß man seinen Feinden vergeben müsse, dann meinte er damit nicht, daß IHR IHNEN verzeihen sollt, sondern daß Ihr erkennen müsst, daß sowohl Schatten wie auch Licht in beiden enthalten ist. Das Vergeben bietet Euch die Möglichkeit, mit Hilfe der göttlichen Alchemie Schatten und Licht in die Erfahrung der Einheit umzuwandeln. „Liebe deinen Nächsten wie dich selbst", sprach er, und es stimmt, denn Ihr seid beide gleich.

Für die erwachte Menschheit sieht die Prüfung so aus: Könnt Ihr wirklich Euren Brüdern und Schwestern, die in Unwissenheit und Dunkel leben, die Hand der Liebe und der Vergebung im weitesten Sinne reichen? Einer Vergebung, die aus dem Mitgefühl entsteht, einer Vergebung, die auch Euren Nachbarn, Euch selbst, die dunklen Herrscher, die Mächtigen dieser Welt, die satanischen Kräfte, die Kriegshetzer, die geheimen Mächte, die Illuminaten, die Reptilianer, die Grauen, die Annunaki oder was immer für Euch der „Feind" sein mag, mit einschließt. Wenn Euch dies gelingt, dann kommt das Gesetz der Gnade zum Tragen und setzt den Konflikten der Polarität ein Ende, was das Tor zu einem vollständigen planetaren Erwachen öffnet. Es bietet zusätzlich die Gelegenheit, einen lang dauernden intergalaktischen Konflikt zu lösen und einem guten Ende zuzuführen, was wiederum sehr viel Leiden beendet. Es bietet auch die Gewißheit, daß in der „Einatmung" Gottes niemand vergessen wird. Dieses Szenario ist das allerbeste, und ich bin in Eure Zeit zurückgereist, um wieder einen Grundstein dafür zu legen. Alles beginnt mit dem Glauben, danach kommen Wunsch und Absicht. Begreift, daß eine leichte, schmerzfreie und in Einheit vollzogene Geburt in die vierte Dimension und darüber hinaus möglich ist. Begreift auch, daß Ihr an dieser Alchemie als Mensch Gottes mitwirken könnt. Daß Ihr es könnt, habt Ihr bereits damit bewiesen, daß Ihr die dritte Möglichkeit, den Weltuntergang, abgewendet habt. Ich gehe nun wieder und segne Euch mit Liebe und Gnade. Ihr bekommt bei der Bewältigung dieser großen Chance, die vor Euch liegt, viel Unterstützung. Ruft die Aufgestiegenen Meister, die Bruderschaft des Lichtes, die Hierarchie der Engel und der Elohim sowie die Wale und Delphine an. Ruft alle Avatare und Heiligen, die Sternennationen, den intergalaktischen Rat des Lichtes, Euer Höheres Selbst und den Christus an und bittet den Großen Geist, den viele Gott nennen, um Hilfe. Ihr seid nicht allein, und wir sind nicht von Euch getrennt!

Meinem zukünftigen Selbst zu begegnen war eine starke Erfahrung für mich. Als ich begann, dieses Buch zu schreiben, wurde mir klar, daß jetzt die Zeit gekommen war, den Namen Windrider als meinen eigenen anzunehmen. Um in diese Stufen der Meisterschaft bewußt hineinwachsen zu können, ist Windrider nun Teil meines Namens. Im Kapitel 26 dieses Buches ist eine Meditation angegeben, die Euch hilft, Zugang zu Euerem zukünftigen Selbst zu finden und Eure Zeitlinie bis zum Punkt der Trennung vom Ursprung zurück zu verfolgen und zu heilen.

Reiten auf dem Wind

Ich atme im Wind, ich atme die Freude –
laßt OM erwachen und erklingen in mir!
Laßt es den leeren Raum erfüllen, und Orte,
deren Namen keiner kennt;
laßt meine Augen die Vision erblicken.
Der Regen tropft durch Kokospalmen,
der Glitzertau erzählt von Hoffnung.
Mein Herz singt ein Lied, ich gehöre dem Wind,
und ich fühle, ich komme nach Hause.
Ich suche das Flüstern, es erfüllt die Gedanken während ich schlafe,
während der Fluß rauscht und mich ruft;
das Dunkel bringt Licht, es erleuchtet die Nacht,
meine Augen seh´n die Vision, die ich suche.
Dort gibt´s keine Zeit, bis die Nacht zum Tag wird
und die Gegenwart mir winkt;
laßt Vergangenes vergehen, und das, was noch nicht ist,
Zeitlosigkeit beherrscht den Augenblick.
Indras Schleier fällt über die Erde, ich kann es fühlen,
wie ein Netz, das den Kosmos einfängt und vereint.
Der Funke, der in meiner Seele brennt, spiegelt sich im Ganzen,
Ich bin eins, ich bin nichts, ich bin alles.
So lebe ich von Tag zu Tag, jeder Augenblick ein Gebet,
in welchem Liebe den Gefährten sucht in Gott,
bis sich in Gott die Dinge wiederfinden.
Dann schließt der Kreis sich: Gott liebt sich in Gott.

12. Zeitspiralen

„Ihr mögt sagen, ich bin ein Träumer, doch davon gibt es noch mehr ..."
John Lennon

Windrider spricht von zwei Möglichkeiten, die sich uns bieten. Wir können uns vereinen und damit unsere höchsten Träume und Absichten manifestieren, oder wir können uns der äußeren Spiegelung unserer kollektiven inneren Zerrissenheit stellen. Er spricht von Zyklen innerhalb von Zyklen, die jetzt aneinander angepaßt werden. Kreisläufe waren für mich immer faszinierend. Ich finde es immer wieder tröstend, wie unser Verständnis mit ihnen umgeht und scheinbar zufällige Ereignisse erklärt, indem es in ihnen einen größeren Zusammenhang wahrnimmt. Es ist so, als hätten wir im Zustand des Schöpferbewußtseins einen Schöpfungszyklus entworfen, unsere eigene langsame Rückkehr mit eingeschlossen, und ihn dann in astrologische und kosmische Kreisläufe einprogrammiert. Danach glitten wir die Dimensionen abwärts bis in unseren menschlichen Körper, wohl wissend, daß das Programm imstande ist, alle Stufen allein zu durchlaufen, und daß wir ganz sicher eines Tages wieder ins Schöpferbewußtsein zurückkehren. Eine wunderbare Metapher dafür ist das „Holo-Deck" der Fernsehserie „Star Trek". Die Besatzung des Raumschiffes kann dort den „Computer" nach Belieben programmieren, dann das holographische Freizeitdeck betreten und das Programm ablaufen lassen. Dabei ist den Spielern natürlich klar, daß das, was sie dort erleben, ihre eigene Schöpfung ist und sie, wenn das Programm fertig ist, wieder in ihre eigene Realität auf dem Raumkreuzer „USS Enterprise" zurückkehren. Sie wissen auch, daß sie jederzeit vom „Holo-Deck" aus das Programm verändern oder beenden können, ganz wie sie wünschen. Ich kann mich an eine Folge erinnern, wo etwas mit dem Computer nicht richtig funktioniert und Captain Picard mit seinem Freiwache-Team auf dem Holodeck gefangen ist und die Chancen für ihr Überleben sehr schlecht stehen. Dies ist wieder eine passende Metapher für das, was wir als kollektive Menschheit zur Zeit miterleben. Etwas Unvorhergesehenes ist mit unserem Programm passiert. Es war eigentlich nicht geplant, daß wir in das getrennte Bewußtsein der dritten Dimension geraten, und doch sind wir dort gelandet. Wie finden wir unseren Weg zurück?

Die Zyklen und Kalender, welche in den Erinnerungsspeichern von Gaia aufbewahrt sind, und die antiken Zivilisationen der Erde haben den Schlüssel dazu. Wir müssen auch begreifen, daß wir, die sozusagen „im Außendienst" sind, auch ein Gegenstück „im Innendienst" also jenseits des Portals zu den Dimensionen haben, das die Kabelanschlüsse und Vernetzungen, die für unsere Heimkehr notwendig sind, in Ordnung bringt. Auf diese Weise haben wir es gleichzeitig mit Zyklen der Zeit und der Geschichte der dritten und der vierten Dimension zu tun. Was ich in diesem wie auch in den nächsten Kapiteln zu erreichen versuche, ist, die verschiedenen Arten, wie diese Zeitzyklen verstanden werden, auf einen Nenner zu bringen; außerdem versuche ich Hinweise zu finden, wie wir in die Zeitlinie der vierten Dimension zurückgelangen, um danach das größere Heimkommen in die fünfte Dimension und letztlich in das Schöpferbewußtsein bewerkstelligen zu können. Einige der Texte sind Fachwissen, es ist jedoch meine Absicht, eine solide Grundlage für einen Silberstreif der Hoffnung in diesen turbulenten Zeiten zu schaffen – eine kosmische „Realitätskontrolle" von Zeit zu Zeit ist gar nicht schlecht! Die Frage, welche ich mir immer wieder stelle ist die: sind wir tatsächlich „Geburtshelfer" für ein Goldenes Zeitalter oder steuern wir auf unseren Untergang zu? Es ist überhaupt nicht übertrieben zu behaupten, daß wir uns in einer extremen globalen Krise befinden. Wenn wir aus dieser Situation herauskommen wollen, genügt uns dazu ein Rettungsring aus der dritten oder vierten Dimension nicht mehr. Wo gibt es noch Hoffnung für unseren Planeten? Wenn wir jetzt miteinander diesen Weg erforschen, bitte ich Euch, sowohl Euren kritischen Geist als auch Eure Offenheit einzusetzen.

Es gibt auf der Welt verstreut viele Kalendersysteme, die aus antiken Zivilisationen stammen, und sie alle deuten auf ein Ende, einen Schlußpunkt um diese Zeit hin. Die Hopis sagen, daß wir jetzt das Ende der vierten Welt miterleben und der Beginn der fünften Welt kurz bevorsteht. Viele Leute machen sich auch mit dem Maya-Kalender vertraut. Die Maya hatten ein duales Verständnis der Zeit, was sich in ihren Systemen der Zeitmessung widerspiegelt. Sie verwendeten einen heiligen Kalender, den sie Tzolkin nannten, und der aus einem aus 260 Tagen bestehenden Zyklus bestand, welchen man als „periodische Tabelle galaktischer Frequenzen" bezeichnen könnte. Sie hatten auch einen weltlichen Kalender, der auf einem 360-Tage-Zyklus basierte, und der „die lange Zählung" hieß.

Dieser bestand aus 13 Zyklen von jeweils 144.000 Tagen, was einer Summe von ca. 5125 Sonnenjahren, dem sogenannten Großen Zyklus, entspricht. Unser derzeitiger Großer Zyklus begann am 11. August 3113 vor Christus und endet am 21. Dezember 2012. Es muß bemerkt werden, daß keiner dieser Kalender in Sonnenjahren rechnet. Dies tut erst der dritte Kalender mit Namen Haab, der dem 360-Tage-Zyklus fünf Tage hinzufügte um das Sonnenjahr zu schaffen. Wenn man den Haab mit dem Tzolkin verbindet, kann ein vertieftes galaktisches Bewußtsein in die Normalzeit der dritten Dimension gebracht werden. Diese Verbindung ist die Basis für das 13:20 Zeitsystem, mit welchem Jose Arguelles arbeitet, und mit dessen Hilfe man unser Bewußtsein aus der linearen in eine zyklische Zeit verschieben kann. Die Maya hatten auch viele prophetische Kalender, wie den der „Dreizehn Himmel" oder der „Neun Höllen". Der letzte Zyklus der Neun Höllen begann, auf den Tag genau, mit der Eroberung des Landes durch Cortez und endete mit der Harmonischen Konvergenz im August 1987. Der Zyklus der Dreizehn Himmel, in welchem wir uns jetzt befinden, entstand laut Gerardo Barrios Kaanek, dem Maya-Zeitbewahrer, im Jahre 2001, nach einer Periode „der Schwangerschaft".

Es ist interessant, daß die Kalender der Azteken und der Cherokee nahezu identisch sind mit der langen Zählung der Maya. Warum sind diese Kalender für den jetzigen Zeitpunkt so wichtig? Was unterscheidet das Jahr 2012 vom Ende der normalen Zeitmessung? In seinem Buch *Mayan Cosmogenesis 2012* stellt John Major Jenkins Überlegungen darüber an, daß der derzeitige Kalender der langen Zählung exakt im Hinblick auf dieses Enddatum erstellt wurde. Damit Ihr verstehen könnt, was damit gemeint ist, möchte ich vorab ein paar Begriffe erklären. Das Vorrücken der Tag- und Nachtgleichen ist ein 25.920 Jahre dauernder Zyklus, der die Tierkreis-Zeitalter in Relation zur Erde stellt. Die himmlische Ekliptik beschreibt den Weg, welchen die Sonne und die verschiedenen Planeten unseres Sonnensystems einschlagen. Die Bezeichnung galaktischer Äquator bezieht sich auf die zentrale Ebene unseres Milchstraßensystems, welches man in sternklaren Nächten als glitzerndes Sternenband, die Milchstraße, erkennen kann. Galaktisches Zentrum nennt man den genauen Mittelpunkt unserer Galaxis; es handelt sich dabei um ein riesiges Schwarzes Loch, welches 27 Grad im Schützen, gerechnet zur Erde, liegt. Die Zentralsonne ist das Zentrum höherer Dimensionen, von ungeheurer Strahlkraft und „hinter" dem Schwarzen Loch gelegen. Jenkins behauptet, daß die Maya sich beim Erstellen ihres Kalenders nicht so sehr auf den Beginn als auf das Ende konzentriert hätten. Das darum, weil zu diesem Zeitpunkt ein einmaliges Ereignis stattfindet – ein Ereignis, das man nur alle 25.920 Jahre beobachten kann. Am Ende der langen Zählung, zur Wintersonnenwende des Jahres 2012, steht die Sonne zur Mittagszeit in genauer Konjunktion mit dem Kreuzungspunkt zwischen der himmlischen Ekliptik und dem galaktischen Äquator und auch in Konjunktion mit dem galaktischen Zentrum!

Arguelles, der Autor des Buches *The Mayan Factor*, berichtet weiter, daß uns diese Konjunktion in Übereinstimmung mit den evolutionären Energien bringt, welche dem galaktischen Zentrum entspringen, und daß wir dadurch in ein planetares Bewußtsein der vierten und fünften Dimension geschleudert werden. Er sagt auch, daß das letzte Mal, als dies geschah, vor 5.125 Jahren, von der Galaktischen Föderation des Lichtes menschliche Form und menschliches Bewußtsein aktiv auf die Erde gebracht wurden. Diese Föderation des Lichtes wird wahrscheinlich auch diesmal eingreifen und uns dabei helfen, die Trennung der dritten Dimension zu überwinden und den galaktischen Gleichklang zu erreichen. Obwohl die Maya selbst keinen Bezug auf den Vorrückungszyklus nehmen, betont Jenkins, daß ca. fünf Große Zyklen von 5125 Jahren jeweils einen Vorrückungszyklus enthalten. Wenn wir diesen Zyklus und das Entwicklungspotential studieren, welches durch unsere regelmäßige Konjunktion mit dem galaktischen Zentrum entsteht, dann treffen wir auf Strahlungen und Emanationen aus der Zentralsonne im galaktischen Zentrum, die dazu da sind, unsere kollektiven Frequenzen immer stärker in Einklang zu bringen.

Aus der Perspektive der dritten Dimension ist das Zentrum unserer Milchstraßen-Galaxis ein Schwarzes Loch, so wie dies bei den meisten Galaxien der Fall ist. Aus der Perspektive der fünften Dimension existiert jedoch gemäß den esoterischen Lehren „hinter" diesem Schwarzen Loch eine Zentralsonne von strahlendem Glanz. Materie wird in das Schwarze Loch eingesogen und pro-evolutionäre Energie ausgestrahlt. Auf unserem Weg durch die Ekliptik kommen wir alle 25.920 Jahre einmal in Konjunktion mit der Zentralsonne, diesem Ort himmlischen Glanzes. Obwohl wir während des Vorrückungsjahres nur ein einziges Mal mit dem Galaktischen Zentrum in Konjunktion kommen, überqueren wir den galaktischen Äquator (sichtbar als unsere „Milchstraße") zweimal während dieses Zyklus, d.h. alle 13.000 Jahre ein Mal. Für mich ist dieses Überschreiten ein Nullpunkt. Jedes Mal, wenn wir den galaktischen Äquator überschreiten, durchdringt der Einfluß Zentralsonne unser Sonnensystem, und alle Aspekte unseres Lebens und unserer Evolution werden angeregt. Verborgene Aspekte unseres Seins werden an die Oberfläche gebracht, damit sie erweckt und verändert werden können. Aufgrund der neuen Energien verändert sich auch die DNA und es geschehen große Fortschritte in den Bereichen Spiritualität und Kultur – wir betreten ein Goldenes Zeitalter. In jedem Vorrückungsjahr gibt es zwei solcher Goldenen Zeitalter. Im Hinblick auf die astrologischen Weltzeitalter sind es die Zeitalter des Löwen und des Wassermanns. Jeder Eintritt in solch ein Goldenes Zeitalter bringt Veränderungen auf der Erde mit sich, da Gaia sich an die neuen Frequenzen anpaßt.

Es gibt noch ein weiteres Kalendersystem, welches ich hier gerne anführen möchte, und zwar den hinduistischen Zyklus der Yugas. Es geht dabei um ein Zeitalter des Lichtes, genannt Satya Yuga, das langsam durch die Treta und Dwapara Yugay abwärts gleitet, bis es schließlich in ein Zeitalter der Dunkelheit, das Kali Yuga, erreicht. Das traditionelle hinduistische Modell der Yugas bewegt sich in Milliarden von Jahren. Doch Sri Yukteswar entwickelt in dem Buch *Die Heilige Wissenschaft* ein anderes Modell, das auf einem 24.000-Jahr-Zyklus beruht. Wie die Maya ist auch er der Meinung, daß dieser Zyklus damit zu tun hat, daß unser Sonnensystem noch eine andere Sonne umkreist. Er spricht ebenfalls davon, daß unsere Sonne einen weiten Weg um ein „großes Zentrum" zurücklegt, ähnlich dem, was die Maya als „Hunab Ku" bezeichnen. Er sagt: Die Sonne mit all ihren Planeten und Monden, wählt sich einen Stern als ihr Dual und umkreist ihn in ungefähr 24.000 Erdjahren – ein himmlisches Phänomen, welches bewirkt, daß die Tag- und Nachtpunkte im Tierkreis sich rückwärts bewegen. Die Sonne führt noch eine andere Bewegung aus: sie bewegt sich um ein gewaltiges Zentrum mit Namen „Vishnunabhi", das der Thron der Schöpferkraft Brahma ist. Heute wissen wir, daß nicht unser Sonnensystem um irgend einen „Stern" kreist, sondern daß die Vorrückung der Tag- und Nachtgleichen diesen scheinbaren Umkreisungszyklus schafft. Da Sri Yukteswar selbst den 24.0000-Jahr-Zyklus mit dem Vorrückungszyklus gleichsetzt, ist es meiner Meinung zulässig, sein Modell der Yugas auf einen 26.000- bzw. 25.920-Jahr-Zyklus, um genau zu sein, zu modifizieren. In der folgenden Abbildung zeige ich die Beziehung zwischen dem modifizierten Yuga-Modell, den astrologischen Zeitaltern und dem galaktischen Äquator auf.

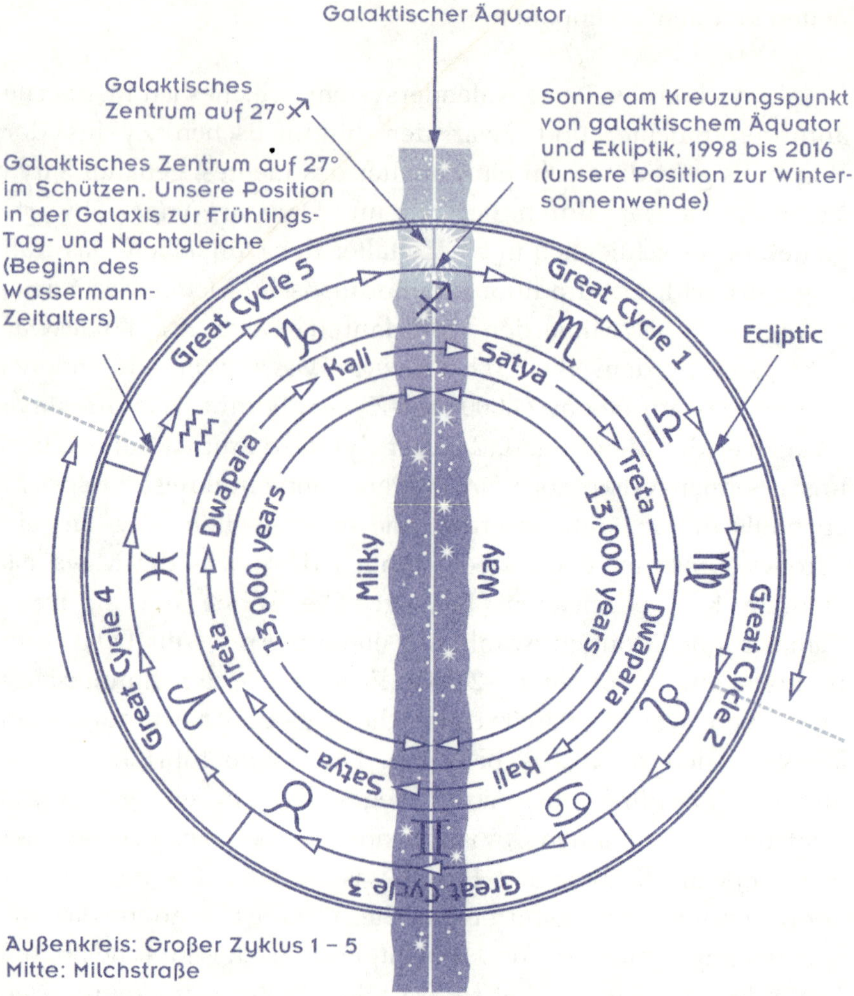

Der galaktische Äquator, der Präzessionszyklus, die Hindu-Yugas, die Tierkreiszeichen und die großen Zyklen der Mayas

Jedes Mal, wenn wir den galaktischen Äquator überqueren, betreten wir ein Satya Yuga. Je weiter wir uns von diesem Lichtbereich entfernen, desto tiefer versinken wir im Kali Yuga. Wenn es stimmt, daß das Kommen des Satya Yuga mit diesen Kreuzungspunkten im Vorrückungszyklus zu tun hat, dann ist der Übergang sehr plötzlich und das wiederum hat meiner Meinung nach mit der Art des Quantensprungs zu tun, der uns im Augenblick des Eintretens zur Verfügung steht. Die Hälfte eines Vorrückungszyklus beträgt 13.000 Jahre. Alle 13.000 Jahre geschieht etwas ganz Besonderes, das mit einer großen Veränderung innerhalb des menschlichen Bewußtseins, aber auch mit Veränderungen im Bereich der Erde im Zusammenhang steht. Es hat auch mit der Bewegung aus dem Kali Yuga zurück ins Satya Yuga, in das Zeitalter des Lichtes, zu tun.

Paul LaViolette, Autor des Buches *Earth Under Fire* spricht von einem pulsierenden Licht, das alle 13.000 Jahre aus dem Galaktischen Zentrum ausgestrahlt wird und unsere Galaxis durchdringt. Er nennt dies eine „galaktische Flutwelle“. Gehört dieses Pulsieren zum „Nullpunkt“, den jede galaktische Überquerung in sich hat, ist es Anteil des Beginns eines neuen Satya Yuga, wie Sri Yukteswar dies meint? Barry Martin betrachtet den Nullpunkt als einen Reset-Schalter. Er ist in die Schöpfung eingebaut und sorgt dafür, daß alle disharmonischen Frequenzen wieder in Übereinstimmung gebracht werden, daß sozusagen alles bereinigt wird und ein Neuanfang möglich ist. Die drei Tage der Dunkelheit, welche in den alten Schriften und Prophezeiungen angeführt sind, könnten ein Hinweis auf den Energieabfall im Magnetfeld sein. Wenn die Erde auf die Zentralsonne unserer Galaxis ausgerichtet ist während sie gleichzeitig den galaktischen Äquator überschreitet, dann wird auf sie eine ungeheuer starke, transformierende Strahlung, die aus dem feurigen Herzen der Zentralsonne stammt, abgesendet, welche (nach Ansicht der Maya) auf unsere Sonne trifft, die zur Zeit die stärksten Protuberanzen zeigt, die jemals registriert worden sind. Dies könnte eine elektromagnetische Verschiebung innerhalb unseres gesamten Sonnensystems auslösen und zu einem „Neustart" unserer auf elektromagnetischen Feldern beruhenden Seelenspeicher in Richtung auf eine Gleichschaltung mit dem Ursprung führen. LaViolette meint, daß sich diese galaktische Flutwelle gleichzeitig in der gesamten Galaxis verbreitet und dabei einen Nullpunkt entstehen läßt, in welchem alle Magnet- und Gravitationsfelder zusammenbrechen. Wenn unsere Sonne diesen Zusammenbruch registriert, dann öffnet sie Gaskammern, die um sie herum angesiedelt sind, was wiederum zu gewaltigen Protuberanzen führt, welche innerhalb des gesamten Sonnensystems zu spüren sind. Diese plötzliche Ausdehnung ist gefolgt von einem Zusammenziehen, was auf der Erde Umweltkatastrophen hervorrufen kann.

Man hat mit Hilfe von Computersimulationen, welche die Ausmaße und die elektrische Leitfähigkeit der Erde wiedergeben, festgestellt, daß 13.000 Jahre für den Zerfall des elektromagnetischen Feldes zu berechnen sind. Im Zusammenhang mit der galaktischen Flutwellentheorie macht das durchaus Sinn. In dem Buch *Reality Revealed* sprechen Douglas Vogt und Gary Sultan davon, daß sich ca. alle 13.000 Jahre die Magnetpole der Erde umkehren. Ähnlich wie LaViolette sind auch sie der Meinung, daß diese „Polsprünge" mit einem Nova-Effekt der Sonne im Zusammenhang stehen, der superionisiertes Plasma im gesamten Sonnensystem verteilt. Die Umkehrung der magnetischen Polarität kann auch mit einer Verschiebung von männlicher zu weiblicher Polarität zu tun haben, welche alle 13.000 Jahre im Bewußtseinsfeld des Planeten stattfindet. Nach der stark männlich polarisierten Weltsicht des vergangenen Zyklus kehren wir jetzt zu einer ausgeglicheneren weiblichen

Polarität zurück. Neuere, auf 60 Jahren Auswertung von Eis- und Magmaproben beruhende geologische Studien weisen darauf hin, daß aus noch nicht untersuchten Gründen das magnetische Feld stabiler ist, als vorerst angenommen und sich nur alle paar hunderttausend Jahre umkehrt. Wie dem auch sei – nach Vogt und Sultan war die letzte Umkehrung vor 12.400 Jahren, wenn auch andere die Zeit mit 12.800 oder 13.200 Jahren angeben. Obwohl der exakte Zeitpunkt des Polsprungs eine Streitfrage darstellt, scheint er doch mit dem Zyklus der Yugas, der galaktischen Flutwelle aus dem galaktischen Zentrum und mit dem Überqueren des galaktischen Äquators überein zu stimmen. Jedes Mal, wenn dieses Ereignis in der Vergangenheit stattgefunden hat, kam es zu einer ungeheuren Verschiebung der Energien auf dem Planeten. Martin setzt dies gleich mit einem Schub kosmischer Kundalini, der uns, wenn wir so weit sind, wachrüttelt, wenn wir uns dem Nullpunkt nähern. Ich persönlich glaube, daß die Auswirkung dieser Magnetfeld-Verschiebung und des Polsprungs mit den Frequenzen der jeweiligen Dimension zu tun hat, in welcher sich die Erde gerade befindet. Je langsamer die Schwingungsfrequenz, desto intensiver empfindet die Erde die Katastrophen.

Seit unserem Fall in die dritte Dimension irgendwann in der Zeit der Atlanter, haben diese Polsprünge und Veränderungen im Magnetfeld der Erde leider immer wieder ein Aufbrechen der Erdkruste, das Aufsteigen und Versinken von Landmassen, gewaltige Erdbeben, Vulkanausbrüche und Überschwemmungen mit sich gebracht. Meine Intuition sagt mir, daß der Grund dafür, daß der 13.000-Jahr-Zyklus für den Zerfall des Magnetfeldes in den früheren Zyklen nicht auch zu einem Polsprung geführt hat, darin liegt, daß die Erde sich zu diesen Zeiten in einer Frequenz höherer Dimensionen befunden hat. Wenn wir uns nach wie vor in der Frequenz der dritten Dimension befinden, wenn die nächste galaktische Flutwelle uns erreicht, dann werden wir in kürzester Zeit vernichtet. Ich bin jedoch mit Windrider der Meinung, daß zur Zeit die Möglichkeit besteht, daß wir uns als Reaktion auf diesen galaktischen Herzschlag und den darauf folgenden Zusammenbruch des Magnetfeldes, in die Frequenz der vierten Dimension bringen können, und zwar entweder als gemeinsames planetares Bewußtsein oder in verschiedene Zeitlinien aufgeteilt. Diese Zeitlinien funktionieren jede auf einer anderen Dimensionsfrequenz mit unterschiedlichen Auswirkungen. Darüber spreche ich noch ausführlich in Kapitel 17. Die meisten Naturvölker, die es auf der Erde gibt, bewahren Erinnerungen an eine große Flut. Man nimmt an, daß Atlantis vor ca. 12.000 bis 13.000 Jahren im Verlauf einer Umweltkatastrophe versunken ist, welche wahrscheinlich mit dem letzten Polsprung in Zusammenhang stand. Vogt, Sultan, LaViolette und viele andere sind der Meinung, daß wir kurz vor einem weiteren Polsprung stehen. Interessanterweise hat auch Edgar Cayce vorausgesagt, daß sich die Pole am Anfang dieses neuen Jahrhunderts verschieben werden.

Ich glaube, daß unsere Erfahrung von Leben und Realität sehr mit der Natur der Zeit zusammenhängt. Wenn die Prophezeiungen der Maya, der Hindus und der Hopi vom Ende dieser Zeit sprechen, war damit nicht das Ende der Welt, sondern das Ende eines Zeitsystems gemeint. Dieser 26.000-Jahr-Zyklus ist anders als alles, was bisher vor uns geschehen ist. Wir sind, zum ersten Male in diesem Schöpfungszyklus, auf dem Weg zurück ins Schöpferbewußtsein. Die dimensionalen Realitäten, welche als Ausdruck unseres kosmischen Spieles geschaffen wurden, gehen ebenfalls zurück. Da die Zeit in jeder dieser dimensionalen Realitäten komplett anders erfahren wird, heißt dies, daß sich auch unser Zeitgefühl verändert. In der Offenbarung des Johannes, Kapitel 10, spricht der siebente Engel davon „daß es die Zeit nicht mehr gibt", bzw. „daß man die Zeit nicht mehr messen kann". Wie kann die Zeit einfach verschwinden? Und selbst wenn, wie wäre der Vorgang, was würde es bedeuten? Könnte sich das eventuell auf einen Aufstieg von der Realität der dritten in die der vierten Dimension beziehen? Ist dies der Grund, warum es nach dem Jahre 2012 keinen Mayakalender mehr gibt und auch andere Zeitlinien schweigen?

Barry Martin hat sorgfältig ein Phänomen erforscht, das er als „Zeitspirale" bezeichnet und das ein neues Licht auf die Verschiebung innerhalb der Dimensionen wirft. Mit dem wieder aufgetauchten Wissen über die heiligen Geometrien, wie es Drunvalo Melchizedek und andere vermitteln, wird uns langsam klar, daß alles um uns auf bestimmten Grundprinzipien der Geometrie beruht. Die „Fibonacci-Spirale" ist solch ein geometrisches Gebilde und wird in den Bereichen der Devas dazu eingesetzt, Formen und Proportionen für das Leben im Universum zu schaffen, und zwar vom winzigsten Kristall, über die Menschen bis zu ganzen Planeten. Die Nautilusschnecke zeigt diese Form deutlich. Sie beginnt bei Null, einem Punkt, der irgendwo im Raum sein kann, und bewegt sich in einer Zahlensequenz in Spiralform bis in die Ewigkeit.

Was wäre, wenn diese Zahlenfolge nicht nur in bezug auf den Raum sondern auch auf die Zeit Gültigkeit hätte? Barry stellte eine Reihe von Berechnungen an, die auf den Kalendern der Ägypter und Maya beruhen. Er zeigt darin auf, daß sich im Verlauf unserer Reise durch die Jahrtausende der Evolution, unsere Wahrnehmung des Bewußtseins beschleunigt hat. Man kann das als Zeitspirale darstellen. Nach und nach dreht sie sich abwärts durch die dritte Dimension, bis sie sich dem Nullpunkt, dem Ende der uns bekannten Zeit, nähert. Barry Martins Forschungen ergaben, daß die Zeitspirale, welche den

Hintergrund für die neuere Geschichte in der dritten Dimension bildet, am 26. Juli 2000 zu einem Ende gekommen ist. Genau zu diesem Zeitpunkt begann dann die Spirale der vierten Dimension und sie gewinnt zusehend an Kraft. Also hat in gewisser Weise die Verschiebung in die vierte Dimension bereits stattgefunden, obwohl natürlich dieses neue planetare Bewußtsein erst zur vollen Reife gelangen muß.

13. Die Geheimnisse des Photonengürtels und des Blauen Sterns

Es gibt eine in New-Age-Kreisen sehr beliebte Theorie, die ich hier als nächstes ansprechen möchte, und zwar die des „Photonengürtel“. Viele in den letzten zehn Jahren durchgegebenen Channeling-Durchsagen setzen den Photonengürtel mit den auf uns zukommenden galaktischen Energien gleich. Das hat mich immer fasziniert und bietet eine Grundlage für Hoffnung und Veränderung für unseren kranken Planeten. Als ich vor kurzem meine Nachforschungen in dieser Richtung intensivierte, fand ich eine Information, welche Science Fiction Romane als Basis dieser Theorie darstellt, beginnend mit einem im Jahre 1962 geschriebenen Roman. Das hat der Sache, an die ich so gerne geglaubt habe, den Teppich unter den Füßen weggezogen, da es für den Photonengürtel ja ohnehin tatsächlich nur sehr spärliche astronomische Beweise gibt. Und doch konnte ich mich nicht entschließen, den Gedanken ganz fallen zu lassen. Vielleicht ist wirklich etwas dran an der Geschichte vom Ertrinkenden, der sich an dem sprichwörtlichen Strohhalm festklammert. Wenn es keinen Photonengürtel gab, das war meine Angst, dann wären wir zu einer Realität der dritten Dimension verdammt, die uns immer schneller auf den endgültigen Untergang zusteuern ließe. Als ich mich jedoch intensiver mit den Zeitzyklen beschäftigte, erkannte ich, daß die spirituelle Transformation unseres Planeten ebenso im Kontext unserer Vorrückung über den galaktischen Äquator und die galaktische Flutwelle betrachtet werden konnte, die wir im vorherigen Kapitel besprochen haben.

Und doch erstaunt es mich immer wieder, in welchem Ausmaß die Theorie des Photonengürtels die Vorstellungskraft der Menschen erfüllt, so, als gäbe es für ihn tatsächlich eine Entsprechung in beobachtbaren himmlischen Phänomenen. Ich versuchte, mit Metaphysikern ins Gespräch zu kommen, die intuitiv fühlten, daß etwas Großes passierte und es, so gut sie konnten, beschrieben. Gleicherweise sprach ich mit Astrophysikern, die zwar genauere Daten vorweisen, jedoch nur einen lückenhaften Zusammenhang zur Evolution an sich herstellen konnten. Dann betrachtete ich die einander sehr ähnlichen Aussagen, die aus so unterschiedlichen Quellen kamen. Und ich fragte mich, wie der Photonengürtel – wenn es ihn gäbe – wohl aussehen würde.

Ein weiteres sehr beliebtes Thema der letzten Zeit ist der Blaue Stern, der, wie die Hopi sagen, den Übergang von unserem jetzigen Zeitalter der fünften Welt in das Zeitalter der Erleuchtung ankündigt. Es herrscht geteilte Meinung, was genau dieser Blaue Stern ist. Einige setzen ihn mit dem Kometen Hale-Bopp und später mit Hayutake gleich. Andere behaupten, es sei Jupiter damit gemeint, der nach dem Aufprall von Teilen des Kometen Shoemaker-Levy zur Nova würde. Andere wiederum meinen, daß sich unsere Sonne grundlegend verändert und beim Eintritt in das Neue Zeitalter zu einen Blauen Riesen wird und wieder andere behaupten, daß der Blaue Stern eine Zwillingssonne aus der fünften Dimension sei, die im Moment der Verschiebung unserer planetaren Frequenz innerhalb des Sonnensystems sichtbar würde. Moira Timms ist der Meinung, daß es sich dabei um eine Supernova handelt, und LaViolette spricht von einer Explosion im Inneren der Galaxis. Die beiden letztgenannten Möglichkeiten möchte ich später noch genauer erläutern. Als ich damit begann, den Photonengürtel und das Phänomen des Blauen Sterns näher zu erforschen, sah ich in meinem Geist plötzlich eine Möglichkeit auftauchen: Beziehen sich die beiden Phänomene auf etwas, das möglicherweise symbolisch oder mythisch ist, oder auf etwas, das man tatsächlich beobachten kann? Und wenn dies der Fall wäre, könnten sie dann vielleicht miteinander in Zusammenhang stehen?

Viele Metaphysiker, darunter auch Sheldon Nidle und Barbara Hand Clow, haben den Photonengürtel detailliert beschrieben. Ich werde die dort gegebenen Informationen hier nicht wiederholen, möchte jedoch gerne jene Einsichten zur Kenntnis bringen, die Matthew Ward vermittelt hat, der 1980 bei einem Autounfall ums Leben kam, dem es jedoch gelungen ist, mit seiner Mutter Suzy in telepathische Verbindung zu treten. In gemeinsamer Arbeit haben sie deutliche Beschreibungen der Welt hinter dem Schleier zur physischen Form geliefert. In dem Buch *Revelations For a New Era* spricht Matthew davon, daß der Photonengürtel komprimierte Ionen und Atompartikel enthält, die sich nach einer Explosion, welche vor undenklichen Zeiten im Weltraum stattgefunden hat, in einem breiten Band, einem Gürtel, zusammengefunden haben. Unser Sonnensystem berührt diesen Gürtel zwei Mal während einer Periode von 24.000 bis 27.000 Jahren. Er ist das letzte Mal vor ca. 12.000 Jahren mit der Erde zusammengetroffen, sagt Matthew, und es sieht ganz so aus, als würde in

Kürze wieder so ein Zusammentreffen stattfinden. Er sagt, daß Astronomen bereits die Vorläufer dieses Gürtels ausmachen konnten, aber daß sie von ihren jeweiligen Regierungen die Anweisung erhalten haben, darüber zu schweigen (Ich glaube, daß die Forschungsarbeit der Russischen Nationalen Akademie der Wissenschaften, über die ich noch sprechen werde, diesen Bericht bestätigt). Matthew schätzt, daß innerhalb der nächsten zehn bis zwanzig Jahre möglicherweise starke, durch den Eintritt in den Photonengürtel hervorgerufene Auswirkungen auf der Erde spürbar sein werden. Für das, was da geschehen könnte, beschreibt er drei Szenarien: Erstens, könnte der Photonengürtel eine andere Richtung einschlagen, die ihn um das Sonnensystem herum führt, und damit ein direkter Kontakt bzw. Konfrontation mit der Erde vermieden werden.

Zweitens, könnten wir, wenn wir direkt auf Kollisionskurs mit dem Photonengürtel bleiben, extreme Umweltkatastrophen erleben, so wie dies bereits bei dem Zusammentreffen vor ca. 12.000 Jahren der Fall war. Drittens, könnte, wenn wir Unterstützung von hochentwickelten außerirdischen Zivilisationen bekommen, unser Sonnensystem den Photonengürtel unbe-schadet betreten. Elektrische Geräte würden jedoch nicht mehr funktionieren und wir müssten uns nach neuen Energiequellen umsehen. Ferner würden sich, wenn wir uns durch diesen Gürtel komprimierten Lichtes bewegen, unsere Körper der dritten Dimension in Lichtkörper der vierten und letztlich fünften Dimension verwandeln. Unser erster Kontakt mit dem Photonengürtel wäre innerhalb der sogenannten „Nullzone". Zu Beginn des Zusammentreffens besteht die Möglichkeit einer dreitägigen intensiven Dunkelheits- oder Helligkeitsperiode, je nachdem, ob zuerst die Sonne oder die Erde diesen Bereich betritt. Wenn wir uns dann innerhalb des Bereiches stabilisiert haben, beginnen sich unsere Körper zu verändern, bis wir letztlich den planetaren

Aufstieg erreicht haben. Moira Timms schreibt in ihrem Buch *Beyond Prophecies and Predictions* über ein großes astronomisches Ereignis, welches am 23. Februar 1987 stattfand. Ein heißer blauer Superriese im Bereich der großen Magellan-Wolke (SN 1987 A) war vor 170.000 Jahren zur Supernova geworden. Aus dieser Explosion stammende Neutrinos fanden schließlich ihren Weg zur Erde und sättigten an genau diesem Tag deren Magnetfeld mit ihren intensiven Strahlungsenergien und verbreiteten sich weiter. Interessanterweise stimmt dieser Zeitpunkt genau mit dem Ende der Sieben Höllen der Maya überein. Timms setzt dieses Ereignis mit der Erfüllung der Hopi-Prohezeiung des Blauen Sterns gleich, welche den Beginn der großen Reinigung ankündigt.

Als ich dies las, begannen meine Gedanken nur so zu sprühen und ich versuchte, Querverbindungen herzustellen. Könnte dieses Ereignis ein Hinweis auf die gleiche Wolke komprimierter Ionen sein, welche Matthew und viele New Age-Channels als den Photonengürtel bezeichnen, der, wie sie sagen, durch eine vor Jahrtausenden stattgefundene Explosion, deren Strahlung jetzt auf unser Sonnensystem trifft, entstanden ist? Da gibt es erstaunliche Ähnlichkeiten. Matthew sagt, daß der Photonengürtel eine ovale Form habe; andere sprechen dabei von einem aus Manas *(ind.: Geist, Verstand - Denksubstanz aus feiner Materie - Anm. d. Übers.)* bestehendem Ring; ein von der Hubble-Raumsonde aufgenommenes Foto zeigt einen strahlenden Ring um die Supernova des Blauen Sterns.

David Miller ist in seinem Buch *Verbindung mit den Arcturianern (R.Lippert-Verlag)* der Meinung, daß wir uns bereits in der Nullzone des Photonengürtels befinden und so lange dort verbleiben, bis wir im Jahre 2012 in die volle Intensität des Photonengürtel eintreten. Ist es möglich, daß wir diese Nullzone im

Jahr der Harmonischen Konvergenz, also 1987 betreten haben, als uns die Welle von Neutrinos aus der Supernova-Explosion erreichte? In einem Artikel der Zeitschrift *Sky and Telescope* vom Februar 1997, spricht Robert Kirshner davon, daß wir, nach der ersten Neutrino-Stoßwelle des Jahres 1987, gegen Ende dieses Jahrzehnts, also ganz nahe dem von den Mayas vorhergesagten Zeitenende im Jahre 2012, von einer weiteren, vorwiegend aus Gammastrahlen bestehenden Welle getroffen werden. Ist vielleicht das Eindringen dieser Gammastrahlen das, was man als die „volle Intensität" des Photonengürtels bezeichnet? Die Strahlungsenergie der Supernova SN 1987 A ist zwar nicht wirklich aus Photonen, jedoch aus Neutrinos und Gammastrahlen zusammengesetzt, welche, bildlich gesprochen, „Lichtcodes" zur schnelleren Entwicklung der Menschheit darstellen. Bei dieser ersten Stoßwelle nahm das Magnetfeld der Erde mehr Neutrinos auf, als wir sonst im Verlauf einer Lebenszeit von unserer Sonne erhalten würden. Die Gammastrahlen, welche uns während dieser Dekade bombardieren, wirken sich möglicherweise noch viel stärker auf die Entwicklung aus.

Eine Zeitlang war ich sehr in Versuchung, den Photonengürtel in dieses Modell der Supernova einzupassen. Später wurde mir jedoch klar, daß einige Punkte doch nicht ganz entsprachen, und ich sah mich daher noch weiter um. Vielleicht ist die Photonengürtel-Theorie auch nur als bildhaftes Beispiel für die Zusammenfassung mehrerer kosmischer Phänomene zu betrachten. Dazu gehört das Supernova-Phänomen, welches Timms mit dem Blauen Stern gleichsetzt, das außergalaktische Gammastrahlen-Bombardement, über das ich noch sprechen werde sowie LaViolettes galaktische Flutwelle. Jedes dieser Phänomene spricht von transformativen Energien, welche von kosmischen Partikeln, die von Photonenenergie begleitet sind, zur Erde gebracht werden.

In der Russischen Nationalen Akademie der Wissenschaften in Sibirien sind in den vergangenen Jahren erstaunliche Entdeckungen gemacht worden. David Wilcock (www.crawford2000.co.uk/wilcock.htm) und Drunvalo Melchizedek (www.spiritofmaat.com) berichten, daß Wissenschaftler dort zur Überzeugung gelangt sind, daß wir uns in einen bis dato unbekannten Energieraum hinein bewegen. Unsere Sonne ist von einem Magnetfeld, der Heliosphäre, umgeben. Sie ist eiförmig und ihre Spitze strömt von der Bewegungsrichtung weg. Das glühende Plasma an den Außenkanten dieser Heliosphäre hat sich in den vergangenen Jahren um 1000 Prozent in seiner Helligkeit verstärkt (von 100 auf 1000 Astronomische Einheiten). Die Wissenschaftler ziehen daraus den Schluß, *daß wir einen Bereich des Weltraums betreten, dessen Energie wesentlich stärker elektrisch aufgeladen ist!* Diese Energie regt das Plasma an, welches wiederum die Strahlung im Inneren der Sonne beeinflußt, die sich dann ihrerseits auf alle Planeten des Sonnensystems auswirkt.

Der Wissenschaftler Dr. Alexey Dmitriev rechnet damit, daß sich all dies immer stärker hochschaukelt, bis es zu einer plötzlichen Ausdehnung in der grundsätzlich harmonischen Wellenemission der Sonne kommt, was *zu einer plötzlichen Veränderung innerhalb des Bewußtseins aller Lebensformen des Sonnensystems führen wird!* Anzeichen dafür sind ja bereits sichtbar. Wissenschaftler der Russischen Akademie der Wissenschaften berichten, daß viele der Planeten heller geworden sind, daß sich ihre Magnetfelder vergrößern und sie eine Atmosphäre entwickeln. Uranus und Neptun haben erst kürzlich geographische Polverschiebungen erfahren. Auf der Erde sind Vulkanaktivitäten, Erdbeben und Naturkatastrophen in den letzten Jahrzehnten um 400 bis 500 Prozent angestiegen, während sich das Magnetfeld abgeschwächt hat. Könnte dieses Zunehmen der Plasmahelligkeit in der

Heliosphäre und die daraus resultierenden Veränderungen im Sonnensystem eine Auswirkung der Neutrinos aus der SN 1987A-Nova sein, die seit 1987 auf unser Solarsystem treffen? Und wird es zu einer noch größeren Helligkeit kommen, wenn wir im Jahre 2012 die Gammastrahlen aufnehmen? Oder könnte es auch mit der Überschreitung des galaktischen Äquators während unserer Vorrückung zu tun haben? Oder ist die galaktische Flutwelle, die sich gerade durch unsere Galaxis bewegt, der Grund? Dr. Dmitriev ist der Meinung, daß sich selbst die Spirale der DNA verändert.

Ob dies darum geschieht, weil wir in unser Bewußtsein der vierten Dimension zurückkehren? Wie dem auch sei, die voraussehbaren Ergebnisse klingen ganz ähnlich wie die prognostizierten Auswirkungen des metaphysischen „Photonen- gürtels" auf die planetare Evolution! Das Ganze erinnert mich auch wiederum an die Sonnen-Nova-Theorie wie sie Sultan und Vogt, und nach ihnen LaViolette beschreiben. Hier wird als Reaktion auf eine Verschiebung im Magnetfeld der Sonne ein Feuerball aus komprimiertem Plasmagas durch das Sonnensystem geschleudert. Was dabei mit der Erde geschieht, hängt davon ab, in welcher Schwingungsfrequenz wir uns gerade befinden, und könnte, wie in Kapitel 17 beschrieben, im Zusammenhang mit mehrfachen Parallelrealitäten erfahren werden. Aber es gibt immer noch Fragen, auf die ich keine Antwort gefunden habe. Was ist mit den drei Tagen Helligkeit oder Dunkelheit, welche manche Befürworter der Photonengürtel-Theorie erwarten? Vielleicht werden wir es erfahren, wenn wir später in diesem Jahrzehnt auf die Gammastrahlen treffen, was ja unser Magnetfeld verschieben soll. Vielleicht hat es mit der Freisetzung der um die Sonne gelegenen Gasschilde nach der galaktischen Welle zu tun oder mit der angeblichen Verschiebung in der grundsätzlich harmonischen Wellenlänge der Sonne. Es kann natürlich auch durch den Eintritt in einen Nullpunkt ausgelöst werden, da in dem Moment, wenn wir den galaktischen Äquator überschreiten, alle Polaritäten aufgehoben sind. Es ist auch wahrscheinlich, daß dies eine mögliche geographische Polverschiebung beeinflußt.

Es fasziniert mich, daß sowohl der periodische Zyklus der galaktischen Flutwelle wie auch unsere präzessionale Überschreitung des galaktischen Äquators ca. 13.000 Jahre dauert. Timms scheint einen Weg gefunden zu haben, beide Ereignisse miteinander in Einklang zu bringen. Nach einem Gespräch mit LaViolette stellte sie ihm ihre Version bezüglich der galaktischen Flutwelle vor. Die Strahlung, welche aus dem galaktischen Zentrum kommt, so meinte sie, sei nicht eine einzelne Welle, sondern ein ständiges Ausströmen. Uns *kommt es nur alle 13.000 Jahre wie eine Welle vor*, nämlich dann, wenn wir die erhöhte Energiestrahlung im galaktischen Äquator überqueren. Ihrer Meinung nach ist LaViolettes Flutwellen-Theorie nur eine andere Art das Phänomen zu erklären, dem wir jedes Mal beim Überqueren des galaktischen Äquators begegnen.

LaViolette sieht dies anders. Er ist der Meinung, daß die galaktische Flutwelle nicht nur aus unserer gegenwärtigen Vorrükkungsperspektive der Überschreitung des galaktischen Äquators erfahren wird, sondern gleichzeitig die gesamte Galaxis berührt. Sie stellt eine gewaltige Explosion im Zentrum der Galaxis dar, durch welche der dunkle Kern der Galaxis in eine strahlende, überall sichtbare Sonne umgewandelt wird, welche Wellen evolutionären Erwachsens durch die Galaxis sendet. Betrachtet man die Regelmäßigkeit der Erscheinung alle 13.000 Jahre, dann frage ich mich, ob es nicht doch einen Zusammenhang gibt und wenn, welcher Art er wohl sein mag. Vielleicht ist die Zentralsonne der Schlüssel dazu.

Jede dieser großen Wellen, sagt LaViolette, hat eine Lebensdauer von mehreren hundert bis zu mehreren tausend Jahren, wenn man die Dauer unseres Verbleibens innerhalb des Photonengürtels hochrechnet, wie sie uns von der Metaphysik angegeben wird. Interessanterweise kehrt der Photonengürtel angeblich ebenfalls alle 13.000 Jahre wieder. Wenn es überhaupt ein kosmisches Phänomen gibt, auf welches alle Charakteristika des Photonengürtels in gleicher Weise zutreffen, dann ist dies, so meine ich, die galaktische Flutwelle. Die Grafik auf der nächsten Seite zeigt die Verbindung zwischen den Theorien des Photonengürtels und der galaktischen Flutwelle.

Was den Blauen Stern der Hopis angeht, so ist LaViolette der Meinung, daß hier eine Explosionphase des galaktischen Zentrums beschrieben wird, bei welcher eine Welle kosmischer Strahlenpartikel ausgesendet wird, die als blauweißer Stern von ungeheurer Strahlkraft durch die Lagen interstellaren Staubes zu erkennen ist. So interessant ich auch Timms Erklärung der Supernova SN1987A finde, die ja ebenfalls als Blauer Stern sichtbar ist, möchte ich mich doch eher LaViolettes Meinung anschließen. Hopis und Maya waren sehr exakt in ihren Voraussagen zyklischer Phänomene und hätten daher, basierend auf die vorgehenden Zyklen, genau gewußt, wann die nächste Flutwelle zu erwarten gewesen wäre.

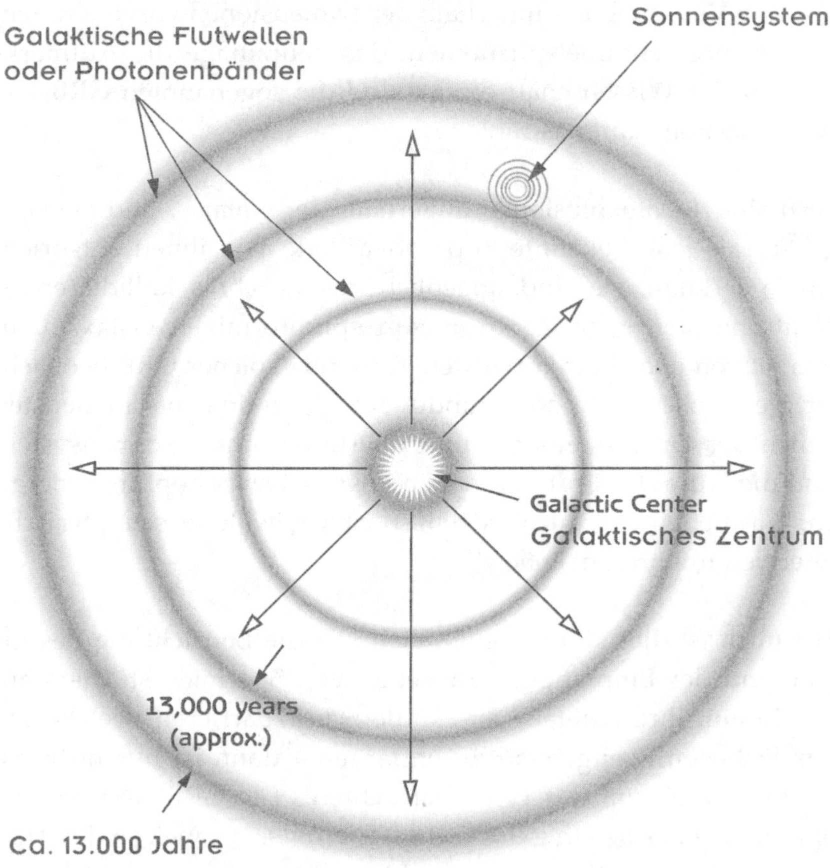

Photonen-Gürtel und die Theorie der galaktischen Flutwelle

Andererseits wären sie wahrscheinlich nicht in der Lage gewesen, zufällige Ereignisse, wie eine Supernova in einer Galaxis, die 170.000 Lichtjahre von uns entfernt ist, vorauszusagen. Ich glaube, daß der 13.000-Jahr-Zyklus der Überquerung des galaktischen Äquators eine Schlüsselzahl ist, die auch viele andere astronomische und geologische Ereignisse koordiniert, um eine Verschiebung innerhalb der Dimensionen vorzubereiten. Ein weiteres Himmelsphänomen, das heutzutage die Aufmerksamkeit der Wissenschaft erregt, sind die sogenannten GRB, die Ausstöße von Gammastrahlen.

GRB sind Lichtexplosionen außerhalb der Galaxis, und sie sind größer als jede bekannte Supernova. Jede von ihnen entspricht einem Urknall; sie sind angeblich das Ergebnis kollidierender Neutronensterne im Zentrum von spiralförmigen Galaxien. In den letzten paar Jahren wurden Tausende solcher GRB beobachtet. Sie tauchen mehr oder minder zufällig in den verschiedensten Teilen des Universums auf und überfluten unser Sonnensystem und die Aura der Erde mit neuen kosmischen Schöpfungsenergien. Was bedeutet es für uns, daß so viele gewaltige, schöpferische Energien um uns entstehen?

Für mich ist diese Situation ähnlich wie die Befruchtung des Eis während der Empfängnis. Tausende von Spermien stürmen auf das Ei ein. Ihre Aufgabe ist es, die Schutzbarrieren, welche um das Ei liegen, weitgehend zu entfernen – dann ist nur noch ein Sperma nötig, um das Ei zu befruchten. Die GRB sind wie die Spermien eines neuen galaktischen Bewußtseins, welche die Aura der Erde bombardieren, um die Möglichkeit der Befruchtung zu schaffen, damit letztlich der aufgestiegene Planet geboren werden kann. Ist dies ein Teil der Formel für unseren kommenden Quantensprung?

14. Die Prophezeiungen in der Großen Pyramide

Es gibt noch einen Zeitzyklus, der meiner Meinung nach verstanden werden sollte. In den Maßen der Großen Pyramide von Gizeh ist eine Zeitlinie verschlüsselt, welche aus der geometrischen Form der Pyramide stammt. Im Rückblick betrachtet stimmen die Daten, welche auf dieser Zeitlinie angegeben sind und auch die Geometrie mit wichtigen geschichtlichen Ereignissen überein, inklusive der Geburt von Jesus Christus, der Entwicklung der Atombombe sowie der beiden Weltkriege des vergangenen Jahrhunderts. Man hat berechnet, daß diese Zeitlinie ihren Anfang im Jahre 3999 vor Christi Geburt genommen hat, und daß sie am 17. September 2001 endete. Die Zeitlinie reicht bis zum Eingang der Königskammer (siehe Moira Timms - *Beyond prophecies and Predictions,* Davidson und Aldersmith - *The Great Pyramid: Its Divine Message* und Noah Hutching - *The Great Pyramid: Prophcy in Stone*). In Moira Timms Buch *Beyond prophecies and Predictions* ist eine astrologische Karte für die Mittagszeit an der Großen Pyramide zu sehen. Dort scheinen drei hauptsächliche Dinge auf: Unglücksfälle und Katastrophen, die aufgrund von nicht erledigtem kollektiven Karma entstehen, wenn wir uns jetzt dem Ende des Zeitalters unserer Welt nähern; der Beginn des Prozesses der planetaren Initiation; und eine Veränderung in der Beziehung der Erde zur Sonne, was das Magnetfeld angeht. Was heißt es, wenn wir sagen, wir sind zum Ende dieses Kalenders gelangt? Alle großen Prophezeiungen sprechen von diesem Zeitpunkt als einem Übergang. Dieser Übergang wird wahrscheinlich schwierig und führt entweder zu Tod und Vernichtung oder zu Leben und Weiterentwicklung. Die Hopis sprechen von der „großen Reinigung", die Hindus vom Kranti; die Bibel nennt es das „große Leiden" und für die Muslims ist es der „Tag des Gerichtes". Es gibt bereits viel Leid in der Welt, bedingt durch Kriege, Hungersnöte, Krankheiten, Unterdrükkung und Naturkatastrophen. Kommt da noch mehr auf uns zu? Mit welchen Unglücksfällen und Katastrophen resultierend aus unerledigtem kollektiven Karma müssen wir noch rechnen?

Die planetare Initiaion entspricht einem beschleunigten Prozeß evolutionärer Entwicklung, dem eine dunkle Nacht der planetaren Seele vorangeht, vergleichbar den Wehen, die eine Geburt einleiten. Wehen sind normalerweise schmerzhaft, krampfartig und mühevoll. Was für Ereignisse können wir uns vorstellen, die dem entsprechen? Kurz vor dem Ende dieser 6000-Jahre-alten prophetischen Zeitlinie, wurde am 11. September 2001 die Welt von den Terroranschlägen auf das World Trade Center in New York und auf das Pentagon in Washington DC erschüttert. Dies ist kein isoliertes Ereignis, sondern repräsentiert zusammengefaßt eine ganze Reihe von karmischen Themen, die weit zurückgehen. Es repräsentiert auch eine planetare Initiation, eine Vorbereitung auf Schockwellen, die in den kommenden Jahren die Welt immer wieder erschüttern werden. Was wird durch diese Kette von Ereignissen ausgelöst? Das folgende Kapitel gibt nähere Auskünfte darüber. Zusätzlich zu diesem Anwachsen der

Auswirkungen des planetaren Karmas und dem Beginn der planetaren Initiation, steht dieses Datum auch für die Veränderung des Magnetfeldes der Erde in bezug auf die Sonne. Was bringt das mit sich? Dr. Mike Lockwood vom Appleton National Labor berichtet, daß seit dem Jahre 1903 das Gesamtmagnetfeld der Sonne um 230 Prozent stärker geworden ist. Ähnliches hat Dr. Dmitriev bei den äußeren Planeten unseres Sonnensystems festgestellt. Das Magnetfeld der Erde hingegen ist unerklärlicherweise schwächer geworden. Außerdem gibt es wesentlich mehr und stärkere Sonnen-Protuberanzen als je zuvor, sowie Strahlung aus dem galaktischen Zentrum und Gammastrahlenschübe aus den Tiefen des Weltraums.

All diese Strahlungen haben bereits Auswirkungen auf die Aura unseres Planeten. Es gibt eine Schutzhülle, eine „Magnetosphäre", die von der Drehgeschwindigkeit der Erde abhängt. Ähnlich der Aura des menschlichen Körpers, umschließt diese Magnetosphäre unsere kollektiven Gedanken, Gefühle und das Bewußtsein – also das Gedankenfeld des Planeten. Es ist ein planetares morphogenetisches Feld, das mit dem Christus-Bewußtsein und den Aufstiegs-Gitternetzen in Zusammenhang steht; es ist die Schablone, nach welcher unsere kollektive Evolution ausgerichtet wird.

Spiegeln die Veränderungen in der Magnetosphäre vielleicht die Revolution des menschlichen Bewußtseins wider, die wir zur Zeit erfahren? Haben sie möglicherweise auch mit unserer Anpassung an die evolutionsfördernde Strahlung zu tun, welche jetzt gerade aus dem glühenden Herzen des galaktischen Zentrums und von den Gammastrahlenschüben jenseits unserer Galaxis auf uns zukommt? Die Maya sprechen davon, daß diese Energien auf ihrem Weg zur Erde von der Sonne gefiltert werden – und es ist ganz sicher, daß wir zur Zeit noch nie dagewesene Ausbrüche auf der Oberfläche der Sonne beobachten können. Die Ergebnisse von Dr. Dmitiriev scheinen ebenfalls darauf hinzuweisen, daß sich zu diesem Zeitpunkt in unserem Sonnensystem wie auch auf der Erde etwas vollkommen Neues ereignet.

Unsere kollektive Psyche ist eng verbunden mit dem Körper und dem Bewußtsein der Erde. Wenn wir unsere Initiation durchlaufen, können uns Veränderungen innerhalb des Körpers der Erde dabei helfen. Die tektonischen Platten der Erde sind in dauernder Bewegung und sie selbst ist unterwegs in die höheren Oktaven ihres Ausdrucks. Darauf wird die Erde bald mit Veränderungen reagieren, sei es mit Erdbeben, Wirbelstürmen, Vulkantätigkeit oder einem Polsprung. *Ob diese Initiation für uns hart oder angenehm wird, kann durchaus davon abhängen, wie stark wir uns darauf einlassen, unsere eigenen „Schübe" bewußt zu erleben.* Als uneingeschränkten Wesen des Lichtes steht uns die freie Wahl zu. Als diejenigen, welche die Wahrheit zur Welt bringen, sind wir zwischen den Welten unterwegs und lassen die Samenkörner einer neuen Schöpfung in unserer Mitte wachsen. Wenn wir uns, bildlich gesprochen, beim Eintritt in die Königskammer der Pyramide von Gizeh unserer Initiation gegenübersehen, ist es vielleicht hilfreich, sich das Leben eines der größten Initiaten überhaupt zu betrachten.

Das Leben Jesu spiegelte sein Einheitsbewußtsein wieder. Und als er die letzte Prüfung auf sich nahm, akzeptierte er seinen eigenen Tod, wohl wissend, daß der Tod die letzte Illusion darstellt. Und er ging, fest entschlossen, durch diese Illusion hindurch und es wurde ihm ermöglicht, die Zellprogrammierung der Dualität und des Todes zu überwinden und damit seine Auferstehung und seinen Aufstieg zu realisieren. Da er das tat, wurde diese Möglichkeit auch im morphogenetischen Feld des Planeten festgeschrieben. Auch wir schreiben neue Möglichkeiten im planetaren Feld fest. Wenn wir an der Schwelle zur planetaren Initiation stehen, verlangt dies Reaktionen von uns, die außerhalb unserer üblichen Realität liegen. Wie können wir die Programmierung, welche ganz tief in unseren Zellen sitzt, wie können wir die überwältigende Angst vor dem physischen Tod und vor evolutionären Veränderungen umkehren? Ist dies vielleicht die Grundlage für unser getrenntes Ego-Selbst? Wenn wir uns die Annahme gestatten, daß alles sich innerhalb einer perfekten göttlichen Ordnung entfaltet, könnten wir nicht vielleicht auch durch dieses Tor der Initiation gehen, direkt in unsere Erfahrung der Auferstehung und des Aufstiegs, und alle Unterschiede, welche die Polarität uns aufzwingt, hinter uns lassen?

Vor der Auferstehung kommt die Kreuzigung. Manchmal lasse ich es zu, daß mich Zweifel, Ablehnung, Angst und Verzweiflung überfallen. Manchmal blicke ich um mich und frage mich, ob es überhaupt der Mühe wert ist, diese Welt zu retten. Manchmal fühle ich mich als Mensch sehr verletzlich und die hilflosen Tränen unendlicher Trauer strömen aus meinen Augen. Manchmal finde ich auf die Krise, in der die Welt sich befindet, keine Antwort, fahre jedoch trotzdem in meiner Arbeit fort, so als wüsste ich sie. Und trotzdem ist es oft so, daß ich in genau diesen tiefen Löchern der planetaren Verzweiflung das hellste Licht finde. Wenn es mir klar wird, daß Gott in all dem existent ist, dann verlässt mich die Angst, der Schleier der Trennung hebt sich und ich kann mich wieder mit der Wahrheit meines Seins verbinden. Ich erkenne dann, daß ich damit das Karma umgehen und in das Licht der Gnade eintreten kann.

In einer weiteren astrologischen Berechnung für den 17. September 2001, 1.30 Uhr in Gizeh, zeigt sich ein ganz klarer Davidstern. Die Energien dieses Horoskops zeigen das Herabsteigen des Wassermann-Zeitalters und den Aufstieg des verwundeten

Weiblichen, und sie stellen einen großen Wendepunkt im derzeitigen patriarchalischen Bewußtsein dar. Meiner Meinung nach hat das auch mit der Verschiebung von der männlichen zur weiblichen Polarität zu tun, die mit der Überquerung des galaktischen Äquators einhergeht.

Diese Verschiebung ist für mich die kollektive Bewegung vom Karma zur Gnade. Dieser Impuls geht durch die Magnetosphäre hindurch und wird im kollektiven Feld des Karma der Menschheit festgeschrieben, wodurch Jahrhunderte astraler Dichte sich auflösen können. Astrologisch interessant ist auch die Position, welche Neptun an diesem Tage einnimmt. Er steht genau an der Stelle, an welcher Saturn zu Beginn des Golfkrieges im Jahre 1992 stand, nämlich sieben Grad im Wassermann, was symbolisch als „ein Kind wird aus dem kosmischen Ei geboren" interpretiert wird. Die Energien, welche während dieser Zeit der planetaren Initiation entstehen, und die mit dem Angriff auf New York übereinstimmen, stellen eine Wiedergeburt der Menschheit nach Zeiten großer Mühe dar. Ich möchte dieses Kapitel mit einer Botschaft von Babaji beenden, welche kurz nach den Ereignissen des 11. September 2001 durchgegeben wurde.

Meine Lieben – Ihr befindet Euch an der Schwelle zu einer planetaren Geburt. Alte Formen vergehen, neue Formen entstehen. Man hat Euch auf diesem Planeten darauf konditioniert, zu glauben, daß eine Geburt etwas Schmerzhaftes sei – und darum ist sie es auch für Euch. Und trotzdem ist jetzt der Moment der Geburt für Euch gekommen, und sie ist ein wunderbares, heiliges Geschehen. Viele Zeitzyklen laufen jetzt ineinander, wie es in vielen Kalendern und alten Schriften auf der ganzen Welt vorhergesagt wurde. So wie eine Frau weiß, wann ihre Zeit gekommen ist und die Wehen beginnen, so bringt jetzt Mutter Erde ein neues Bewußtsein, ein neues Zeitalter auf die Welt. Ist es hilfreich für Euch, zu wissen, daß das Neue Zeitalter ganz sicherlich kommen wird, ganz gleich, wie schwierig die Zeiten im Moment für Euch auch sein mögen? Jene, die noch im dualen Bewußtsein festgefahren sind, möchten dies gerne verhindern und so wird es eine Zeit lang einen großen Kampf zwischen diesen gegensätzlichen Polen geben.

All dies geschieht innerhalb der göttlichen Ordnung. Wisset, daß auch die Bruderschaft des Lichtes sich lange Zeit auf diesen Augenblick vorbereitet hat. In den kommenden Tagen wird es für niemanden mehr möglich sein, sich indifferent, apathisch oder ablehnend zu verhalten – jeder Mensch muß Stellung beziehen! Der planetare Weckruf ist an die Menschheit ergangen. Die Trompeten der letzten Tage lassen ihren Ruf erschallen. Karmabedingte dramatische Ereignisse werden stattfinden. Wenn Herz und Seele erwachen, dann wird im Inneren der Ruf nach Freiheit laut und die Fesseln der Angst, welche die Menschen so lange versklavt haben, werden abfallen. Wenn diese Fesseln der Angst verschwinden, wird eine neue Erde geboren. Das Königreich Gottes war immer schon in Euch, und es wird jetzt durch die Wellen des Lichtes, der Liebe und der Freiheit, welche den Geburtsmoment des Planeten begleiten, sichtbar gemacht.

Viele von Euch fragen: Was bedeuten die jüngsten Ereignisse? Gehen wir auf einen Weltkrieg zu? Ist das Ende der Welt gekommen? Bitte erkennt, daß die Energien des Unfriedens, welche die Ereignisse dieses Tages ausgelöst haben, schon lange Zeit vorhanden waren. Milliarden von Menschen haben weltweit bereits unter diesem Krieg gegen den menschlichen Geist gelitten. Und dies wird nur ein Ende finden, wenn eine größere Wahrheit ans Licht kommt. Und so wird es sein. Ihr kennt die prophetische Zeitlinie, welche in den Ausmaßen und der Geometrie der Großen Pyramide verschlüsselt ist, und die am 17. September 2001, vor dem Eingang zum Vorraum zur Königskammer zu ihrem Ende gelangt. So wie das Leben der Raupe endet, damit sie sich in einen Schmetterling verwandeln kann, so öffnet sich jetzt, wo Ihr an der Schwelle der Initiation steht, ein großes Portal des Lichtes vor Euch.

Das Leben auf diesem Planeten wird niemals mehr so sein wie vorher. Die Ereignisse des 11. September stehen in direktem Zusammenhang mit dem Ende dieses Kalenders und weisen auf eine planetare Initiation hin, wie sie in der neueren Zeit noch nicht erlebt worden ist. Die Hopis nannten dies den Tag der Reinigung. Manche nennen es Armageddon – Ihr könnt es jedoch auch den Tag der Wahrheit nennen. Es ist wahrlich eine wunderbare Zeit, eine Zeit, in welcher das Licht in die tiefsten Tiefen des menschlichen Herzens hinein leuchtet, so daß alles, was bis jetzt darin verborgen war, ans Licht komme und im Schmelztiegel des Erwachens der Menschheit verändert werde.

Haltet an dieser Vision fest. Laßt Euch nicht von der Verzweiflung und dem Bewußtsein der Polarität überwältigen, egal, wie die Dinge aussehen. Betrachtet die Erde, als wäre sie bereits geheilt. Die Erde braucht Eure Freude, und zwar jetzt. Wenn Wellen der Angst, des Entsetzens und der Wut hochkommen, dann verwandelt sie mit Hilfe der Violetten Flamme und behaltet das größere Bild im Auge. Wisset, daß dies nicht nur für Euch allein, sondern für das Kollektiv geschieht. Bittet immer wieder die Bereiche des Lichtes um Hilfe. Vertraut dem Vorgang. Nach und nach wird alle Angst in Ekstase und Licht verwandelt sein. Könntet Ihr die gegenwärtigen Zeiten vom nächsten Zeitalter aus betrachten, würdet Ihr jubeln und Dankesfeste feiern, weil sich Euch so viele Möglichkeiten eröffnen. Es entsteht eine neue „Weltseele" in Eurer Mitte und die Zeit ihrer Geburt ist nahe. Nehmt all Euren Mut zusammen und tretet ein in das Zeitalter des Lichtes!

15. Die Twin Towers, die planetare Initiation und der Tag der Wahrheit

„Es waren die besten Zeiten. Es waren die schlimmsten Zeiten!“
Charles Dickens

Die tragischen Ereignisse des 11. September 2001, welche die Doppeltürme des New Yorker World Trade Center zur Gänze und das Pentagon in Washington DC teilweise zerstörten, sandten eine Schockwelle durch die ganze Welt und lösten eine Kettenreaktion von Konsequenzen aus, die immer stärker wird. Nur ein paar Tage später war das Enddatum der prophetischen Zeitlinie der Großen Pyramide: 17. September 2001. Im Lichte dieser prophetischen Zeitlinie gewinnen die Ereignisse des 11. September 2001 zusätzlich an Bedeutung. War dies vielleicht einer der „Entscheidungspunkte“ nach Windriders Theorie der beiden Wahrscheinlichkeitsrichtungen? Ist es das, was unsere planetare Initiation ausmacht? Ein paar Monate vor dem 17. September sandte ich über die Medien einen Aufruf zum Feiern des „Tages der Wahrheit" aus, sozusagen als Vorbereitung und Vorfreude auf diese planetare Initiation. Dieser Tag sollte den Beginn der neuen globalen Verpflichtung darstellen, die Rechte aller Lebewesen, einschließlich Mutter Erde, zu würdigen. Es ging dabei darum, unsere persönlichen wie auch kollektiven Ängste, Schatten und Verweigerungen anzusehen und sie dann loszulassen. Es war ein Aufruf an die Regierungen, die Wirtschaft, die Industrie und die Medien, mehr Wahrhaftigkeit und Verantwortlichkeit zu zeigen. Bill Moyers, Steven Greer, David Icke, Michael Moore und viele andere scheinen einen positiven Trend in diese Richtung ausgelöst zu haben. Sie verlangen, daß Vorgänge im Bereich der chemischen Industrie und der Umweltpolitik, der Kontakt zu Außerirdischen, geheime Regierungsmaßnahmen und alle Verletzungen der Rechte der Menschen, der Wale/Tiere und der Erde offengelegt werden. Wenn wir jetzt das Satya Yuga, das Zeitalter der Wahrheit, betreten, sind wir verstärkt dazu aufgerufen, in allen Bereichen die Schleier der Verheimlichung, der Unterdrückung, der Illusion und der Täuschung, die uns voneinander trennen, zu entfernen.

Nicht nur sollten wir am „Tag der Wahrheit" mutig unsere persönlichen und kollektiven Schatten ansehen, er sollte auch dazu dienen, weltweit einen Hilferuf in die Bereiche jenseits des kollektiven Schleiers zu entsenden. Es gibt viele galaktische und kosmische Wesen, hoch entwickelte Aufgestiegene Meister, unsere Sternenfamilien, unzählige Engel und Erzengel, Avatare, Heilige, Bodhisattvas, Naturgeister und unser eigenes Höheres und auch zukünftiges Selbst, die nur darauf warten, uns zu helfen, wenn wir sie rufen. In dem Ausmaß, wie wir unsere Kraft unseren Regierungen überlassen und es gestatten, daß sie unsere Entscheidungen kontrollieren, überlassen sie uns unseren freien Willen. Könnten wir die Regierungen vielleicht dazu bringen, lange geheimgehaltene Dinge zu enthüllen und auf die positive

Unterstützung zu reagieren, die uns in bezug auf unsere sozialen, politischen und Umweltkrisen angeboten wird? Oder könnten wir dies, als Bürger der Erde, vielleicht auf direktem Wege selbst tun? Der Tag der Wahrheit steht für unser Ankommen als Spezies an der Türe zur Königskammer, für unser Erreichen der Schwelle zur Kammer der Initiation. Wenn wir tatsächlich dort angekommen sind und wenn die Ereignisse des 11. September in Zusammenhang damit stehen, wie lautet dann unsere Botschaft an das Universum? Welche Art der Initiation suchen wir eigentlich? Die Reaktionen auf die Ereignisse des 11. September waren vielfältig und unterschiedlich. Viele Menschen waren wie in einem Schockzustand, wie taub, andere fühlten Entsetzen und empfanden sich als verletzlich, andere wiederum erklärten sich mit den Opfern solidarisch, andere wollten nur Rache - für viele war es jedoch ein Aufruf, unsere eigenen nationalen und kollektiven Schatten näher zu betrachten.

So tragisch diese Ereignisse auch sind – vielleicht könnten wir sie jedoch aus einer anderen Perspektive betrachten und in ihnen eine Möglichkeit zu Reinigung, Erneuerung und menschlichem Erwachen sehen? Daß die beiden Daten so nahe beisammen liegen, ist für mich einfach kein Zufall. Ist es möglich, daß sie und unsere Reaktion darauf zu unserer planetaren Initiation gehören? Es sind nicht die Ereignisse selbst, sondern unsere Art des Reagierens, welche zeigt, wie weit wir schon gekommen sind. Eine planetare Initiation läuft so ab, daß Dinge in Bewegung gesetzt werden, die uns zwingen, uns mit der tiefsten Wahrheit unseres Seins auseinanderzusetzen. Was ist die Symbolik hinter den Doppeltürmen des World Trade Centers? Der „Turm" ist eine der großen Arkana des Tarot. Die Erklärung des Glastonbury Tarot sagt dazu folgendes:

Der Turm ist der große Erwecker, der die Schleier, welche bis jetzt eine klare Sicht verhindert haben, wegreißt. Das kann sehr schmerzhaft sein, denn manchmal ist es einfacher, sich weiterhin einer Illusion hinzugeben, als einer schwierigen Situation ins Auge zu sehen. Der Turm steht für eine Zeit tiefgreifender Veränderungen, welche sehr oft durch äußere Umstände ausgelöst werden und die dafür sorgen, daß in Eurem Leben Platz geschaffen wird für eine neue Form der Energie und der Erfahrung ... Was der Turm Euch trotz aller scheinbaren Härte der Erfahrung schenkt, ist die Öffnung zu einem machtvollen, wahren Gefühl für das Selbst. Die Frage ist jedoch: Seid Ihr bereit, die Masken, welche Euer wahres Selbst verbergen, beiseite zu legen?

Ist es möglich, daß wir als planetares Bewußtsein diese Tarotkarte gezogen haben, weil wir einen Tag der Wahrheit wünschen? Unsere Masken abzulegen bedeutet, uns über die Selbstgerechtigkeit zu erheben und die bequeme Illusion „Gut gegen Böse", welche so lange der Hintergrund für unsere Kreuzzüge und „heiligen Kriege" war, aufzugeben. Ist der Einsturz der Doppeltürme ein Hinweis auf den drohenden Zusammenbruch der Dualität?

Wenn wir karmische Langzeitzyklen zu einem Ende bringen wollen, müssen wir auch unsere Rolle innerhalb dieses Dramas erkennen. Daß die amerikanische CIA weltweit Terror und Unsicherheit fördert, ist eine bekannte Tatsache. Und es ist sehr traurig, daß wir, die Helden der Freiheit und Demokratie, Altlasten von Tyrannei, Völkermord und Unterdrückung mitschleppen. Selbst in unserer eigenen Geschichte wurden die Urvölker unseres Landes mit Gewalt von ihrem Land vertrieben und systematisch ausgerottet. Sklaverei war bis vor gar nicht so langer Zeit durchaus akzeptiert – viele dieser Ungerechtigkeiten sind, wenn auch in etwas anderer Form, immer noch existent. Ist es uns möglich, in eine Schwingung einzutreten, welche es uns erlaubt, den Tyrannen und den Terroristen in uns anzunehmen? Die Tyrannei des Terrorismus und der Terror der Tyrannei sind Spiegelbilder. Können wir uns, ohne dabei Gewalt gut zu heißen, in die Situation des „terroristischen“ Nachbarn versetzen und sein Bedürfnis anerkennen, daß auch er wegen des Unrechtes, das ihm angetan worden ist, gehört und verstanden werden möchte? Ist es uns vielleicht möglich, trotz der riesigen Welle des „Patriotismus“, die unser Land überschwemmt, zu begreifen, daß es legitime Gründe gibt, warum Amerika von einem Großteil der Welt gefürchtet und gehaßt wird?

Können wir uns letztlich aus diesem karmischen Kreislauf lösen, wenn wir uns in eine Haltung des Mitgefühls und der Heilung versetzen? Wenn uns das gelingt, rufen wir das Gesetz der Gnade an und können letztlich das Karma überwinden und in das Zeitalter der Wahrheit eintreten. „Auge um Auge läßt die ganze Welt erblinden“, sagte Ghandi. Das ist eine ernst zu nehmende Warnung. Vernichten wir uns in unserer Blindheit gegenseitig oder gelingt es uns, die Kraft der Liebe aufzurufen, damit sie unsere Augen öffnet, unsere Vergangenheit heilt und wir unsere Menschlichkeit wieder erlangen? Wie jeder, der sich auf seinem Lebensweg befindet, weiß, ist der Weg der Initiation nicht immer einfach und enthält üblicherweise eine Prüfung unserer Bereitschaft, diese Schwelle zu überschreiten. Das gleiche gilt jetzt, wo wir uns dem Portal der planetaren Initiation nähern. Sind wir bereit? Werden wir die vor uns liegende Initiation durchlaufen können? Wird es uns gelingen, in all der Verwirrung menschlicher Gefühle, die durch solch ein Ereignis hervorgerufen wird, unser Gleichgewicht zu bewahren? Werden wir imstande sein zu erkennen, daß wir Krieg, Terrorismus, Hass und Schuldzuweisungen hinter uns lassen müssen, oder lösen wir eine weitere Runde des Karma, der Schmerzen und des Leidens für alle Beteiligten aus?

„Meine Gebete sind stärker als ihr“, sagte Robbie Robertson, der seine Gesänge für die „Geistertänzer“ und für alle, die im Massaker von Wounded Knee umgekommen waren, ertönen ließ, “und meine Liebe ist stärker als ihr es seid.“ Er gehörte zu jenen Visionären, die hinter die Schleier der Illusion bis in eine Zeit sehen konnten, in welcher die Nationen in Harmonie und Brüderlichkeit neu erstehen würden. Es war eine starke Vision und sie haben ihr Leben dieser Vision geweiht. Der Geistertanz wird wieder getanzt - diesmal von all jenen, die bereit sind, sich für die Kraft der Wahrheit zu entscheiden.

Mir kommen die Tränen, wenn ich diese Vision aufrufe – und ich spreche hier für mein eigenes Volk, für all jene, die wissen und sich erinnern, warum wir hier sind und für jene, die für die Schönheit des „Pfades, der mit dem Herzen gegangen wird“ wach geworden sind. Vor vielen Jahren bot ich in einer Zeremonie mein Leben für das Leben der Erde dar. Ich bekundete meine Bereitschaft, mein Leben in Ganzheit zu leben, damit auch die Erde leben kann, und ich versprach, wenn nötig mein Leben dafür hinzugeben, daß die Erde leben und letztlich den Aufstieg erreichen kann. Als ich diese Verpflichtung übernahm, musste ich mich meinen tiefsten Ängsten in dieser Richtung stellen: der Existenzangst, der Angst vor Veränderung und der Angst vor dem Tod.

Jetzt ist der Zeitpunkt gekommen, wo ich dieser übernommenen Verpflichtung gerecht werden muß. Ich erkenne eine Stelle tief in meinem Inneren, die von Gleichgewicht und Mitgefühl, von Mut und Hoffnung sprechen möchte. Und ich sehe, daß es viele, viele andere gibt, die genau gleich fühlen und unsere Wahrheit auch ansprechen. Manchmal kommen wir uns vor wie die einsame Stimme der Vernunft in einer Welt, die verrückt geworden ist; es gibt aber auch Zeiten, in denen wir voll Entzücken bemerken, wie sich manche Mächtige der Welt diesen Visionen ebenfalls öffnen. Manchmal fürchte ich um meine persönliche Sicherheit und die meines geliebten Planeten; doch manchmal kann ich weiter sehen, über die Angst hinaus, in eine schöne neue Welt, die voll Kraft in unserer Mitte im Werden ist. Im alten Ägypten war es üblich, daß sich ein Kandidat für die spirituelle Initiation einer jahrelangen Ausbildung unterwarf, bevor er als würdig erachtet wurde, sich der letzten Prüfung in der Königskammer zu unterziehen. Dort wurde er in einen Sarkophag gelegt und drei Tage und drei Nächte alleine gelassen. In dieser Zeit stiegen alle seine größten Ängste auf und zeigten sich ihm. Konnte der Kandidat sein Gleichgewicht bewahren, so lösten sich diese Ängste im Lichte seines ewigen Selbst auf und er konnte als Initiat des großen Lichtes seine Meisterschaft erringen.

Ich glaube, daß wir alle heute genau dies erleben, wenn wir durch das Portal der planetaren Initiation hindurchgehen. Wir alle stehen an der Schwelle der Königskammer. Wir alle liegen im Sarkophag unserer größten Ängste. Es gibt eine Schwingungsschablone (oder morphogenetisches Feld), welche die Menschheit seit undenklichen Zeiten in sich trägt und welche vornehmlich auf der Angst vor evolutionären Veränderungen und vor dem Tod basiert. Ich spüre, wie sich diese Schablone, die ja auch im elektromagnetischen Feld der Erde verankert ist, langsam löst und durch eine neue Schwingungsform ersetzt wird, deren Grundlage die Oberhoheit des Geistes ist. Wenn die alte Schwingungsmatrix sich löst, scheinen sich die alten Ängste und Kontrollmuster kurzfristig zu verstärken. Das gehört zum Reinigungsprozeß dazu. Wie einer meiner Schamanenlehrer einmal sagte: „Jedes Mal, wenn wir so weit sind, ein altes Verhaltensmuster auszuräumen, zeigt es sich noch ein Mal in ganzer Stärke, damit wir den Ablösungsprozeß bewußt durchführen können,"

Die alte Matrix beruht auf den Polaritäten der dritten Dimension, nämlich Gut und Böse, und bewegt sich daher innerhalb des Gesetzes des Karma. Die neuen Matrizes der vierten und fünften Dimension beruhen auf bedingungsloser Liebe und bewegen sich daher innerhalb des Gesetzes der Gnade. Wir erkennen, daß Gott das ein und alles ist, und daß es neben Gott nichts gibt. In Gott gibt es keine Polarität von Gut und Böse, daher ist alles, was geschieht eine Chance, zur Gnade zu gelangen. Wenn wir die Frequenzverschiebung von einer Matrix zur anderen vollziehen, verändert dies die tiefsten Schichten unserer kollektiven Psyche. Das, so glaube ich, ist der Inhalt unserer derzeitigen planetaren Initiation.

Um wirklich alle in der kollektiven Psyche versteckten Themen herauszufinden, werden wir noch eine Zeitlang mit der Polarisation zu kämpfen haben. Es wird diesen Ereignissen noch eine weitere Zeit des Chaos folgen, speziell, wenn wir uns für einen Weg fortschreitender Vergeltung und des Krieges entscheiden. Wir müssen diese Schlacht als das sehen, was sie wirklich ist: nicht ein Kampf des Guten gegen das Böse, sondern ein evolutionärer Impuls, der die Ketten der Beschränktheit und Unterdrükkung für alle Menschen auf der ganzen Welt sprengt. Seit vielen Jahren höre ich immer wieder Berichte über die „Geheime Regierung", oder die „Illuminaten", eine kleine, aber sehr einflußreiche Gruppe von Menschen, welche seit vielen Generationen Ereignisse auslöst und steuert, um schließlich eine weltweite Kontrolle zu ermöglichen. Es werden immer wieder Stimmen laut, die behaupten, daß das, was am 11. September passiert ist, letztlich von dieser elitären Gruppierung ausgegangen ist, um eine Atmosphäre der Angst zu schaffen, welche die Menschen in Amerika, und auf der ganzen Welt, dazu anregen soll freiwillig auf ihre bürgerlichen Freiheiten zu verzichten. Mir bereitet der Terrorismus in Amerika und weltweit große Sorge, doch noch besorgter macht mich der daraus resultierende Verlust an verfassungsmäßig verbürgter Freiheit. Wir sind, weltweit betrachtet, in äußerst großer Gefahr, zu einem „Polizeistaat" à la George Orwell zu werden. Ich halte mich nicht für einen politischen Aktivisten und meine Absicht war immer, für den Frieden, die Heilung und die Vision der Einheit einzutreten. Das bedeutet jedoch nicht, daß ich den Kopf in den Sand stecke und meine, daß nicht sein kann, was nicht sein darf. Wenn es wirklich eine Geheime Regierung gibt, die hinter der Verschwörung zur Kontrolle der Welt steckt, dann wird die Wahrheit ans Licht kommen. Wenn das geschieht, wird eine riesige Welle der Überraschung, des Entsetzens und der Empörung die Welt überschwemmen, weil wir auf einmal erkennen, wie groß das Ausmaß der Unterdrückung, der Manipulation und der Ungerechtigkeit heutzutage ist und wer hinter all dem steckt. Und wenn diese Welle uns alle erfaßt, wird endlich eine Heilung und eine Veränderung stattfinden. In der derzeitigen Beschneidung der bürgerlichen Rechte haben die Amerikaner viel zu verlieren. Es wird dabei eine Strategie angewendet, welche die Massenmedien dazu benutzt, genügend Angst und Patriotismus zu verbreiten, daß wir gerne und freiwillig unser Leben und unsere Freiheit den Plänen des „Großen Bruders" überantworten.

Leider sind diese Pläne noch viel heimtückischer, als es der „Krieg gegen den Terrorismus" ist. „Die Wahrheit liegt dort draußen", in der echten Version der „Akte X" – es liegt jedoch an jedem von uns, wie viel und was er wirklich davon sehen will. Schuldzuweisungen sind nicht das Wahre, jetzt ist Verantwortung gefragt. Wie im Film „The Matrix" müssen wir selbst entscheiden, ob wir bereit sind, die „rote Pille" zu schlucken. In einer Zeit, die Lügen als Wahrheit verbreitet, wird die Wahrheit oft als Lüge dargestellt. Sind wir bereit, nachzusehen, was sich tatsächlich hinter der Maske abspielt? Michael Moores Buch

Stupid White Men und Mike Rupperts website www.copvcia.com bietet einen ernüchternden Blick auf diese politischen Realitäten. Meine eigene Sicht der Freiheit beinhaltet, auch für jene zu sprechen, die ihre Stimme nicht erheben können, um gegen jegliche Art der Versklavung des menschlichen Geistes zu protestieren. Viele Menschen haben heutzutage den Mut, dies zu tun, ohne Rücksicht auf ihr eigenes Leben und das ihrer Familien, weil es uns zu viel kostet, die Wahrheit nicht offenzulegen.

Es entstehen immer mehr Websites, die eine Alternative zu der gegenwärtigen Medienzensur darstellen. Meine persönlichen Favoriten sind:
www.earthrainbownetwork.com, die vom visionären Jean Hudon vom Earth Rainbow Network erstellt wurde. Er sieht seine Aufgabe darin, sowohl das Dunkle wie auch das Licht aufzuzeigen, und ich empfehle allen, sich in seiner Mailingliste einzutragen.
Weitere solcher Websites, die ich kenne, sind: disclosureproject.org, copvcia.com, davidicke.com, rumormillnews.com, artbell.com, rense.com und leadingedgenews.com.

Bevor ich imstande war, klar und deutlich zu diesen Themen Stellung zu beziehen, mußte ich mich zuerst mit meinen eigenen Ängsten auseinandersetzen. Doch eines ist jetzt ganz klar für mich: Wenn ich mein Leben dem Schutz der Erde und der Menschen, die auf ihr leben, widme, bleibt mir gar nichts anderes übrig, als zu reden, weil mir die verfassungsmäßig verbürgte Freiheit unendlich wichtig ist. Unsere Welt für zukünftige Generationen zu bewahren, ist mir genau so wichtig - und der planetare Aufstieg ebenfalls. Wir müssen jedoch immer den größeren Zusammenhang im Auge behalten und inmitten all dieser Veränderungen unser Gleichgewicht bewahren. Letztlich ist es Gott, der das Sagen hat. Wir können nicht Böses mit Bösem bekämpfen. Wir müssen unseren Geist der Wahrheit öffnen, und dürfen unsere Kraft nicht der Angst überlassen. Viel eher ist es notwendig, die Art der Herausforderung zu erkennen, der wir uns gegenübersehen.

Es fällt mir auf, daß ich zögere, über diese Dinge zu sprechen, weil ich die Kräfte der Dualität nicht stärken möchte. Und doch ist es so, daß wir auf der Ebene der dritten Dimension in einen massiven Kampf gegen die "dunklen Herren", wie ich sie nenne, verwickelt sind. Es handelt sich dabei um inkarnierte oder nicht inkarnierte, menschliche oder „reptilartige" oder astrale Wesen, deren einzige Aufgabe es ist, uns in Angst, Trennung und Hass gefangen zu halten. Es ist jetzt die Zeit gekommen, daß sie diesen Planeten verlassen müssen, und viele sind auch schon gegangen. Doch einige der fähigsten dieser dunklen Herren sind noch hier, und sie versuchen sozusagen ein „letztes Aufgebot" zu organisieren, um die Kontrolle zu behalten. Sie sind die eigentliche Macht, die Hintermänner, die hinter den Zielen der Illuminaten stehen.

Ihr mächtigste Waffe ist, daß sie Angst erregen können. Unsere mächtigste Waffe ist, die Spinnwebfäden der Illusion zu durchschauen und den Griff, mit dem wir die Angst umklammert halten, zu lösen! Wir werden uns der Prüfung unterziehen müssen – wenn wir jedoch das Getrenntsein verweigern, haben wir nichts zu fürchten. „Die reine Liebe verwehrt der Angst den Zutritt", sagt Jesus. Wenn wir damit aufhören, der Dualität Kraft zu geben, dann können mächtige Heerscharen des Lichtes kommen und die dunklen Herren in Realitäten von Dimensionen begleiten, die ihrem Wachstum und ihrem Ausdruck besser entsprechen. Ich persönlich habe bereits etliche solcher Zusammentreffen miterlebt. Einige davon werde ich in einem der nächsten Kapitel beschreiben. Es klingt vielleicht völlig paradox, aber es ist die unendliche Kraft unserer Liebe, die wir hervorrufen müssen. Gemeinsam mit Windrider sollten wir die Hand der Vergebung und der Liebe all unseren Brüdern und Schwestern entgegen strecken, die noch in Finsternis und Unwissenheit gefangen sind. Dieses Vergeben muß aus dem Mitgefühl kommen, aus dem Wissen um den größeren Plan und aus dem tiefen Verständnis, das wir uns selbst und unseren Schatten entgegenbringen. Dieses Vergeben muß alles umfassen, auch die Tyrannen und Terroristen dieser Welt, einschließlich derer, die wir in uns tragen.

Wir sind alle eins. Die kommenden Tage sind eine Prüfung in bezug auf unseren Mut, unsere Eigenständigkeit und das Zugeständnis unserer eigenen Kraft. Irgendwie fühle ich bei all dem einen tiefen Frieden. Wir sind an einem evolutionären Kreuzungspunkt angelangt, bei dem das alte Kontrollparadigma zu Ende geht. Aus der Asche der alten Welt steigt ein neues Paradigma mit unendlichen Möglichkeiten und grenzenloser Freiheit für alle, und wir werden, zum ersten Mal in der neueren Geschichte, unsere wahre Menschlichkeit erleben. Können wir die gegenwärtigen Ereignisse in das beste aller möglichen Ergebnisse umwandeln? Wir bewegen uns mit großer Geschwindigkeit auf unsere eigene Vernichtung wie auch auf die unserer Umwelt zu – vielleicht ist dies jetzt unser Weckruf, der uns die Augen öffnet. Können wir auf diesen Ruf mit Reife reagieren und voll Mut unsere Schatten betrachten und heilen, oder wiederholen wir eines der traurigsten Kapitel unserer planetaren Geschichte? Die Initiation beginnt auf den inneren Ebenen und zeigt sich erst nach und nach im Außen. Ich bin tief in meinem Inneren davon überzeugt, daß wir es auf den inneren Ebenen bereits „geschafft" haben. Im Außen finden noch Kämpfe statt, welche sich eine Zeitlang noch verstärken werden. Wir müssen zwar die speziellen Einzelheiten unseres Überganges noch auswählen, das

Ergebnis steht jedoch bereits fest. Das Portal zur Ewigkeit steht vor uns, und wir sind sowohl als Spezies als auch als Planet dazu aufgerufen, es zu durchschreiten. Wir werden in den nächsten zwei bis drei Jahren noch nie da gewesene Veränderungen, Chancen und Entscheidungen miterleben. Möge es uns gelingen, unser Herz offen, unsere Gedanken klar und unseren Geist stark zu erhalten!

Für diese Zeit sind wir geboren worden. Wenn wir uns dazu entschließen, Krieger des Lichtes zu sein, liegt unsere Stärke darin zu wissen, daß wir alle miteinander verbunden sind. Wenn wir unsere Ängste, unser Verurteilen und unsere Projektionen loslassen (so berechtigt sie auch sein mögen), dann verlassen wir das begrenzte Schwingungsfeld des Karma. Wenn wir uns voll bewußt auf die neue Schwingungsmatrix einstimmen, dann werden wir zu Mit-Schöpfern, zu Geburtshelfern unserer eigenen Geburt und erwachen zur Erkenntnis all unserer Gaben, unserer Erinnerungen und unserer Lebensmission. Wir aktivieren das Gesetz der Gnade und verwenden Liebe und geeintes Bewußtsein, um das morphogenetische Feld der Erde neu zu programmieren. Wenn das geschieht, schließen sich uns alle Legionen des Lichtes aus den verschiedensten Dimensionen des Raumes und der Zeit an. Dann können wir unseren Lichtkörper an das Bewußtsein von Gaia anpassen und sanft und voll Mitgefühl wunderbare neue Möglichkeiten zur kollektiven Geburt bringen. Wie uns das möglich ist, beschreiben die nächsten Kapitel.

Ein neuer Tag beginnt

Das erste Dämmern eines neuen Tages,
die Glitzersterne der vergangenen Ära,
verblassen in der Ewigkeit – vorbei.
Ich wache auf, ein Schauer überläuft mich,
der Schrecken noch zu neu in meinem Geist.
Warum muß Dunkelheit der Dämmerung vorangehn?
Warum ist Tod, was vor dem Leben kommt?
Es ist egal –
die lange Nacht ist nun zu Ende.
Die ersten Strahlen eines neuen Tages
erleuchten meinen Weg –
und winken, ich soll folgen.
Ob ich den neuen Tag gestalten kann?

16. Sri Aurobindo und der supramentale Abstieg

Zerstören wir uns selbst in einer ungeheuren Umweltkatastrophe, in menschlichem Elend und Krieg, oder werden wir in einem gewaltigen Quantensprung des Bewußtseins verändert? Das sind meiner Meinung die quälenden Fragen, welche die heutige Menschheit bewegen. Wir befinden uns in einer furchtbaren ökologischen Krise, und eine Menge ernster Umweltthemen beschäftigen uns, von der globalen Erwärmung zu den Löchern in der Ozonschicht, von der massiven Verschmutzung der Atmosphäre, des Bodens und der Gewässer zu der fortschreitenden Abholzung der großen Waldgebiete und der damit verbundenen Zerstörung der Artenvielfalt, von der Verschiebung der Polachse bis zur Möglichkeit gewaltiger seismischer Erschütterungen. Jedes einzelne dieser Phänomene könnte im Verlauf der nächsten Jahrzehnte die Vernichtung allen Lebens auf dem Planeten herbeiführen. Als Ergebnis des Erd-Gipfels in Brasilien im Jahre 1992, veröffentlichte die Union besorgter Wissenschaftler (Union of Concerned Scientists) ein Kommuniqué, in welchem sie sofortige und drastische Maßnahmen forderten, um eine Umweltkatastrophe zu verhindern. Mit dabei waren 99 der 196 noch lebenden Nobelpreisträger und 1600 Wissenschaftler aus 69 Nationen. Bald danach bestätigte Dennis und Donellas Meadows wegweisendes Buch *Die Grenzen des Wachstums*, das mit ausgeklügelten Computerprojektionen arbeitet, daß unsere Chance, einer Umweltkatastrophe zu entgehen, gleich Null war. Seit diesem Zeitpunkt sind zehn Jahre vergangen und wir haben immer noch nichts unternommen. Wären dies die einzigen Faktoren, die unser Schicksal bestimmen, dann wäre unsere Zukunft tatsächlich sehr düster. Das Gute bei der Sache ist, daß hinter allem ein größerer Plan steht. Ich meine, daß es ganz wichtig für uns ist, die Möglichkeit ins Auge zu fassen, daß die „Realität", wie wir sie kennen, ihrem Ende zugeht. Es liegt in der Natur der Menschen, daß wir nur dann einen „Weckruf" wahrnehmen, wenn wir in einer Krise stecken. Wenn es nach uns ginge, würden wir weiterhin kollektiv den Kopf in den Sand stecken und warten, bis die Flut uns überschwemmt und alles zu spät ist. Immer wieder haben die Vertreter der Eingeborenenvölker die Regierungen der verschiedenen Länder gewarnt und sie aufgefordert, ihren Weg der Zerstörung aufzugeben – jedoch mit wenig Erfolg. Was kommt als nächstes?

Ich habe verschiedene kosmische Ereignisse angesprochen, die zu diesem Zeitpunkt gleichzeitig stattfinden. Wir machen unsere Vorrückung über den galaktischen Äquator, gehen in Konjunktion mit dem galaktischen Zentrum und treffen auf die nächste galaktische Flutwelle. Wir erfahren die verstärkte Strahlung des Blauen Sterns. Wir haben eine neue Spirale der Zeit der vierten Dimension betreten. Wir bewegen uns von einem Kali Yuga- zu einem Satya Yuga-Zustand, von der vierten Welt der Hopis in die fünfte. Die Unterwelten der Maya schließen sich zu einem großartigen Finale der Schöpfung der dritten Dimension zusammen. Die prophetische Zeitlinie der Großen Pyramide hat ihr Ende gefunden. Laut Sri Aurobindo hat der „supramentale Abstieg" begonnen. (Siehe Sri Aurobindo - *Das Göttliche Leben;* Satprem - *Das Mental der Zellen;* Georges van Vrekhem - *Beyond Man*). Vor Beginn des 20. Jahrhunderts lehrte der große indische Freiheitskämpfer und Yogi-Weise Sri Aurobindo eine Wahrheit, wie sie noch nie zuvor gelehrt worden war. In seinen tiefen Zuständen göttlicher Einheit sah er, daß die Zeit für eine neue Entwicklungsstufe der Menschheit gekommen war. Er sah, daß das Göttliche sich auf Erden manifestieren sollte, und der Zeitpunkt dafür war jetzt. Er sprach vom Herabsteigen des Himmels zur Erde, und davon, daß die Erde einen Zusammenbruch erfahren würde, weil der Widerstand gegen dieses „Herabsteigen" in ihrem materiellen Körper begründet ist. Die französische Mystikerin Mirra Alfassa, die später als „Mutter" bekannt wurde, schloß sich Sri Aurobindo in Pondicherry, Indien, an. Gemeinsam arbeiteten sie intensiv an der Zellumwandlung, ein Forschungsgebiet, das starken Bezug zu der unsicheren Situation hat, der wir uns heute gegenübersehen.

Sri Aurobindo sah, daß die göttliche Kraft alle Materie durchdringt, und daß die Materie somit Bewußtsein besitzt. Der Vorgang des Herabsteigens des Geistes in die Materie wird als Involution bezeichnet. Der Vorgang, der das Göttliche wieder aus der Materie aufsteigen lässt, heißt Evolution. Nach Sri Aurobindo hat die Menschheit nun ein Stadium erreicht, in dem diese beiden Vorgänge gleichzeitig ablaufen. In seinen Visionen sah er vorher, daß wir in Kürze das Herabsteigen eines, wie er sagt, „supramentalen (oder monadischen) Bewußtseins" miterleben werden, das alles auf der Erde grundlegend verändert. Die Größe des Menschen liegt nicht in dem, was er ist, sondern darin, was er ermöglicht, sagt Sri Aurobindo. Er hat irgendwo in sich eine unsterbliche Seele, selbst wenn sie in den meisten Menschen kaum aktiv wird; er hat einen ewigen Geist, der schützend über ihm schwebt, selbst wenn dieser durch die „hausgemachte" Persönlichkeitsbarriere am Herabkommen gehindert wird. Ein großer, göttlicher Plan ist in Aktion, selbst wenn die äußeren Sinne dies leugnen. Sri Aurobindo erkannte, daß die Menschheit eine evolutionäre Krise durchläuft. Es ist ein Punkt erreicht worden, an dem der menschliche Geist einerseits ungeheure Fortschritte gemacht hat, andererseits aber hoffnungslos unfähig ist, die eigene Vernichtung als Spezies abzuwenden. Wie die „Mutter" kurz vor ihrem Tode im Jahre 1973 bekannt gab, hat sich in der Zwischenzeit ein Bewußtsein, ein Superintellekt, welcher wesentlich potenter ist als der menschliche rationale Verstand, im Energiefeld der Erde niedergelassen und ist dort aktiv geworden. Unsere Aufgabe besteht darin, ihn in das Zellbewußtsein herunter zu bringen.

Mit dem Beginn des Lebens machte die Evolution einen großen Schritt vorwärts und einen weiteren mit der Entwicklung des Verstandes. Wir stehen jetzt an der Schwelle zu einem weiteren Schritt, einem noch wichtigeren, da wir uns auf das Erscheinen des Superintellekts vorbereiten. Sri Aurobindo spricht von vier Erscheinungsstufen der menschlichen Evolution, die wir in Kürze auf der Erde antreffen werden, und zwar alle zur selben Zeit. Die erste ist der „Tier-Mensch", das sind wir, ein rationales Wesen mit einer individualisierten Seele, die es jedoch noch nicht erreichen und sich nicht mit ihr verbinden kann. Die zweite ist der „Mensch-Mensch", eine Spezies, die sich spontan unter dem Einfluß des immer weiter werdenden supramentalen Feldes entwickelt. Ein Wesen, das im Großen und Ganzen eher imstande ist, sich mit dem Seelenbewußtsein zu verbinden und nach seinen Gesetzen zu leben, als mit denen des Verstandes-Bewußtseins. Ist die jetzige Generation der Indigo-Kinder das erste Anzeichen für diese Grund-Rasse? Die dritte ist der „Übermensch", der zwar noch einen dichten, physischen Körper bewohnt, jedoch einen Geist des Lichtes besitzt - ein supramentales Bewußtsein, das bereits begonnen hat, sich mit dem Zellbewußtsein zu verbinden. Sind die Violetten- bzw. die Kristall-Kinder, die heute schon geboren werden, Vorläufer dieser Rasse? Unser endgültiges Ziel als Spezies ist das „supramentale Wesen": Göttlichkeit, die in den feinstofflichen Bereichen der Materie vollständig inkarniert ist – die „herabgestiegenen Meister". In dieser Spezies ist dann die Einheit von Geist und Materie vollständig auf Erden realisiert. Das große Werk von Sri Aurobindo und der Mutter war es, das supramentale Bewußtsein in das Zellbewußtsein ihrer eigenen Körper herabzubringen. Da es sich um ein geeintes Bewußtsein handelte, bedeutete dies, daß das supramentale Bewußtsein auch gleichzeitig in das Bewußtseinsfeld der Erde gebracht wurde, wo es nur darauf wartet, daß es sich endlich in voller Pracht in der kollektiven Materie zeigen kann.

Wenn etwas „herabsteigt", gibt es immer einen Widerstand. Sri Aurobindo und die Mutter sprachen von ihren Erfahrungen mit den vier „Asuras", im Prinzip anti-göttliche Kräfte, die in der heutigen Welt aktiv sind. Es gibt den Asura der Dunkelheit, des Leidens, der Falschheit und des Todes. Dies sind die Kräfte, welche sich im Außen zeigen und scheinbar die Ereignisse in der Welt lenken. Interessanterweise sprachen sie davon, daß der Asura der Falschheit während des Zweiten Weltkrieges durch Hitler gechannelt wurde, und wie sehr sie sich bemühten, dem entgegen zu wirken. Es wäre wahrscheinlich gar nicht schwierig, zu entdecken, wie sehr der gleiche Asura jede Menge Politiker in der Zeit nach dem 11. September schon beeinflußt hat. Mit dem Herabsteigen dieses neuen Schwingungsbewußtseins gehen alle unsere veralteten menschlichen Strukturen zu Bruch. Sri Aurobindo betonte immer wieder, daß die Veränderungen zwar sehr groß sein würden, jedoch nicht unbedingt in einer

Katastrophe enden müssten. Die Kraft der Wahrheit löscht automatisch die Falschheit aus – und unsere Welt besteht hauptsächlich aus Falschheit. Und doch, so sagte er immer wieder, beinhalte das supramentale Bewußtsein eine Kraft und Harmoniefähigkeit, welche diesen Widerstand mit anderen Mittel überwinden könne, als mit Kampf und Gewalt. Die Asuras würden, nach und nach, alle in ihre ursprünglichen Emanationen zurückkehren, nämlich in Licht, Leben, Schönheit und Wahrheit. Bei allem, was so in der Welt vor sich geht, wäre es vielleicht interessant, darüber nachzudenken, welche Art der Zerstörung wir hätten in Kauf nehmen müssen, wenn es diese Kraft der Harmonisierung nicht gäbe. Und wann passiert dies alles? Sri Aurobindo und die Mutter glaubten, daß die Weltenbühne für den Quantensprung des Herabsteigens bereit war und dieser in Kürze stattfinden würde. 1968 sprach die Mutter davon, daß die supramentale Transformation unausweichlich sei, und daß sie mit einem Minimum an Zerstörung vor sich gehen würde, obwohl „dieses Minimum auch noch reichlich ist". Sie sagte, das Jahr 2000 würde ein Wendepunkt sein. Ich habe bereits zuvor das exponentielle Fortschreiten der Evolution nach der Zeitrechnung der Maya angesprochen. Könnte ihre Vervollständigung der „Neun Unterwelten" im Jahre 2011 (oder 2012) den Zeitpunkt für das supramentale Herabsteigen bezeichnen?

Vor seinem Tode im Jahre 1950 gab Sri Aurobindo fünf Anzeichen bekannt, welche den Beginn der neuen Ära ankündigen würden. Kurz zusammengefaßt heißt es in seiner Aussage: Das Wissen über die physische Welt steigt exponentiell an; die Menschen werden generell sensitiver und medialer; die dunklen Mächte schließen sich zusammen, um die Kontrolle zu behalten; mit Hilfe neuer Technologien wird die Erde immer mehr zu einer Einheit; es treten immer mehr Menschen in Erscheinung, die, wie Hitler, riesige Menschenmassen beeinflußen können. Wie bereits zuvor besprochen, gibt es immer mehr Anzeichen für eine gewaltige Verschiebung – sei es in alten Kalendersystemen, geologischen Aufzeichnungen, mystischen Prophezeiungen oder in der kosmologischen Forschung. Wenn ich die ökologischen und politischen Realitäten der modernen Welt betrachte, wird mir immer klarer, daß die Probleme der dritten Dimension nicht mit den Mitteln der dritten Dimension gelöst werden können. Spirituelle Forscher, wie es Sri Aurobindo und die Mutter waren, sind mir hier ein großer Trost, weil ihre Visionen und ihr Verständnis aus der direkten Erfahrung eines größeren kosmischen Paradigmas stammen.

Wir können nicht ständig vor den ökologischen und politischen Realitäten unseres Planeten die Augen verschließen. Der Weg in das Zeitalter des Lichtes liegt in der Bestätigung der neuen Realitäten, die bereits in unserer Mitte entstehen. Auf der Gratwanderung zwischen den Höhenflügen eines spirituellen Eskapismus und dem narzißtischen Wühlen in Tod und Untergang, können wir uns dazu entscheiden, mit voller Absicht eine schöne, neue Welt für uns zu entwerfen, die ihre Wurzeln in der tiefsten Wahrheit unseres Seins hat. Damit uns dies gelingt, müssen wir uns zuerst bewußt unseren Schatten stellen, dann eine wahre, echte Hoffnung finden, der Wiedergeburt vertrauen und uns dem Licht der Wahrheit öffnen, welche uns führt. Wir können nur so hoch steigen, wie wir gewillt sind, in die Tiefe zu gehen und oft ist es so, daß das hellste Licht in der Tiefe zu entdecken ist. Dort finden wir Kraft und Hoffnung. Nur wenn wir bereit sind, unsere tief menschlichen, fragmentierten Realitäten zu sehen und anzuerkennen, kann das Licht der Gnade über uns erstrahlen. Wenn wir jetzt eine neue Zeitspirale betreten, werden wir, so meine ich, eine immer schnellere Bewußtseinserweiterung auf unserem Planeten erfahren, gleichzeitig jedoch auch immer stärkeren Widerstand. Wenn ich mich mit meiner tiefsten

Wahrheit verbinde, weiß ich, daß wir die Verschiebung schaffen können, obwohl es wahrscheinlich viele geben wird, die sich dafür entscheiden zu gehen. Das entstehende Bewußtsein kann zum letzten Tanz einer polarisierten Weltsicht aufspielen – wir werden jedoch die ökologischen und politischen Realitäten der dritten Dimension auf unserem Planeten überwinden.

Die Hopis sagen, daß die „große Reinigung" Kriege, Hunger, Seuchen und Erdveränderungen mit sich bringt. Das hat ja bereits begonnen. Wir selbst haben uns jedoch bereits stark verändert, daher wird der Übergang wahrscheinlich weitaus weniger heftig ausfallen, als befürchtet. Wir befinden uns in einer Zeit, in der wir eine große Veränderung des Geistes erfahren. Eine riesige Anzahl von Menschen wird zu diesem Zeitpunkt ihr Erwachen erleben und sich mit dem Lichtkörper verbinden. Wir werden lernen, zwischen den Welten unterwegs zu sein. Wichtig ist, daß wir im Verlauf dieser Änderungen unseren Blick stetig auf das ausgerichtet halten, was jenseits des Offensichtlichen liegt. *Der Weg durch das Tal der Angst kann bewältigt werden, wenn wir uns eine größere planetare und kosmische Perspektive aneignen.* "Führe uns von dem, was unwirklich ist, in die Wirklichkeit", heißt es in einem alten Hindutext. „Führe uns von der Dunkelheit ins Licht, vom Tod in die Unsterblichkeit."

Ein nach und nach erfolgender Bewußtseinsaufstieg, dem ein plötzlicher Quantensprung folgt, ist eine Erfahrung, die man bei den meisten spirituellen Einweihungen macht. Es ist, wie wenn Wasser erhitzt wird und plötzlich zum Kochen kommt und sich in Dampf verwandelt. Wenn die Zeit reif ist, können diese Veränderungen in einem Augenblick geschehen. Jetzt wo wir uns dem galaktischen Zentrum anpassen und die Geburt einer neuen Erde einleiten, kommt der Moment der spontanen Veränderung immer näher. Die Berichte, welche uns über die Nachrichtenmedien erreichen, werden immer beängstigender. Versteht man sie jedoch und bringt sie in den richtigen Kontext, dann sind sie ein Grund zu großer Freude! Ich habe oft davon gesprochen, daß wir die Veränderungen, welche unsere Erde durchmachen muß, durch unsere kollektive Absicht und gemeinsames Gebet abwenden können. Ich bin überzeugt, daß dies stimmt, und doch können wir nicht sagen, welche Veränderungen notwendig sind. Es gibt Kreisläufe von Tod und Wiedergeburt, die unserem evolutionären Wachstum dienen – und dieser nächste Evolutionsschub kann durchaus gewaltige Umwälzungen und eine Neustrukturierung unserer planetaren Realität mit sich bringen.

Die einfachste Art, diesen Übergang zu bewältigen, ist, ihn aus einer evolutionären Perspektive zu betrachten. Dann können wir nämlich mit Freude in diesen Vorgang hineingehen, ohne Angst und ohne uns zu verschließen. Trotz der Schreckensmeldungen von Terrorismus, Krieg und Tyrannei in der heutigen Welt, ist es durchaus möglich, zunehmend angstfrei und freudig der Dinge zu harren, die da kommen sollen. Meine Hoffnung für die Welt kommt tief aus meinem Inneren, wo ich zwar verstehen kann, daß man Angst hat und den Kopf in den Sand steckt, es jedoch selbst nicht mehr tue. So lange wir unsere Augen verschließen, möchten wir weder die Dunkelheit noch das Licht sehen – ich sehe jedoch, daß viele von uns bereit sind, ihre Ängste anzunehmen und damit die Illusionen loszulassen. Wenn wir verstehen, was die Illusionen eigentlich sind, erkennen wir gleichzeitig, daß alles, was wir als „Bedrohung" von außen empfinden, seien es Erdveränderungen, Terrorismus, politische Unterdrückung oder Krieg, letztlich nur unsere nicht angenommenen Schatten sind, die hier ihren Ausdruck finden. Haben wir dies einmal verstanden, dann können wir mit der ungeheuren Kraft der neu entstehenden „Weltseele" damit beginnen, an einer neuen, geeinten Realität mitzuarbeiten. Jenseits aller Äußerlichkeiten, ja sogar jenseits aller kosmischen oder planetaren Kreisläufe, reagieren wir, jeder von uns, auf den supramentalen Abstieg, die Einatmung Gottes, die Rückkehr aller Dinge in die Einheit.

Die Maya sagen, daß das Ende der letzten vier Weltzeitalter durch Feuer, Wind, Eis und Wasser herbeigeführt wurde. Die jetzige Welt wird im „Olin" enden, in der „großen Veränderung". Das kann sich auf eine Verschiebung der Magnetpole oder der geographischen Pole beziehen. Das kann eine Verschiebung innerhalb des Bewußtsein sein, oder alles zusammen. Das kann bedeuten, daß eine Verschiebung in den Dimensionen stattfindet. Egal, wie wir es betrachten, wir stehen an der Schwelle einer massiven Veränderung – an der Schwelle zu einem Neuen Zeitalter. Was nach dem Ende des jetzigen Zeitalters im Jahre 2011 bzw. 2012 sein wird, weiß niemand zu sagen. Die Zeit danach ist wie eine leere Schultafel – und wir halten die Kreide zum Schreiben in der Hand. Zur Zeit finden spektakuläre Dinge auf der Erde statt. Der supramentale Abstieg steht kurz bevor. Wird die menschliche Rasse imstande sein, sich als Kollektiv auf die supramentale Stufe zu erheben? Sri Aurobindo und die Mutter waren davon nicht überzeugt, sie sahen es eher als die Leistung einiger weniger, deren Aufgabe es ist, eine neue Ordnung einzuführen, währen der Großteil der Menschheit davon unberührt bleibt. Das ist schon möglich – aber vielleicht teilen wir uns in der Zukunft in unterschiedliche Zeitlinien auf. Davon werde ich später noch sprechen. Vorher kommen wir aber noch zu der Frage, wer diese Kinder sind, die jetzt in immer größerer Anzahl auf die Erde kommen.

17. Die Kinder der neuen Morgenröte

In seinem Epos *Savitri* beschreibt Sri Aurobindo deutlich die neue Menschenrasse, die sich auf der Erde entwickelt. Sie ist vom heutigen Menschen so verschieden, wie wir von jenen, die uns in der Entwicklung vorangegangen sind.

... Ich sah sie, wie sie in der Dämmerung der neuen Zeit
herunterkamen,
goldäugig waren sie, die Kinder dieser Morgenröte,
Schöpfer-Götter, mit Stirnen voller Ruhe,
bereit, die Barrieren dieser Welt zu brechen,
bereit, im Steinbruch Gottes an ihr Werk zu gehen ...
sie, die Erbauer der Unsterblichkeit.
Sie kamen zu den gefallenen Menschenkindern,
ihr Antlitz noch erleuchtet von Unsterblichkeit ...
sie trugen den Pokal der Freude des Dionysos,
und ihre Lippen sangen unbekannte Hymnen auf die Seele,
ihr Schritt erschuf ein Echo in dem Korridor der Zeit.
Sie waren Hohepriester der Weisheit, Macht, der Süße, des Entzückens;

Entdecker auf dem sonnbestrahlten Weg der Schönheit ...
Ihr Schritt vermag das Leid der Erde zu verändern,
Und läßt das Antlitz der Natur zu Recht im Licht erglühen.
(Savitri, S. 343-4)

Kinder sind schon immer Hoffnungsträger für die Zukunft gewesen. Sie sind die Zukunft unserer Hoffnung, sofern wir überleben. So wie es aussieht, scheint die „Tier-Mensch"-Rasse den Dinosauriern und den anderen Spezies folgen zu wollen, die einst die Erde bevölkerten und jetzt ausgestorben sind. Wird unsere Spezies so zugrunde gehen, wie sie gelebt hat, elend und gewalttätig, oder wird sie etwas hinterlassen, das die Erde wieder zum Leben erweckt? Sri Aurobindo schien zu wissen, daß ein neues Geschlecht, eine neue Spezies unter uns am Entstehen ist. Es braucht jedoch noch lange Zeit bis dies geschieht. Er sah auch, daß eine Interimspezies entstehen müsse, bevor die wahre supramentale Spezies die hohen Bereiche der gereinigten Erde betreten kann. Er sah, daß jede weitere Generation dieses Evolutionspotential in sich trägt, und wir uns, durch die Stufe des „Mensch-Menschen" zum „Übermenschen" entwickeln müssen, bevor die Rasse der „supramentalen Wesen" sich im „wahren physischen Bereich" der Materie der dritten Dimension verankern kann.

Die Mutter und Sri Aurobindo meinten, daß es noch etwa 300 Jahre dauern würde, bis die Bedingungen auf der Erde die Inkarnation supramentaler Wesen gestatten. Beobachtungen scheinen jedoch zu bestätigen, daß die Interimspezies bereits hier ist. Gehören die Indigo-Kinder, die Kristall-Kinder oder die Kinder von Oz bereits dazu? Sind sie diejenigen, welche die Menschheit in ein Neues Zeitalter des Bewußtseins führen und die Basis für die Ankunft der neuen Spezies schaffen? Sind sie diejenigen, welche Aurobindo so wunderbar beschreibt?

Ich versuche, mich auf das Bewußtsein einzustimmen, in welchem Sri Aurobindo das Epos geschrieben hat. Ich kann nicht herausfinden, ob er mit den „goldäugigen Kindern der wunderbaren Morgenröte“ die Interimspezies meint, oder ob sie bereits zu der supramentalen Rasse gehören. Vielleicht ist es auch gar nicht so wichtig. Vielleicht genügt es, daß ich weiß, daß sie kommen und die Barrieren des Bewußtsein niederreißen, daß sie die Unsterblichkeit errichten und daß sie herabgestiegene Meister des Lichtes sind, die endlich die Möglichkeit haben, sich in Körper gereinigter Erdmaterie zu inkarnieren. Ich kenne viele, die wie ich auf dem „Aufstiegsweg“ sind. Wir haben unsere innere Arbeit absolviert, unseren Körper gereinigt, wir haben meditiert und mit Engeln und Aufgestiegenen Meistern gesprochen. Wir haben versucht, unseren „Lichtkörper“ entstehen zu lassen, die „Merkabah“ auszudehnen, die Stränge unserer DNA neu anzuordnen, kurz, wir haben versucht, auf jede nur erdenkliche Art der physischen Unsterblichkeit näher zu kommen. Und trotzdem werden wir krank und unser Körper altert. In unserem Unterbewußtsein gibt es noch so viele Dinge, die nicht aufgearbeitet sind, und wir sind immer noch karmisch mit den unterbewußten Bereichen des Planeten verbunden, in denen die mächtigen Illusionen der Dunkelheit, der Falschheit, des Leidens und des Todes Zuhause sind.

Vielleicht maßen wir uns eine Rolle an, die uns noch gar nicht zusteht. Vielleicht sollen wir von diesen Möglichkeiten träumen und den Samen der Hoffnung säen – und andere, nach uns, werden diese Träume erreichen und diese Realitäten umsetzen. Die Mutter sagt, daß der supramentale Bereich am 29. Februar 1956 zum ersten Mal in ihren Zellkörper, und damit in das „Geistesfeld“ der Erde gebracht wurde. Der Traum, welcher in den supramentalen Welten bereits vorhanden war, wurde zu diesem Zeitpunkt in das Massenbewußtsein eingebracht und jede nachfolgende Generation hat ihn weitergetragen. Vielleicht sollten wir es nicht als Versagen betrachten, wenn es uns in dieser Lebenszeit noch nicht gelingt, unseren Körper unsterblich zu machen und das Christusbewußtsein zur Gänze zu erfahren. Wenn unsere Kinder und Enkel ihre Rolle in der Erdheilung wahrnehmen, wenn sie die Kluft zwischen Geist und Materie überbrücken und dem Leiden, das diese Kluft hervorgerufen hat, ein Ende bereiten, werden wir vielleicht imstande sein, als ihre Kinder in neuen, befreiten, supramentalen Lichtkörpern wieder auf die Erde zu kommen!

Wer sind nun diese neuen Kinder? Was versprechen sie uns? Sie denken anders als wir, ihr Emotionalkörper geht mit Gefühlen anders um, ihr Energiekörper ist imstande, höhere Seelenschwingungen auszuhalten und sie haben neue Visionen, die sie mit uns teilen können. In der Gesellschaft, so wie wir sie kennen, sind sie Außenseiter. Viele von ihnen sind medial begabt und können heilen, und sie brauchen besondere Unterstützung, um diese Fähigkeiten zu kontrollieren und auszubilden. Drunvalo Melchizedek unterscheidet zwischen den Indigo und den supermedialen Kindern, die ich lieber als Violette Kinder bezeichne. Jimmy Twyman nennt sie in seinem Buch *Emissary of Love* die Kinder von Oz. Er berichtet ausführlich über seine eigenen Erfahrungen mit ihnen und über das, was sie der Welt mitteilen wollen. Meiner Meinung nach sind die Indigo-Kinder jetzt in der Altersgruppe zwischen 20 und 40 Jahren, oder älter. Die gegenwärtige Generation der „Lichtarbeiter“ gehört dazu. Die Violetten Kinder sind jünger und haben einen anderen Auftrag. So brauchen sie z.B. keine Bücher wie dieses zu lesen, um zu wissen, was die Wirklichkeit ist. Sie sind in einem globalen Netzwerk direkt miteinander verbunden – und diese Verbundenheit spiegelt ein neues morphogenetisches Netz auf der Erde wider. Sie sind vielleicht die ersten der zukünftigen Generationen, die in das „supramentale Bewußtsein" eintreten, so wie Sri Aurobindo es vorhergesehen hat. Man bezeichnet sie auch als die Kristallkinder.

Steve Rother (www.lightworker.com) steht seit vielen Jahren in Kontakt mit Lichtwesen, welche sich selbst als „die Gruppe" bezeichnen. Sie sprechen von dem neuen Planeten Erde, welcher am Entstehen ist, und haben auch sehr viel über die Kristallkinder zu sagen. Ihrer Meinung nach sind die Indigo-Kinder gekommen, um unsere alten Paradigmen in den Grundfesten zu erschüttern und Platz zu schaffen für die nächste Stufe der Evolution, die „Kinder der Kristallschwingung". 1996, als die Gruppe ihre Durchsagen begann, sprachen sie davon, daß sie wiederkommen würden, wenn es uns gelingt, den Planeten sicher zu machen. Trotz aller gegenteiligen äußeren Umstände, scheint der Planet jetzt sicher genug für sie zu sein, denn sie gaben vor kurzem bekannt, daß bald mit der Ankunft der Kristallkinder zu rechnen sei. Der folgende Auszug ist der Website von Steve Rother entnommen, die ungekürzte Version ist unter www.lightworker.com/beacons zu finden. Diese Information hat einen tiefen Eindruck bei mir hinterlassen, und sie paßt auch mit dem zusammen, was Sri Aurobindo und die Mutter für unsere Zukunft vorhersehen. Ich würde die Indigo-Kinder mit Sri Aurobindos „Menschen-Menschen" gleichsetzen, und die Kristall- (oder Violetten) Kinder mit seinen „Übermenschen".

„Jene, die Ihr Indigo-Kinder nennt, haben die Aufmerksamkeit der Menschheit bereits neu ausgerichtet. Es ist ihre Arbeit und ihr Opfer, das Euch die Möglichkeit gibt, in Eurer Realität einen Raum zu schaffen für Menschen, die größere Kräfte besitzen. Diese Kinder haben viel geleistet und können jetzt zu Erwachsenen werden. Wenn dies geschieht, werden sich damit auch die Paradigmen alles Folgenden verändern. Die Indigo-Kinder haben eine Veränderung in Eurer Einstellung zu allem, was mit Kindern zu tun hat, herbeigeführt. Seht nun welche Wunder geschehen, wenn diese Kinder zu Erwachsenen werden. Stellt Euch vor, was geschieht, wenn die ersten dieser Kinder hohe Stellungen als Weltenführer erreichen. Diese Entwicklung wird die Erde fest in der ausgeglichenen Kristallenergie verankern. Und Ihr werdet sehen, daß Menschen mit großen Kräften plötzlich ihren Platz auf der Erde haben, egal welchen Glaubens, welchen Geschlechts oder welcher Herkunft sie sind. Die Arbeit jener, die Ihr als Indigo-Kinder bezeichnet, wird auf immer als die große Verschiebung bekannt sein. Sie sind in eine harte Welt gekommen, sie haben sie erschüttert und haben Euch dazu gebracht, die Dinge neu zu überdenken. Diese wunderbaren Wesen sind sehr direkt und Ihr habt sie daher vielleicht als ungehobelt empfunden. Die größte Herausforderung für sie ist es, Langeweile ertragen zu müssen. Gesegnet seien die Indigo-Kinder, denn sie öffnen Euch die Türe. Laßt uns nun berichten, was hinter dieser Türe liegt.

Die Kinder der Kristallschwingung sind, was Ihr als magisch bezeichnen würdet, und sie haben Fähigkeiten, die Ihr jetzt noch nicht verstehen könnt. Die Kristall-Kinder haben zwei Seiten: sie sind sehr mächtig, gleichzeitig aber sehr verletzlich. Sie sind hoch entwickelte Wesen und wissen, was Energie ist. Menschen, welche die Kristallschwingung in sich haben, können mit Leichtigkeit Dinge bewirken, die Ihr für unmöglich haltet. Menschenkinder werden magische Fähigkeiten entwickeln, wie Ihr sie noch nie gesehen habt. Ihr grundsätzliches Verständnis der Energie macht es ihnen möglich, die Energie auf neue Art einzusetzen. Vielleicht ist dies bei bestimmten Energieformen, die Ihr für Euren Gebrauch verwendet, nicht ganz so einfach und die ersten Kristall-Kinder werden vielleicht ihre Mühe damit haben. Speziell die Elektrizität wird nicht so leicht für sie zu zähmen sein. Die Energiezusammensetzung dieser Kinder kann bei Elektrogeräten erstaunliche Reaktionen auslösen. Es ist nicht leicht für sie, ihre energetischen Grenzen zu definieren und daher reagieren sie empfindlich auf elektromagnetische Felder. Was geschieht ist, daß sie Energie, die sie nicht aufnehmen können, reflektieren. Bis sich die Kinder an die Elektrizität gewöhnt haben, wird sicher der eine oder andere Kurzschluß manchen Geräten den Garaus machen. Ihr werdet Kinder sehen, die Gegenstände auf eine Art bewegen können, die Euch unbegreiflich ist. Auch können sich bei ihnen physische Sinne entwickeln, die es, menschlicher Erfahrung nach, bis dato noch nie gegeben hat. Auch die Wissenschaft wird nicht erklären können, was es eigentlich ist, das diese Kinder einfach Energie nennen.

Zunächst werden sich Kristall-Kinder in Gruppen zusammenfinden, wo sie füreinander Platz schaffen können. Sie werden Gruppen bilden und miteinander groß werden, wobei sie einander energetisch unterstützen. Das machen sie alles selbst, d.h. daß Eltern solcher Kinder sich nicht darum sorgen müssen, das beste Umfeld für ihr Kind zu finden. Es werden Gruppen „magischer Kinder" entstehen, deren Mitglieder Fähigkeiten besitzen, die weit über das normale Maß hinausgehen. Mit der Zeit werdet Ihr Euch an die Energie gewöhnen und damit auch an die seltsamen Geschichten, die sich um die erstaunlichen Fähigkeiten mancher Kinder ranken. Registriert solche Dinge, denn sie sind das physische Anzeichen dafür, daß die menschliche Rasse sich entwickelt. Dies ist die Wiederkehr der Kinder der Kristallschwingung." Die Gruppe berichtet weiter, daß die Kinder, die wir jetzt sehen können, die „Pfadfinder" sind, welche kontrollieren sollen, ob, sozusagen, die Luft schon rein ist. Sie haben außergewöhnliche Kräfte, allerdings sind diese nur ein Bruchteil der Energie, die noch kommen soll. Sie sind nicht nur imstande, unsere Gedanken zu lesen, sie sehen auch in unser Herz. Es gibt keine Geheimnisse mehr. Ihre Sensitivität übersteigt unser Vorstellungsvermögen – doch diese Sensitivität ist nicht nur ein Geschenk, sondern gleichzeitig eine Belastung:

„Ungleich den Indigo-Kindern sind die Kristall-Kinder derart sensitiv, daß die Unfreundlichkeit, welche Menschen in ihren Herzen tragen, für sie eine Bedrohung darstellt. Einige werden sich in sich selbst zurückziehen, um Sicherheit zu finden. Manche Menschen werden das als Schwäche auslegen und versuchen, diese sanften Geschöpfe auszunützen. Doch dies wird nicht möglich sein, seid beruhigt! Die Kinder der Kristallschwingung sind viel mächtiger, als wir uns das vorstellen können. Sie haben vielleicht Schwierigkeiten damit, ihr Umfeld zu verstehen und damit zu interagieren, doch sie wissen ganz genau, wer sie sind und kennen ihre Macht." Die Gruppe sagt, daß die größte Schwierigkeit für die Kinder ihre Unfähigkeit ist, mit der Angst anderer Menschen umzugehen. Der größte Teil unserer Angst besteht aus Existenzängsten – diese Kinder kommen jedoch aus einem System, das Mangel nicht kennt und daher auch nicht die Angst. Wir werden ihnen dabei helfen müssen, mit der Angst, die um sie ist, fertig zu werden – das heißt, wir werden uns mit unseren tief verwurzelten Gewohnheiten von Angst, Trennung, Begrenzung und Mangel auseinandersetzen müssen!

Ich habe mit drei Jugendlichen aus verschiedenen Teilen der Welt gesprochen, die wahrscheinlich solche Kristall-Pfadfinder sind. Sie sind sich ungeheuer ähnlich. Ihre Kräfte sind gewaltig und absolut real, und ihre Sensitivität ebenso. Sie können kraft ihrer Gedanken Dinge von einem Ort zum anderen bewegen, sie können Blitze herbeirufen oder das Wetter verändern, und sie können bewußt positive Veränderungen innerhalb ihrer Zell-DNA herbeiführen. Sie können heilen und sind der Meinung, dies auch für andere tun zu können, wenn man sie darum bittet. Sie wissen, daß es noch andere gibt, die so sind, wie sie selbst, weil sie sie in ihren Gedanken spüren können; physisch betrachtet fühlen sie sich jedoch oft sehr einsam. Sie haben Kontakt zu Feen, Engeln und multidimensionalen kosmischen Wesen. Es fällt ihnen sehr schwer, Menschen zu finden, denen sie vertrauen können, und sie haben gelernt, den Erwachsenen, die um sie sind, nicht alles zu sagen, was sie wissen. Wie Fremde in einem fremden Land haben sie Mühe, die egoistischen und beschränkten Perspektiven der menschlichen Gesellschaft nachzuvollziehen; die meisten Menschen haben Angst vor ihrer Direktheit und Empfindlichkeit. Sie sind frustriert, weil sie wissen, daß sie zum Helfen hier sind, sich aber nicht getrauen, ihre Kraft zur Unterstützung der Erde wirklich einzusetzen, weil dies sehr viel Chaos nach sich ziehen könnte. Ihrer Meinung nach wird es zu einem Kampf gegen das Böse kommen, der jedoch schlußendlich positiv enden wird.

Ich tausche Emails mit vielen Leuten aus, welche bereits mit Indigo- und Kristall-Kindern arbeiten oder dies tun wollen. Es gibt viele Eltern oder Lehrer solcher Kinder, die wissen möchten, was sie tun sollen, um diesen Kindern das Aufwachsen zu erleichtern. Viele haben angefragt, ob es spezielle Schulen für sie gibt. Viele fragen, ob es nicht eine Website gibt, über die sie mit anderen Kontakt aufnehmen zu können. Viele können die schönsten und interessantesten Geschichten von ihrem Zusammentreffen mit solchen Kindern erzählen. Viele berichten herzzerreißend von solchen Kindern, die es in der Welt nicht geschafft haben und verloren gegangen sind. Wenn jemand von Euch, liebe Leser, etwas zu diesen erwähnten Themen zu sagen weiß, dann bitte ich Euch, das interaktive Forum „Kinder der neuen Morgenröte" auf meiner Website www.doorwaytoeternity.com aufzusuchen. Dies wäre auch ein Treffpunkt, wo sich solche Kinder kennenlernen und sich über ihre Gabe, ihre Schwierigkeiten und ihre Ideen für eine bessere Welt austauschen können. Sri

Aurobindo und die Mutter wußten aus ihrer eigenen Erfahrung, daß die supramentale Erde bereits auf einer anderen Dimension existiert. Vielleicht auf der fünften. Ihrem Gefühl nach wäre nur ein Brückenschlag nötig, um diese Dimension in das planetare Bewußtsein zu bringen. Vielleicht sind die Kristallkinder diese Brücke. Mit der Zeit, wenn sich dieses Bewußtsein auf der Erde vertieft und sie einander gefunden und gelernt haben, im Rahmen der alten Strukturen der Erde zu arbeiten – wobei die alten Strukturen Platz machen für neue, die ihnen und dem supramentalen Leben auf der Erde behilflich sind - , dann befinden wir uns an der Schwelle zu einer kollektiven planetaren Verschiebung. Die goldäugigen Kinder treten dann ihr Erbe der neuen Morgenröte an.

Es gibt eine Geschichte mit Namen „Der hundertste Mensch", welche sicherlich in den kommenden Jahren noch oft erzählt werden wird. Vor langer Zeit, so wird man sagen, gab es auf einer Gruppe von Inselkontinenten auf einem Planeten mit Namen Erde eine primitive Spezies. Sie gaben sich unendlich Mühe, die Fassade aufrecht zu erhalten, daß jeder von ihnen in einer eigenen Welt lebte – denn dahinter konnten sie sich verstekken und ihre Verzweiflung über diesen Zustand verbergen. Sie lebten auf dem schönsten aller Planeten, ihre Gedanken jedoch befaßten sich nur mit Hässlichkeit und Tod – und das war es dann auch, was sie erschufen. Und sie errichteten hohe Mauern um sich herum, damit sie die Folgen ihrer Handlungen, und damit ihrer Schöpfung, nicht sehen mußten. Eines Tages kam eine Gruppe von Anthropologen von einem nahegelegenen Sternensystem, um diese seltsame Rasse zu studieren. Nach vielen Jahrhunderten der Beobachtung bemerkten sie, daß ein Menschenkind, ein Mädchen, imstande war, die Mauern des selbst verursachten Exils niederzureißen. Dies war ein äußerst seltsames Verhalten, und, siehe da, am nächsten Tag ging sie hin und lehrte ihren jüngeren Bruder, wie man das macht. Über die nächsten Wochen und Monate verbreitete sich diese Technik und selbst die Erwachsenen begannen damit. Man pflanzte Bäume, schuf Felsgärten, und sinn- und zwecklose Schönheit und Ausbrüche von Freundlichkeit, die es nie zuvor gegeben hatte, standen plötzlich auf der Tagesordnung.

Und dann geschah etwas Wunderbares. Es gab zu dem Zeitpunkt bereits 99 Menschen, die gelernt hatten, ihre Mauern niederzureißen. Eigentlich hätten es, so wie die Dinge liefen, am nächsten Tag 100 sein sollen. Doch es war etwas geschehen. Die Kinder hatten gelernt, sich über ein Bewußtseinsfeld, wie sie es nannten, miteinander zu verbinden – und dieses Feld erweiterte sich explosionsartig und umhüllte den gesamten Planeten. Nicht nur die Menschen dieses einen Inselkontinents, nein, die Menschen aller Inselkontinente des Planeten erwachten plötzlich zu ihrer Einheit. Sie öffneten die Augen und sahen die sonnenbeschienenen Pfade der Schönheit, sie lernten miteinander zu spielen und zu tanzen. Eine neue Welt war geboren!

18. Mannigfaltige Zeitlinien und das Neue Avalon

Es gibt eine Erzählung, in der es heißt, die Spanier und ihre großen Schiffe seien bei ihrer Ankunft für die Eingeborenenvölker Südamerikas unsichtbar gewesen. Sie hatten in ihren Köpfen keine Vorstellung gespeichert, die Schiffe dieser Größe beinhaltete – also sahen sie sie einfach nicht. Erst die Schamanen, welche ja darin geschult waren, andere Realitäten wahrzunehmen, konnten sie erkennen und in der Folge allen anderen zeigen. Ein neues Zeitalter entsteht in unserer Mitte. Für viele von uns ist dies ein Konzept, das unser Geist nicht fassen kann, daher verschließen wir davor die Augen. So wie wir die Situation wahrnehmen, - oder eben nicht - , so wird sie für uns sein und dann „verpassen wir den Zug". Was sind denn die Anzeichen für dieses Neue Zeitalter? Wie sieht die Realität der vierten und fünften Dimension aus? Könnten wir sie besser erkennen, wenn wir wüssten, wonach wir eigentlich suchen? Die Realität der vierten Dimension ist gar nicht so verschieden von unserer jetzigen, der dritten Dimension zugehörigen Realität. In einigen esoterischen Traditionen ist die physische Ebene aus sieben

Unterebenen oder Zuständen zusammengesetzt – fest, flüssig, gasförmig und die vier höheren Äther, welche Bestandteil unserer ätherischen Körper sind. Wenn wir uns nun in die vierte Dimension begeben, haben wir immer noch Körper, die aus Materie bestehen und wir leben auf einer nach wie vor physischen Erde. Der einzige Unterschied ist, daß unsere Augen auch imstande sein werden, ätherische Dimensionen zu sehen und daß die Materie eine höhere Schwingung hat. Die Dualität ist ebenfalls noch vorhanden, und wir können uns für Gut oder Böse entscheiden – was sich allerdings viel schneller in unserer äußeren Form manifestieren wird als dies jetzt der Fall ist. Die zerstörerischen Kräfte sind in der vierten Dimension ebenso verstärkt wie die Kraft, Dinge zu erschaffen. Unser Absturz in die dritte Dimension war damals ein wahrer Segen für uns, da wir im Begriff waren, in einem Krieg der vierten Dimension ganze Galaxien zu vernichten. Unsere „Auszeit" in der dritten Dimension hat uns die Möglichkeit gegeben, spirituell reifer zu werden und wertvolle Lektionen karmischer Weisheit zu lernen, bevor wir in die höheren Dimensionen der Evolutionsspirale zurückkehren.

Erst beim Eintritt in die fünfte Dimension beginnt das wahre Zeitalter des Lichts. Dann haben wir unsere karmische Lehre abgeschlossen und in einem geeinten globalen Bewußtsein verankert. Dann haben wir die physische Materie mit den strahlenden Feldern astraler Materie verbunden und uns an unsere Lichtkörper gewöhnt. Teleportation wird möglich und unsere schöpferischen Kräfte kommen zur vollen Blüte. Als Aufgestiegene Meister erkennen wir, daß die uns so vertrauten Begrenzungen der physischen Form nicht länger gelten. Unsere Seele hat ihre Verknüpfung mit der Dualität aufgegeben und grenzenlose schöpferische Liebe wird Vorbild für alles, was lebt. Wenn wir erst einmal die physischen Ebenen der Materie der dritten und vierten Dimension hinter uns gelassen haben, ist die Erfahrung der dimensionalen Ebenen innerhalb der aufwärts drehenden Spirale eine ganz andere, als in der abwärts drehenden, die ich im Kapitel über den Abstieg Luzifers angesprochen habe. Jetzt, nach all unserer Erfahrung mit der Dualität und nach unserer engen Verbindung mit der Materie, können wir uns in einem Bereich der Schöpferkraft in Einheit mit dem Schöpferbewußtsein bewegen, wie uns das nie zuvor möglich war. So seltsam dies klingen mag, ist es auch der nächste Schritt in der Entwicklung Gottes selbst!

Ich habe bereits die Zeitspirale der vierten Dimension, welche am 26. Juli 2000 ihren Anfang genommen hat, angesprochen. Ebenso war bereits die Rede von den Dimensionen, welche mit Schwingungsfrequenzen im Zusammenhang stehen. Was hat dies mit unserer gegenwärtigen planetaren Initiation zu tun? Ein wesentliches Element der Zeit der vierten Dimension ist, daß sie gleichzeitig ablaufende parallele Zeitlinien enthält. Anders ausgedrückt, gibt es nicht nur eine einzige, lineare „Realität", die für alle Menschen Gültigkeit besitzt, sondern viele gleichzeitig ablaufende Versionen dieser Realität, welche von verschiedenen Menschen, entsprechend ihrer Schwingungsfrequenz, unterschiedlich wahrgenommen werden. Je tiefer wir in die Zeit der vierten Dimension eindringen, desto vielfältiger werden diese Zeitlinien. Haben sie das Maximum an Divergenz erreicht, dann teilen sich diese Zeitlinien nach und nach im Massenbewußtsein und schaffen dort das „Szenario der Mehrfachwelt", wie es Windrider beschreibt, bzw. den „Zustand der Verzückung" nach christlichem Verständnis. Wenn diese mannigfaltigen Zeitlinien einmal voneinander getrennt sind, enthalten sie auch eine Erde der fünften Dimension, einen Planeten des Lichts. Es erfüllt mich mit großer Kraft, wenn ich mich diesem Konzept annähere. Ich meinte immer, Windriders Idee des geeinten Aufstiegs sei

„besser" als die der Mehrfachwelt. Es gibt einen Anteil in mir, der bezüglich der Realität der dritten Dimension ein bißchen naiv ist – am liebsten wäre mir gewesen, ein kosmischer Zauberstab hätte allen Menschen der Erde einfach Frieden und Einheit gebracht. Was, wenn nach den Ereignissen des 11. September und ihren Nachwirkungen, es immer noch Seelen gibt, welche die Erfahrung der Dualität benötigen? Was, wenn nicht alle den Weg des Aufstiegs wählen? Würde ich mir in meiner Arroganz immer noch wünschen, dies jemandem aufzuzwingen, nur um es für andere verfügbar zu machen?

Wenn man die sich kreuzenden, parallelen Zeitlinien versteht, findet man eine Erklärung. Als Reaktion auf die höheren Frequenzen, welche auf die Erde einströmen, kann jeder von uns Entscheidungen treffen, die mit seinen individuellen Seelenbedürfnissen im Einklang stehen. Wenn wir nicht mehr nur in einer einzigen Realität gefangen sind, besteht kein Grund mehr, gegensätzliche Versionen der Realität zu bekämpfen! Unsere kreative Vision kann dann die unmögliche Aufgabe, zwei grundsätzlich polare Paradigmen auf einen gemeinsamen Nenner zu bringen, sein lassen und damit beginnen, gemeinsam mit Gleichgesinnten eine planetare Realität zu definieren und zu entwickeln, die auf der tiefsten Sehnsucht unserer Seele beruht. Dazu kommt, daß wir bei unserer Vorbereitung zum Aufstieg in die fünfte Dimension, nicht mehr länger durch eine physische Form oder einen physischen Raum eingeschränkt sind. Die Realität der fünften Dimension schwingt in einer Frequenz, die uns vollständig aus der physischen Form, wie wir sie jetzt kennen, herausnimmt, und wir gehen, individuell und als Planet, in unseren Lichtkörper über. Wir haben die Dualität von Gut und Böse und selbst die von Zeit und Raum überschritten. Wenn wir zu dem erwachen, was wir wirklich sind, dann entstehen innerhalb dieser dimensionalen Realität praktisch unendlich viele Möglichkeiten des schöpferischen Ausdrucks. Ich habe mich oft gefragt, was die Ereignisse um den Terroranschlag auf das World Trade Center am 11. September 2001 mit Windriders zwei Wahrscheinlichkeitsrichtungen zu tun haben. Haben wir das Szenario der Mehrfachwelten gewählt und werden auf unserem Weg tiefer in die Zeitlinie der vierten Dimension hinein immer stärkerer Polarisation begegnen?

Mir wäre es lieb, wenn wir immer noch die Möglichkeit hätten, den geeinten Aufstieg vorzunehmen, und vielleicht ist das sogar der Fall. Gleichzeitig wird es mir aber auch immer klarer, daß Anteile unseres Massenbewußtseins die alten Paradigmen der Gier, der Versklavung und der globalen Kontrolle nicht loslassen wollen. Diese Entscheidung muß man respektieren, es besteht aber kein Grund, warum sie jene betreffen sollte, die willens sind, in das neue Paradigma der Liebe, der eigenen Kraft und der globalen Freiheit einzutreten. In den kommenden Monaten und Jahren wird sich vieles zeigen und ans Licht gebracht werden. Und es werden Entscheidungen fallen. Ich glaube, daß, so oder so, Mutter Erde bereit ist, weiter zu gehen und bin davon überzeugt, daß dies auch für die Mehrheit der heute auf ihr lebenden Wesen zutrifft. Ich habe vorhin die Reihe von begleitenden Magnetpolumkehrungen angesprochen, die nicht nur die Pole umkehren, sondern auch die Erddrehung. In diesem Augenblick des Nullpunkts, der dem der galaktischen Überquerung entspricht, ist es, als würde das gesamte Gittersystem der Erde neu eingestellt, inklusive ihrer Zeit- und Raumkoordinaten, ihres feinstofflichen Körpers und der morphogenetischen Felder aller Wesen, die auf ihr leben. *Und genau hier, in dieser großen kosmischen Zeitfalte, kann die Trennung in mehrere gleichzeitig verlaufende, parallele Zeitlinien stattfinden.*

Die „Super-String-Theorie", die aus der Quantenphysik entstanden ist, spricht von einem geeinten Feld, aus dem sich Mehrfachdimensionen entwickeln. Es gibt auch ein von Richard Hoagland eingeführtes, immer bekannter werdendes wissenschaftlich-philosophisches Fachgebiet mit Namen „Hyperdimensionale Physik", welches behauptet, daß die Realität der dritten Dimension nur eine Unterordnung innerhalb der Reihe höher dimensionierter Realitäten darstellt, die einander in planetaren Kreuzungspunkten schneiden. Michio Kaku bespricht dies auch in seinem Buch *Im Hyperraum*. Ich glaube, daß diese Parallelwelten und dimensionalen Realitäten den verschiedenen Gittersystemen entsprechen, die zur Zeit auf unserem Planeten zu finden sind.

Es besteht die große Wahrscheinlichkeit, daß sich seit dem 11. September 2001 unsere kollektiven Zeitlinien bereits zu spalten begonnen haben. Die theoretische Möglichkeit für solch eine Divergenz wird in der Super-String-Theorie und der Hyperraum-Physik angesprochen. Sollte dies tatsächlich der Fall sein, dann werden wir uns zum selben „Zeitpunkt" gleichzeitig in zwei oder mehr Realitäten hineinbewegen. Die Zeitlinie der dritten Dimension könnte Naturkatastrophen erleben, die die Erde erschüttern, während die Zeitlinie der vierten Dimension ein massives spirituelles Erwachen erfährt. Vielleicht gibt es bereits Menschen auf der Zeitlinie der fünften Dimension, die dann auf direktem Weg den planetaren Aufstieg durchlaufen. Die gleichen Möglichkeiten gelten auch für die Art, wie wir in Zukunft Ereignisse erleben, die als „Nachwehen" der Terroranschläge vom 11. September 2001 geschehen. Einige erfahren sie vielleicht als eine Zeitlinie des Weltkriegs, des Leidens, des ständigen Niedergangs bürgerlicher Freiheit, während es für andere vielleicht zunehmende Freude, Freiheit und die Erfüllung ihres spirituellen Geschickes hier auf Erden bedeutet.

Jede dieser Zeitlinien steht im Zusammenhang mit einem Gittersystem. Das Becker-Hagen Planetengitter ist mit einer Erde der dritten Dimension verbunden. Mit der Vervollständigung des Christusbewußtseins-Gitternetzes entsteht für alle, dies sich dafür entscheiden, die Möglichkeit einer Parallelrealität der vierten Dimension. Ähnlich sorgt das Aufstiegsgitter dafür, daß die Zeitlinie des planetaren Aufstiegs, die der fünften Dimension zugehörig ist, zugänglich wird. *Wenn wir uns dem Nullpunkt nähern, könnte sich uns eine Unzahl von Zeitlinien öffnen, die uns genau in die dimensionale Realität hineintragen, welche unser Bewußtsein bereit ist, zu erforschen.* Wir können uns so weit aufwärts bewegen, wie wir imstande sind, uns den Möglichkeiten zu öffnen, und wir können Zeitlinien-Gruppen bilden, abhängig davon, wer mit uns diesen Weg gehen will. Wenn wir uns dann durch diese Zeiten bewegen, laßt uns ganz fest darauf konzentrieren, was wir erschaffen wollen.

Ich möchte auch ausdrücklich darauf hinweisen, daß das Szenario der mannigfaltigen Zeitlinien nicht als „Flucht vor der Wirklichkeit" betrachtet werden darf. Ich erinnere mich gut daran, wie ich als Jugendlicher so sehr davon überzeugt war, daß die „Wiederkunft" Jesu, umgeben von den Feuern von Armageddon, unmittelbar bevorstand, daß ich niemals das Gefühl hatte, an der Verbesserung der Welt, so wie sie zu diesem Zeitpunkt war, mitwirken zu müssen. „Jesus wird sich schon darum kümmern," dachte ich in meiner Naivität und alles, was ich dazu tun müsse, sei daran zu glauben. Nichts liegt mir ferner als zu sagen, wir sollten nichts mehr für eine positive Veränderung der Welt tun, bloß weil wir wieder ein „Hintertürchen" aus der Realität zu sehen meinen. Wir können nicht einfach unsere Verantwortung abgeben, das Leiden und die Ungerechtigkeit auf der Erde zu vermindern, bloß weil wir meinen, daß wir uns in eine andere Zeitlinie „retten" können. Für mich ist dieser

Gedanke ein Anreiz zu einer tieferen, freudigeren und mutigeren Mitwirkung an der Verbesserung des Lebens für alle Wesen dieser Erde. Was ich hier aufzeige, ist eine Formel zur Freude, nicht zur Apathie. Und selbst wenn es länger dauert – ich habe die Hoffnung auf die Möglichkeit eines gemeinsamen Aufstiegs noch nicht aufgegeben.

Als ich mit Barry Martin über dieses Thema sprach, meinte er, daß, genauso wie das Mehrfach-Persönlichkeits-Syndrom, auch das Szenario der Mehrfach-Zeitlinien ein Überlebensmechanismus der Anpassung ist, dessen sich Gaia bedient, um das Trauma dieser Zeit zu bewältigen und um den drei Seelengruppierungen Raum zu bieten. Es entsteht dadurch jedoch eine senkrechte Teilung in der Seele von Gaia. Selbst wenn eine Erde der vierten oder der fünften Dimension die von himmlischen oder irdischen Ereignissen ausgelösten Katastrophen nicht ganz so empfindet, wie das eine Erde der dritten Dimension tut, so sind die Ereignisse trotzdem durch die interdimensionalen Gitter spürbar, und Gaia, als geeinte Seele, müsste diese Seele wiederfinden und Heilung suchen. So lange nicht wirklich alle Aspekte ihrer Seele integriert sind, kann sie nicht in die fünfte Dimension eintreten. Vielleicht ist das Szenario der mannigfaltigen Zeitlinien die Methode, um diesen drei Seelengruppen entweder die Möglichkeit zu geben, ihren karmischen Pfad des Lernens zu beschleunigen, die neue Erde zu bilden oder die Aufstiegs-Gitternetze zu verankern, so daß sich die drei Seelenaspekte von Gaia nach und nach in größerer Ganzheit wieder miteinander verbinden können. Wenn dies der Fall sein sollte, dann folgt der geeinte Aufstieg möglicherweise dem Szenario der mannigfaltigen Zeitlinien! Ich möchte nochmals darauf hinweisen, daß alles, was in diesem Kapitel beschrieben wird, meiner Intuition entstammt und auf der bestmöglichen Interpretation der Fakten beruht, die mir im Moment bekannt sind. Was aber, wenn sich das morgen schon wieder ändert? Das schwierigste beim Schreiben ist, daß es den Worten eine eigene Realität schafft, unabhängig davon, ob und wie sich meine eigene Wahrnehmung verändert – und ich habe nicht die geringste Absicht, wie der „Rattenfänger von Hameln", Menschen einen Weg entlang zu führen, der nicht ihr eigener ist. Bitte, kontrolliert Eure Fakten selbst. Kontrolliert, ob sie im Einklang mit Eurer Seele stehen. Sollte irgend etwas von dem, was ich sage, im Gegensatz zu einer Information von „außen" stehen, dann sagt mir das, bitte. Ich betrachte mich als einen kosmischen Berichterstatter, der mit den Augen der Intuition versucht, tiefer in die bestehenden wissenschaftlichen und esoterischen Tatsachen einzudringen, aber ich kann nur die Informationen dazu verwenden, die ich habe. Bringt mich, bitte, ja nicht in die Situation, daß etwas nur darum wahr ist, weil „Kiara es gesagt hat". Die einzige Möglichkeit, von einem Podest, auf das man gestellt wurde, wieder herunterzukommen, ist herunter zu fallen. Ich habe beides miterlebt und schätze weder das eine noch das andere.

Ich halte mich nicht so sehr für einen Propheten als für einen Visionär. Die meisten von uns erleben die Welt durch die Filter der Glaubensgrundsätze, auf welche wir konditioniert wurden So, wie die Ureinwohner Südamerikas die spanischen Galeonen nicht sehen konnten, weil es in ihrer Welt einfach so große Schiffe nicht gab, so haben wir gelernt, die Realität durch die Filter und Illusionen unseres kollektiven Glaubens zu sehen. Was wir als Realität bezeichnen, ist nichts anderes als das, was wir beschlossen haben, als Realität zu sehen. Es handelt sich dabei um eine Realität, die durch Übereinkunft entstanden ist. Was, wenn nicht die „Realität" unsere Wahrnehmung schafft, sondern die Wahrnehmungen die Grundlage der „Realität" darstellen? Wir lernen, uns das zu erschaffen, an das wir glauben. Wenn wir die Grenzen dessen, was wir meinen zu sein, überschreiten, erfahren wir, wer wir wirklich sind und lernen auch unser schöpferisches

Potential kennen. Unsere Wahrnehmung verändert sich grundsätzlich, wenn wir damit beginnen, die Welt durch die Augen der vierten und fünften Dimension zu sehen. Mit einer neuen Wahrnehmung kommt auch ein neues Verständnis. Wo wahres Verständnis entsteht, gibt es Raum für die Hoffnung. Wo Hoffnung vorhanden ist, gibt es Freude und Entzücken. In der Schwingungsfrequenz der Freude wird Neues geschaffen. Ich sehe meine Aufgabe darin, die höchsten mir möglichen Visionen für einen Planeten der vierten und fünften Dimension aufrecht zu erhalten, im Wissen, daß die Idee die Wahrnehmung beeinflußt und diese wiederum die Dinge entstehen lässt.
Gegen Ende 2001 erwachte ich aus einem lebhaften Traum, der die Zukunft zum Thema hatte, und ich hörte die Worte „ neues Avalon" in meinem Kopf. Avalon war ein sagenhafter Ort im alten England, wo die Magie der Natur regierte und die schöpferischen Ströme des Lebens aktiv waren. Mich hat Avalon immer fasziniert. Es gibt ein Buch von Marion Zimmer Bradley mit dem Titel *Die Herrin von Avalon*, welches vor dem besser bekannten Werk *Die Nebel von Avalon* erschienen ist. Darin beschreibt sie, wie die Energiefelder eines bestimmten Gebietes um Glastonbury angehoben werden, um Avalon, das der vierten Dimension angehört, zu schaffen. Das wurde notwendig, um die letzten Überreste der Religion der großen Göttin vor den Römern zu schützen. Diese große Tat wurde mit Erdmagie und der Hilfe der Feenkönigin, der Druiden und des Jahreskönigs, der später als König Artus inkarnierte, zustandegebracht. Initiaten wurden darin eingeweiht, wie man die „Nebel" dazu nützen konnte, zwischen den Welten hin und her zu gehen. Es heißt, daß Avalon viele Jahrhunderte bestand, bevor sich die Schleier verdichteten und der Zugang nicht mehr möglich war. Es gibt alte englische Prophezeiungen, die mit der Wiedererstellung der Tafelrunde und der Rückkehr von König Artus in Zusammenhang stehen. Ist es möglich, daß diese Prophezeiungen damit zu tun haben, daß

jetzt die gesamte Erde schwingungsmäßig in die vierte und fünfte Dimension angehoben wird? War Avalon vielleicht nur ein Vorgeschmack auf eine Beschleunigung, die jetzt weltweit stattfindet?
Es sind gerade Energiecodes im Entstehen, welche Sakkara Heartsong vom Hathor Tempel des Lichtes und der Klänge, als die 13:13-Codes bezeichnet. Riesige Energieportale haben sich während der weltweiten Feiern in Zusammenhang mit 11:11 und 12:12 aufgetan und die 13:13-Schwingungen bringt uns noch ein Stück weiter. Sie sind weder auf einer Uhr noch im Gregorianischen Kalender auffindbar, denn sie weisen auf eine Realität hin, die jenseits unserer, auf Uhren messbaren Zeit liegt, d.h. jenseits der Zeit der dritten Dimension. Es handelt sich dabei um die Frequenz des göttlichen Ausdruckes des weiblichen Geistes, der „Shekinah", und kann erreicht werden, wenn wir uns unseren höchsten Visionen der Schöpfung überlassen. Es ist eine Frequenz, die sich auch in den 13 Monate-Kalendern der alten Traditionen der Maya, der Kelten und der großen Göttin widerspiegelt. Die 13:13-Codes gehören zu einem neuen Bewußtsein, das in uns schlummert und in den inneren Bereichen unserer Zellstruktur und in den Erd-Gitternetzen gespeichert ist. Es sind die Codes, welche auch durch die heiligen Symbole der Kornkreise aufgezeigt werden und stehen auch fraktal mit den 13 + 13-tausend Jahren des Vorrückungszyklus in Zusammenhang. Wenn wir zu diesen Codes Zugang finden, lüften wir die „Nebel", die uns von Avalon trennen und setzen die große Göttin auf Erden frei. Die inneren und äußeren Bereiche vereinen sich, und wir bringen, durch diese Verbindung, eine neue Zeitlinie der vierten Dimension, das Neue Avalon, zum Entstehen – zuerst jeder für sich und dann kollektiv als planetares Bewußtsein. Unsere Aufgabe ist es nun, daß jeder auf seine Weise diese Codes verankert, damit unter uns das Zeitalter des Lichtes geboren werden kann!

Rückkehr nach Avalon

Im Zwielicht des Zeitraums zwischen Tag und Nacht
erkenne ich die Seiten, aber nicht die Schrift,
erkenne ich das Ziel, doch nicht den Weg,
ich sehe, daß mein Herzenswunsch erfüllt ist,
jedoch die lange Nacht
voll Unklarheit und wirrer Träume,
die vorher kommt – die seh ich nicht.
Das unterscheidet Irre von Propheten –
der Seher lebt für das, was kommt,
der Irre sieht nur auf den Weg.
Und ich – was bin ich?
Kann man das eine sein ohne das andere?
Auf Schwingen der Liebe
erwacht unser Herz,
wir fliegen in unsere Freiheit,
als Fühler Gottes, als Schöpfung im Werden,
in jeder Vision, die unser Atem erfüllt.
An so vielen Orten sind wir gewesen,
und sind so weit gekommen.
Jetzt mischt sich Sternenlicht mit Sternenstaub
in Körpern, die wir Heimat nennen.
Der Atem unserer Göttin strömt hinaus,
und tritt den Weg der Rückkehr an,
mein Körper folgt dem Ruf des Geistes –
bis Weg und Zielpunkt eins geworden sind!

19. Der Übergang in die Zukunft

Unsere gegenwärtigen planetaren Strukturen haben ein Paradigma der Gier, der Unterdrückung und Angst als Hintergrund und sind dem Untergang geweiht. Wir können unmöglich so weitermachen wie bisher und überleben. Aus der Asche der alten Welt entsteht jedoch eine neue, die auf dem neuen Paradigma der Weisheit, Kooperation und dem Respekt für alles Leben beruht. Die alte Welt ist ein geschlossenes System und führt zum Tod. Die neue Welt ist ein offenes System und führt zu Auferstehung und Leben.

Das alte Paradigma der dritten Dimension durchdringt die Erfahrung, die wir von uns selbst haben und erfüllt alle Systeme, die wir um uns errichtet haben, inklusive Gesundheit, Geburt, Politik, Recht und Gesetz, Geschäftspraktiken, Technologie, Erziehung, die Waffenindustrie in all ihren Formen und unsere Beziehung zur Umwelt. Ich nenne dies das „Raupenbewußtsein". Das neue Paradigma der fünften Dimension erkennt, daß unsere derzeitigen Systeme zu eng sind, zu selbstzerstörerisch und viel zu starr, um der neuen Zeit gerecht zu werden. Es beruht auf der neuen Wahrnehmung unseres planetaren uns kosmischen Schicksals und ich nenne es das „Schmetterlingsbewußtsein“. Kosmische Frequenzen und Gammastrahlen aus der Tiefe des Raumes treffen auf unser Sonnensystem, und wir erkennen, daß das alte Paradigma langsam zerbröckelt. Wir haben neue Träume und erwachen langsam zum Schmetterlingsbewußtsein. Noch weit entfernt, doch immer stärker werdend, erfüllt ein neuer Trommelrhythmus unser Bewußtsein. Aber noch sind wir nicht dort. Wir befinden uns noch im „Niemandsland“, in dem Chaos und Mysterium einander ablösen, in dem wir uns immer stärker von den alten Formen entfernen und doch noch nicht ganz zu den neuen erwacht sind. Ich nenne dies das „Chrysalis-Bewußtsein“ – ein Übergangsbewußtsein in die vierte Dimension, das stark, aber chaotisch ist und auf das die Spitze unseres globalen spirituellen Erwachens im Moment ausgerichtet zu sein scheint.

Das Raupenbewußtsein ist ein geschlossenes System, das Schmetterlingsbewußtsein ist offen. Kommunikation ist der Schlüssel zu einem offenen System. Wenn unsere Körper innerhalb eines geschlossenen Systems funktionieren müssen, verschließen wir uns. Nährstoffe können nicht ein- und zurückfließen, die Lebenskraft wird geringer, die Zellen atrophieren, die Organe sind voll Gift. Wir werden krank, hören auf zu atmen und sterben. Mit der Erde ist dies nicht anders. Die Kommunikation mit dem Rest des Universums bricht zusammen, die elektromagnetischen Gitter werden immer schwächer, elektromagnetische- und Schwingungsfrequenzen verlangsamen sich, die Erde wird krank und stirbt. Der letztendliche Ausdruck eines geschlossenen Systems ist der Tod. Alter, Krankheit und Tod sind alles Symptome eines geschlossenen Systems. Würden wir wirklich in einem offenen System leben, alle vier Körper im Einklang und verbunden mit dem kosmischen Atem des Lebens, dann wären wir ständig kerngesund. Unser Geist wäre aufnahmebereit für die kosmischen und planetaren Zyklen, unser Herz erfüllt von Mitgefühl, und unsere Seele vollständig in unserem biologischen Netzwerk verkörpert. Wie würde ein offenes System der Erde aussehen? Könnten wir dann wieder eine Kommunikation zu den anderen Sternensystemen herstellen? Würde es zu verstärkter Kommunikation zwischen den verschiedenen Spezies unserer Erde und, was ebenso wichtig ist, innerhalb unserer eigenen Gattung kommen? Würden dann endlich all die Ängste, Täuschungen, Verheimlichungen und Kontrolldramen, die uns im alten Paradigma festhalten, an die Oberfläche gebracht, um geheilt zu werden? Würde unsere Umwelt wieder zu einem vernetzten System des Lebens statt des Todes, wenn wir damit beginnen, ein Ökosystem zu entwerfen, das noch vielen Generationen nach uns zugute kommt? Würde der supramentale Abstieg schließlich verwirklicht?

Bevor wir in die dritte Dimension „abgestürzt" sind, lebten wir in einem verhältnismäßig offenen System. Wir waren naturverbunden, hielten Kontakt zu unseren Sternenfamilien und waren vertikal wie auch sphärisch auf unsere verschiedenen Aspekte ausgerichtet. Teil der Tragödie des Falls ist, daß damit das Gesetz der Entropie in unserem Bereich gültig geworden ist, d.h., daß wir Alter, Krankheit und Tod als Lebenserfahrung haben. Dieser Prozeß der Entropie kehrt sich nun um. Jetzt, wo wir im Begriff sind, in die Realität der vierten und fünften Dimension zurückzukehren, wird das Gesetz der Entropie durch das der Syntropie ersetzt. Entropie bedeutet, daß alle Energiesysteme irgendwann einmal zu Ende sind. Entropie bedeutet, daß das Universum seinen Zusammenhalt verliert – es beginnt mit dem Urknall und endet sozusagen mit leisem kosmischen Gewinsel. Syntropie ist das Gegenteil: sie sagt aus, daß Energie unbegrenzt vorhanden ist und sich ständig selbst erneuert, und daß das Universum immer komplexer und geordneter wird. Innerhalb eines geschlossenen Systems ist die Entropie eine Tatsache. Das Universum ist jedoch als offenes System konzipiert – und jetzt, da das Paradigma der dritten Dimension zu Ende ist, werden wir sehen können, wie sehr das Gesetz der Syntropie unsere Lebenserfahrung verändert. Wie uns die Daten über das Wiederaufflammen der Supernova SN 1987A bestätigen, verlangsamt sich das Universum nicht, sondern wird immer schneller, je weiter es sich ausdehnt. Mit Ausnahme der Realität der dritten Dimension scheint der Rest des Universums auf den Gesetzen der Syntropie zu beruhen. Die zur Zeit bei uns stattfindende Revolution zum Thema „freie Energie" ist ein deutlicher Hinweis darauf, daß sich das Paragdima von der Entropie zur Syntropie verschiebt und ist die Basis für die „Chrysalis-Technologie" oder Technologie der vierten Dimension, welche bereits jetzt in unserer Mitte im Entstehen ist.

Ein weiterer Beweis für die Verschiebung von der Entropie zur Syntropie ist, daß immer mehr Wert darauf gelegt wird, wieder erneuerbare oder nachhaltige Brennstoffe anstelle der bis jetzt bevorzugten fossilen zu verwenden; ebenso ist die zunehmende Beliebtheit der Bereiche holistische Erziehung, biologisch-dynamischer Anbau, umweltgerechtes Konsumverhalten, „grüne" Politik, humanistische und körperbezogene Psychotherapie, Alternativmedizin, Quantenphysik und aufstiegsorientierte Spiritualität ein klarer Hinweis auf diese Verschiebung. Wenn wir letztlich, als planetarer Organismus, dieses neue Paradigma zur Gänze übernommen haben, werden wir begreifen, daß für „externe" Technologien überhaupt kein Bedarf mehr gegeben ist. An ihrer Stelle kommen die „internen" Technologien zum Tragen; wir werden imstande sein, Dinge direkt aus dem Äther zu erschaffen, in Sekundenschnelle an jeden Ort des Universums zu reisen und ausschließlich Licht als Nahrung zu uns zu nehmen. Dies ist der Bereich der Technologien der fünften

Dimension, wie ich sie nenne. Kollektiv betrachtet, wird das schon noch dauern. Der volle Ausdruck dieser Art des Lebens ist die Fähigkeit, die Aufstiegsmeisterschaft als supramentale Wesen zu demonstrieren. Ich hatte unlängst einen Traum, der diese drei Stufen klar reflektiert. In meinem Traum zeigt mir mein Bruder, wie man einen „Roller" fährt. Am Armaturenbrett sind Kristalle und Spulen aus Kupferdraht und es gibt drei verschiedene Einstellungen. Wähle ich die erste, dann fahre ich die Straße entlang, wie mit jedem anderen normalen Roller. Wähle ich die zweite, erhebe ich mich in die Luft und fliege. Am Anfang ist dies etwas holprig, doch dann merke ich, daß ich mich gedanklich direkt mit der Kontrollarmatur verbinden kann. Je besser mir dies gelingt, desto präziser und leichter ist mein Flug. Es ist herrlich!

Der wahre Spaß beginnt jedoch erst, als mein Bruder mir die dritte Kontrollstellung zeigt. Da ich bereits imstande bin, mein Bewußtsein mit der Kristalltechnologie des Rollers zu verbinden, kann ich innerhalb des Raum-Zeit-Kontinuums jeden beliebigen Ort anfliegen, indem ich den Roller als Zeitmaschine benutze! Einmal, beim Fliegen einer komplizierten Schleife, gleitet mir der Roller aus den Händen und fällt von mir weg. In diesem Augenblick wird mir klar, daß ich ihn nicht mehr brauche: Ich habe die Technik erlernt, ich bin selbst zum „Roller" geworden! Dieser Traum war eine wunderbare Vorschau darauf, wie unsere Technologie sich von den wenig wirkungsvollen, umweltverschmutzenden Maschinen auf solche umstellt, die mit freier Energie arbeiten und auf fortgeschrittenen physikalischen Gesetzen beruhen, bzw. mit internen Techniken umgeht, deren Basis die Integration mit unserem Lichtkörper der fünften Dimension innerhalb eines aufgestiegenen Bewußtseins ist. Dieser Traum deutet auch darauf hin, wie die drei Zeitlinien in der irdischen Zukunft zum Vorschein kommen werden. Ein Artikel von Jal Kae beschreibt diese simultan parallel existierenden Realitäten als materielle Welt, magische Welt und die Welt der Wunder im Zusammenhang mit der dritten, vierten und fünften Dimension. Die materielle Welt spiegelt ein Paradigma, das von Dramen, Trennung und Angst beherrscht wird. Die Zeit wird linear wahrgenommen, und die Seelen wählen diese Realität, die von den Gesetzen des Karmas - "Auge um Auge" - bestimmt wird. Die magische Welt beinhaltet die "kulturell Kreativen", diejenigen, die beschlossen haben, etwas Bestimmtes zu vollbringen und eine neue Welt aufzubauen. Die Zeit wird synchron wahrgenommen, und die Seelen wählen diese Realität, die von den Gesetzen der Gnade, Liebe und Vergebung bestimmt wird. In der Welt der Wunder existiert nur das ewige Jetzt des grenzenlosen Potentials und der Meisterschaft. Seelen, die diese Realität wählen, sind eins mit ihrem supramentalen-, oder fünften Dimension - Lichtkörper, und halten dieses morphogenetische Feld oder vereinte Bewußtsein für den Rest der Menschheit aufrecht.

Diese drei Welten existieren sowohl nacheinander als auch gleichzeitig, was ein Paradoxon für die viertdimensionale Zeit darstellt. Mit Ausnahme einer kleinen Gruppe einflußreicher Leute, die noch im Drama der dritten Dimension verhaftet sind, glaube ich, daß die Mehrzahl der Menschheit schnell voranschreitet und müde vom alten Spiel ist. Wie können wir uns gegenseitig dabei unterstützen, uns auf die magische Welt zuzubewegen? Tag für Tag reagieren mehr Menschen auf den Ruf ihrer Seelen und versuchen, das große zugrundeliegende Bild zu entdecken. Jeder von uns hält einen Faden eines großen Webstuhls und nimmt eine wunderschöne Melodie des Erwachens wahr. Wie werden wir dies alles miteinander verweben? Wir bereiten uns auf einen Quantensprung in unserer Entwicklung vor, der uns zu einer vereinten Weltseele erstehen läßt, zu einem globalen Gehirn mit dem Körper von Mutter Erde. Wie können wir diese Entstehung fördern? Wir können nicht isoliert bleiben und uns dabei weiter entwickeln. Quantenphysiker müssen ihre tiefgehenden Erkenntnisse der Naturgesetze der globalen Politik vorbringen; Politiker müssen sich der revolutionären Auswirkungen der "freien Energie" vollständig bewußt werden, um eine neue globale Wirtschaft zu erzeugen; und Investoren müssen den Effekt dieser Technologien annehmen, um unsere Umwelt zu heilen. Umweltschützer müssen sich vermehrt auf Erd-Heilungs-Technologien ausrichten, während Heiler die Auswirkungen der neuen DNA-Forschung verstehen müssen. Und zu all dem braucht es eine neue entstehende Spiritualität unter uns, die den Herausforderungen und Möglichkeiten dieser Zeit begegnet, und uns über die Begrenzungen des religiösen Dogmas in ein Zeitalter des Lichtes, das vor uns aufdämmert, führt.

Es müssen auch die herkömmlichen Methoden von Geburt, Kindererziehung, Erziehung generell, Unternehmen, Architektur, Ackerbau und Viehzucht, Gemeinschaftsbauten, Heilen, Psychologie, Naturwissenschaften, Technik und Politik genauer untersucht werden. Sponsoren, denen das Wohl des Planeten am Herzen liegt, sollten diese Visionäre finanziell unterstützen; auch müssen die inspirierten Ideen weiterverbreitet werden, sei es durch Musik, die bildenden Künste, Seminare, Bücher und Massenmedien – und zwar so, daß sie die breite Masse erreichen. Millionen von Menschen auf der ganzen Welt, mit all ihren einzigartigen Gaben und Fähigkeiten, erwachen und finden sich, als ein Herz und ein Geist, unter der Führung der geeinten planetaren Seele zusammen, welche versucht, unser kollektives Potential anzuregen. Wir haben über die Möglichkeit eines auftretenden enorm großen dimensionalen Wandels gesprochen. Es ist nicht so sehr von Bedeutung, wie dieser Wandel aussehen wird und wie wir uns am besten darauf vorbereiten können, sondern eine wesentliche Rolle bei diesen globalen Ideen der Geologen, Astrophysiker, Mystiker, Zukunftsforscher, Propheten, Schamanen und Historiker liegt darin, wie wir durch diese Übergangszeiten gut, mühelos und verständnisvoll hindurchgehen werden.

Das Chrysalis-Netzwerk www.doorwaytoeternity.com, das ich mit Barry Martin und Walter Powell gegründet habe, dient der Unterstützung und Beschleunigung des fünfdimensionalen menschlichen Schmetterlings. Das Internet ist eine dreidimensionale Repräsentation unseres entstehenden planetaren Zieles, oder globalen Gehirns, und das Chrysalis-Netzwerk ist eine auf dem Netz basierende Organisation, die dazu errichtet wurde, unsere höchsten Visionen der persönlichen und planetaren Transformation auszutauschen und sich Anregungen zu geben. Wir planen die Nutzung von E-mail-Listen, Datenbanken und Chatrooms zur Vernetzung, zum Austausch von Informationen, zur Unterstützung und zum Brainstorming. Ein Teil unserer Absicht besteht darin, ein beschleunigendes Mittel für diejenigen zur Verfügung zu stellen, die sich verbinden und den Pfad der Meisterschaft gehen möchten. Es ist wie das Durchschreiten des Portals zur Ewigkeit und dann zurückzukehren, um Gaia bei ihrem Weg zur Ganzheit zu dienen. Wenn Ihr Euch in irgendeiner Weise daran beteiligen möchtet, dann nehmt mit uns Kontakt auf.

Ich möchte jetzt kurz über die Symptome der planetaren Veränderung sprechen, welche wir jetzt erleben. Ich habe das Gefühl, daß jedes Mal, wenn neue genetische Codes oder Möglichkeiten aktiviert werden, es eine Zeitspanne gibt, in der unser Immunsystem sich abschaltet. Das ist notwendig. Unsere Körper sind darauf programmiert, das Gleichgewicht zu erhalten und sich

Veränderungen zu widersetzen, selbst wenn diese positiv sind. Es ist die Funktion des Immunsystems, Veränderungen zu verweigern. Wenn neue genetische Pfade eröffnet werden, ist es daher unumgänglich notwendig, das Immunsystem kurzfristig zu umgehen, was zu grippeähnlichen Symptomen, wie Fieber, Gliederschmerzen und Müdigkeit führt. Wenn unser Körper erkrankt, versucht unser Immunsystem, ihn wieder ins Gleichgewicht zu bringen, wobei es die reinigende Kraft des Feuerelementes einsetzt. Diese Reinigung zeigt sich im Körper als „Fieber". Ist unser Körper wieder gesund, wird er auf eine neue Stufe des Gleichgewichtes „geeicht" und ist damit fähig, neu erwachte genetische Funktionen zu integrieren.

Hier gibt es eine interessante Parallele mit den Raupen und Schmetterlingen. An einem bestimmten Punkt im Leben einer Raupe entwickelt sich eine neue Art von Zellen. Sie werden die "imaginalen Zellen" genannt. Ihr Immunsystem bekämpft diese Zellen eine Zeitlang, aber schließlich setzen sie sich durch. Wenn es keinen Kampf mehr gibt, kommt es zur Übernahme der imaginären Zellen und die Raupe wird zur Schmetterlingspuppe. In diesem Kokon-Zustand strukturieren die imaginären Zellen den gesamten Körper um, bis schließlich die Vorlage des Schmetterlings entsteht. Eines Tages ruft dann die neue Welt. Der vollständig geformte Schmetterling bricht durch seinen Kokon und fliegt kühn in Bereiche, die eine Raupe niemals erreicht hätte!

Ein Symptom, das weltweit unser Leben auf der Erde beeinflußt, ist die globale Erwärmung. Wenn wir die Erde als Lebewesen betrachten, muß uns klar werden, daß wir ihre Haut aufgerissen, ihre Knochen gebrochen, ihre Lungen vergiftet, ihre Lymphen ausgetrocknet, ihr Blut verseucht und ihre Seele vergewaltigt haben. Niemand weiß, wie lange sie das überleben oder ob sie sich jemals davon erholen kann. Ihr Immunsystem wird immer schwächer. Ist es möglich, daß die daraus entstehende globale Erwärmung ihr in einer für uns nicht begreiflichen Weise dienlich ist, daß sie sozusagen „Fieber“ bekommt, um neue genetische Pfade zu schaffen? Vielleicht bringt sie sich damit selbst in einen neuen Zustand des Gleichgewichtes, um für die massive Verschiebung in das Chrysalis- und Schmetterlingsbewußtsein bereit zu sein? Sind die Löcher in der Ozonschicht der Atmosphäre die Portale, durch welche neues genetisches Material ausgesät wird?

In einem früheren Kapitel sprach ich von der Möglichkeit, daß die Erde sich für eine Umkehrung der geomagnetischen Pole vorbereitet. Wenn dies geschieht, entsteht ein ganz kurzer Zeitraum, der sogenannte „Nullpunkt“, der weitreichende Auswirkungen hat. Gregg Braden, Geologe und spiritueller Forscher (*Awakening to Zero Point)* ist der Meinung, daß die Annäherung an diesen Nullpunkt von zwei Phänomenen begleitet ist: die Beschleunigung der Grundfrequenz der Erde und die Schwächung ihres Magnetfeldes. Diese Vorgänge haben bereits begonnen. Mit der Verstärkung der Schwingungsfrequenz öffnen sich die Tore zur vierten Dimension. Je schwächer das Magnetfeld wird, desto mehr genetische Information kann aus dem Universum zu uns vordringen. Unsere Erinnerungen sind in unserem feinstofflichen elektromagnetischen Feld gespeichert. Auch die Erde hat ihre kollektiven Erinnerungen in der Magnetosphäre, die um sie liegt, gespeichert. Könnte das Raupenbewußtsein irgendwie mit diesen bestehenden Feldern der Erinnerungen der dritten Dimension in Verbindung stehen? Ist es möglich, daß am Nullpunkt der Umkehrung der geomagnetischen Pole der Erde auch das, was uns als Kollektiv „blind“ macht, wegfällt? Und daß beim Wegfallen dieser alten Schleier, unsere wahren Seelenerinnerungen und unser Schicksal wieder in uns erweckt werden? Die Basis-Frequenz der Erde ist meßbar und ist in der sogenannten Schumann Resonanzskala aufgelistet. Bis vor ca. zwei Jahrzehnten war die Schumann- Resonanz der Erde stabil und lag bei etwa 7,83 Hertz pro Sekunde. Nach Gregg Braden, dessen Forschungen auf Daten russischer und norwegischer Wissenschaftler basieren, trat dann plötzlich eine Beschleunigung ein. Die Wissenschaft der heiligen Harmonien sagt aus, daß es um etwa 8 Hertz eine stabile Frequenz gibt – die nächste liegt dann bei etwa 13 Hertz. Da sich die Grundfrequenz der Erde beschleunigt, ist es möglich, daß wir uns dann irgendwann auf 13 Hertz einpendeln, eine Frequenz, die meiner Meinung nach den Beginn der vierten Dimension darstellt. Laut Braden liegt die Frequenz bereits zwischen 12 und 13 Hertz. Für mich ist hochinteressant, daß die menschliche Gehirnwellenfrequenz für den Alphazustand, oder das „Schwellenbewußtsein", zwischen 8 und 13 Hertz liegt, während es für den Beta-Zustand, das „Wachbewußtsein", 13 Hertz und mehr sind. Wenn sich Gaia jetzt den 13. Hertz annähert, bedeutet dies, daß sie erwacht?

Parallel zu diesen elektromagnetischen Frequenzen verläuft das, was David Hawkins in seinem Buch *Power vs. Force* als Bewußtseinsfrequenz bezeichnet. Die Bewußtseinsfrequenz der Menschheit erfuhr während der Harmonischen Konvergenz im Jahre 1987 eine starke Veränderung, und dann später nochmals, ausgelöst durch die Ereignisse um den 11. September 2001. Die Skala der Bewußtseinsfrequenzen bewegt sich von 0 bis 1000, mit einem Wendepunkt um ca. 200, von dem an wir uns von der Selbstzerstörung der Lebenserhaltung zuwenden. Am Anfang der Skala steht die Scham; dann bewegt sie sich durch Apathie, Trauer und Angst auf Wut und Stolz zu, um schließlich, bei 200 den Mut zu erreichen. Über dieser Linie bewegen wir uns, beginnend mit dem Mut, zur Neutralität, zum Annehmen, zur Vernunft, danach zu Liebe, Freude und Frieden, und letztlich, nach dem Punkt 700 zu verschiedenen Stadien der Erleuchtung.

Die Aufwärtsbewegung auf dieser Skala entspricht unserer spirituellen Entwicklung. Was mich an Hawkins System so fasziniert ist, daß sich das Bewußtsein des Durchschnittsmenschen hier und jetzt auf diesem Planeten zwar knapp unter 200 befindet, das *kollektive* menschliche Bewußtsein jedoch darüber liegt! Der Grund ist, daß jeder Mensch, der bereits in einem höheren Bewußtsein schwingt, viele andere, deren Schwingung noch unter 200 liegt, ausgleicht. Die Skala steigt logarithmisch an. So gleicht z.B. ein Mensch, der seine Schwingung auf 500 dieser Skala hat, 750.000 andere aus, die unterhalb des Wendepunktes sind; ein Erleuchteter, der bereits 700 erreicht hat, ist das Gegengewicht für 70 Millionen Menschen unterhalb des Wendepunktes. Ein einziger Avatar, der 1000 erreicht hat, kann die kollektive Negativität der Menschheit ausgleichen.

Mit dem Erwachen der Krieger des Lichtes, unserem Eintritt in die vierdimensionale Zeit und der Geburt der Indigo- und Kristall-Kinder, glaube ich, daß wir uns mit Riesenschritten der kritischen Masse auf dieser Bewußtseinsskala nähern. Wenn wir sie erreichen, kommt als nächstes für uns ein gewaltiger Quantensprung des Erwachens. Obwohl viele über dieses Erwachen geschrieben haben, haben dies nur wenige so poetisch ausgedrückt wie Ken Carey. Eingestimmt auf das Engelbewußtsein channelt er in seinem Buch *Das dritte Jahrtausend - Leben in der nachhistorischen Welt*: Im Moment des Quantenerwachens wird es eine rapide Veränderung geben, die sich wie eine Welle über das Antlitz der Erde zieht. Im Gravitationsfeld der Erde wird alles in irgendeiner Weise davon betroffen sein. Dies wird eine Zeit der massiven Veränderung werden, eine Veränderung in einem noch nie dagewesenen Ausmaß... Obwohl es zuvor bereits ein großes Erwachen der einzelnen zur ersten vereinten Bewegung des erwachenden planetaren Organismus gab, wird sich diese Bewegung, wie ein erster Atemzug, in nur einem

Moment ereignen. Dann wird der Sternenschöpfer bewußt in allen Systemen des menschlichen biologischen Kreislaufs in der Lage sein, das universelle Bewußtsein aufrecht zu erhalten..."Sei bewußt, sei wachsam. Verpasse nicht die Gelegenheit, denn sie kommt wie ein Dieb in der Nacht... Dies ist eine wichtige Gelegenheit. Es ist das zentrale Ereignis der menschlichen Geschichte. Unsere seit vielen tausend Jahren ausgerichtete Bemühung setzt sich nun fort, um dich auf diesen einzelnen Moment vorzubereiten. Obwohl die Veränderungen dramatisch sein werden, müssen sie nicht traumatisch sein."

Ken Carey fährt damit fort zu erläutern, daß die Wesen die einströmenden Energien gemäß ihrem Grad der Bereitschaft empfangen werden. Auf diejenigen, die ängstlich darauf reagieren, werden die einströmenden Energien desorientierent wirken. Obwohl es im Grunde ein freudvolles und positives Ereignis sein wird und eine enorme Energie auf das Antlitz der Erde einströmen wird, ist die Menschheit zu einer verstärkten Ausrichtung und Rückverbindung jedes einzelnen mit Gott aufgerufen. Ken beschreibt unseren Übergang in die viertdimensionale Zeit mit einem Moment der "Nicht-Zeit", vielleicht analog zu dem was Gregg Braden als "Nullpunkt" beschreibt: "Es wird zu einer großen Veränderung in einem einzigen Moment des Quantenerwachens kommen. Dieser Moment, die kleinste Zeiteinheit... wird sich zur Unendlichkeit ausdehnen. Ein Intervall der Nicht-Zeit wird sich ausdehnen und durch diese Ausdehnung wird die Ewigkeit fließen. Einige werden diesen Moment wie Minuten oder Stunden wahrnehmen, andere wie eine ganze Lebensspanne. Wieder andere werden dieses Aufblitzen der Nicht-Zeit wie die Folge mehrerer Leben empfinden, und einige wenige werden in diesem Moment, dem Nagual selbst begegnen, der großen namenlosen Präsenz, die vor und nach allen Welten existiert... Jeder wird die Wahl haben, zur biologischen Form zurückzukehren oder in den Bereichen des nicht verkörperten Bewußtseins zu verbleiben... Diejenigen, die sich für die Rückkehr zur menschlichen Form entscheiden, werden dies in vollem Bewußtsein darüber, wer sie sind, tun. Sie werden ihr biologisches Vehikel wieder aufnehmen in voller Erinnerung und in vollem Bewußtsein ihrer ewigen Natur, die sie mit den kreativen Kapazitäten des Sternenschöpfers teilen, dessen reflektierenden Zellen dann wissen werden wer sie sind."

Diese Beschreibung klingt sehr ähnlich wie die von Sri Aurobindo und der Mutter über die Vision des supramentalen Abstiegs. Sie meinten auch, daß es ein Quantenereignis sein werde, das größte Ereignis in der kosmischen Geschichte, und daß es in jedem Moment eintreten könnte.

Sind wir bereit?

20. Der Kumara von Maldek und andere Heilungsgeschichten

Jetzt befinden wir uns in einem neuen Jahrtausend. Was für eine Welt erschaffen wir uns? Je mehr Möglichkeiten wir haben und je mehr wir uns ihrer bewußt sind, desto mehr Weisheit können wir bei unserer Entscheidung einsetzen. Entscheiden wir uns für die Möglichkeit des geeinten planetaren Aufstiegs? Entscheiden wir uns beim Eintritt in die Zeit der vierten Dimension für die mannigfaltigen Zeitlinien? Welchen Weg wir auch gehen – was können wir tun, um die Planetenfrequenz so weit anzuheben, daß ein Zeitalter des Lichtes entstehen kann?

Ich hatte viele Jahre lang in Zurückgezogenheit gelebt und verspürte plötzlich den Ruf, mich wieder in einer größeren Gemeinschaft aufzuhalten. Ganz am Anfang dieses neuen Jahrtausends zog ich nach Boulder, Colorado, das zu einer meiner Heimstätten geworden ist. Ich hatte ein paar öffentliche Auftritte mit Channeling, wobei sich Aufgestiegene Meister und

Kosmische Lehrer in meinem Bewußtsein verbanden, um Informationen bezüglich dieser Zeiten zu geben. Ich rief auch eine Gruppe mit dem Namen „Portal zur Ewigkeit“ ins Leben, was mich dazu brachte, dieses Buch zu schreiben. Wir konzentrierten uns darauf, das geeinte Selbst zu erfahren und den Aufstiegsweg zu erforschen; wir vereinigten uns mit einer Vielzahl kosmischer Wesenheiten, heilten die Spaltungen, die innerhalb von uns zu finden waren und arbeiteten mit den Licht-Gitternetzen der Erde, um ihre Schwingung in die vierte Dimension empor zu heben. In dieser Zeit passierte etwas Interessantes. Als wir damit begannen, weitere Aspekte von uns selbst zu integrieren, begegneten uns Wesenheiten, die wir früher wahrscheinlich nicht so gerne bei uns gesehen hätten. Sie traten in unser Bewußtsein ein und baten uns darum, freigelassen zu werden. Vielleicht ist die folgende Information recht nützlich, um zu sehen, wie wir die Spaltungen in der globalen Psyche in Ordnung bringen können.

Vor vielen Tausenden von Jahren gab es in unserem Sonnensystem einen wunderschönen Planeten mit Namen Maldek. Das Bewußtsein, welches diesen Planeten beseelte, entschied sich für den Weg der Fragmentierung, was Folgen hatte, da das Gesetz heißt: Wie innen, so außen. Der Planet wurde in einer gewaltigen Katastrophe zerstört. Seine Überreste, die in der dritten Dimension verblieben, sind heute der Asteroidengürtel zwischen Mars und Jupiter. Eines Tages saß ich mit einem Lichtarbeiter zusammen, und wir fühlten plötzlich die Präsenz eines riesigen, gequälten Bewußtseins. Ich nahm Kontakt zu diesem Wesen auf und gestattete ihm, sich durch meinen Körper auszudrücken. Sofort verzerrte sich mein Gesicht und mein Körper verkrampfte sich. Ich fühlte einen Schrei in mir aufsteigen und mein Herz zog sich voll Schmerz zusammen. Ich bat ihn, zu uns zu sprechen. Der langen Rede kurzer Sinn ist, daß er uns erzählte, er sei ein planetarer Kumara, eine planetare Überseele, ähnlich wie Sanat

Kumara dies für die Erde ist, und er habe dem Planeten Maldek die Seele gegeben. Sowohl Maldek als auch die Erde gehörten zu diesem Zeitpunkt der vierten Dimension an. Nach dem Zusammenbruch der Licht-Gitternetze des Planeten und seiner darauf folgenden Zerstörung, entstand eine große Welle psychischen Schmerzes. Der Kumara von Maldek, den ich ab jetzt nur mehr Maldek nennen werde, wurde eingeladen, sich auf der Erde niederzulassen um geheilt zu werden. Der kosmische planetare Rat hoffte darauf, daß dieser Planet genügend Mitgefühl entwikkelt habe, um die Heilung zur Gänze bewerkstelligen zu können.

Vielen Wesenheiten, die der Zerstörung des Planeten Maldek zum Opfer gefallen waren, wurde ebenfalls Asyl auf der Erde gewährt; als sie sich jedoch inkarnierten, verbreitete sich nach und nach das Bewußtsein der Fragmentierung und Angst, welches sie in sich trugen, und übertrug sich auf die ursprünglichen Bewohner der Erde. Die Erde stürzte in die dritte Dimension und der Bruch innerhalb ihres Bewußtseins wurde immer größer. Maldek fühlte sich deswegen schuldig und es belastete ihn sehr, was die Erdschwingung noch tiefer absinken ließ, bis eine Schicht dichter Energie, die ich als „satanisches Netz“ bezeichnen möchte, in der Aura der Erde abgelagert war. Wir fragten Maldek, warum überhaupt eine Fragmentierung in ihm stattgefunden hatte. Die Antwort war überraschend. Er sagte, daß während unserer Reise durch die Wiedergeburtserfahrungen, als unser Bewußtsein sich in die relativ dichteren Bereiche der fünften und vierten Dimension hineinbewegte, einige Wesenheiten plötzlich die Erfahrung von Trennung und Verurteilung machten. Maldeks Aufgabe war es nun, dieses Gefühl widerzuspiegeln, damit man erkennen konnte, was es in Wahrheit war, denn dies war die einzige Möglichkeit, es bewußt zu machen und dann zu heilen. Er nahm diese Fragmentierung freiwillig auf sich, damit das Drama seinen Verlauf nehmen konnte. Wie Luzifer vor ihm, hatte er keine Ahnung, was da alles auf ihn zukam. Er sagte:

Doch jetzt ist die Zeit gekommen, die Ketten zu sprengen, nicht nur meinetwegen, sondern für alle Geschöpfe der Erde. Wir brauchen die äußerliche Spiegelung nicht mehr, unsere Zeit als „Sündenbock" ist vorbei. Das Massenbewußtsein ist unterwegs zu einem Ort, an dem Licht wie Schatten in uns sein können. Ihr steht an der Schwelle zu einer neuen Welt, zu einem Goldenen Zeitalter. Die Erde hat im Dienste der Schöpfung lange genug diese Dichte ertragen – jetzt ist die Zeit ihrer Befreiung gekommen. Viele Äonen lang hat die Dichte der dritten Dimension auf der Erde gelastet – das hat eine Gruppe von Seelen in ihre Entwicklungsstufe gezogen, welche die Dualität erfahren mußten, um zu begreifen, daß Gegensätze ausgeglichen werden müssen, damit Weisheit wachsen kann. Jetzt ist es an der Zeit, die Schlacke von der Essenz und das Reale vom Irrealen zu trennen. Irreal ist die Konzeption der Trennung, der Dunkelheit und des Bösen. Das Irreale ist in Eurer Erfahrung zur Realität geworden, so wie das auch bei mir der Fall war, und jetzt müßt Ihr diese Identifikation loslassen. Dieses Loslassen könnte nicht stattfinden, wenn nicht die Mehrheit der Menschen dazu bereit wäre, die Bereiche, welche Ihr als Dunkelheit bezeichnet, anzunehmen. In Eurer Welt ist ein viel tieferes Verständnis für das Mitgefühl entstanden. Ja, dies alles war sehr notwendig. Ihr seid darauf programmiert, Euch zu einem gewissen Zeitpunkt wieder zu erinnern, was auch mir die Last des Beitrages, den ich hier zu leisten hatte, von den Schultern nimmt. Dieser Zeitpunkt ist jetzt da.

Dann lehrte uns Maldek eine Heilmethode, die wir verwenden sollten, um dieses Loslassen zu bewirken. Diese Methode setzten wir später in unseren „Portal zur Ewigkeit"-Gruppen ein. Jeder von uns fühlte gewaltige Energieverschiebungen, als sich das Bewußtsein von Maldek in das große Jenseits erhob. Und wir fühlten den Segen und die Dankbarkeit, die auf uns herabströmten. Dann verließ er uns plötzlich mit einer Warnung:

Wenn man sich Aspekten des Selbst verweigert und sie unterdrückt, dann werden sie dicht und starr. Wenn diese starren Strukturen freigegeben werden, kann es auch zu Freisetzungen innerhalb des Körpers kommen. Der physische Körper ist recht zerbrechlich. Der Körper von Gaia ebenfalls. Wenn meine Energie der Fragmentierung losgelassen wird und sich, unter Freisetzung einer Stufe der Dichte, die diesen Planeten umgibt, in einer Spirale zum Himmel erhebt, kann es zu Schwingungsveränderungen kommen. Die Trompete des Jüngsten Gerichts ertönt, und alles, was vorher voneinander getrennt war, wird wieder vereint. Dieser Klang läßt alte Muster zerbrechen und verbindet sie in neuer Weise. Eure Erde geht in dieser Zeit durch Veränderungen, und Eure Körper tun dies auch. Bittet um Hilfe.

Kurz nach diesem Gespräch wurde Indien von einem verheerenden Erdbeben heimgesucht. War dies die Erde, welche sich nach Maldeks Aufstieg wieder ins Gleichgewicht zu bringen suchte? Arnold Mindell, der Begründer der prozeßorientierten Psychologie, spricht von der Arbeit mit dem „Welt-Kanal". Das bezieht sich darauf, daß jeder von uns holographisch mit dem gesamten Planeten verbunden ist. Wenn wir unsere Aufmerksamkeit auf diese holographische Verbindung ausrichten, dann wird uns bewußt, daß die innere Welt synchron in der äußeren reflektiert wird. Jede der beiden nimmt Einfluß auf die andere und wird gleichzeitig von der anderen beeinflußt; wenn wir also bewußt mit uns selbst und mit kleinen Gruppen arbeiten, können wir die äußeren Ereignisse steuern. Dies ist die globale Dimension der Psychosynthese. Während des Golfkrieges trafen sich einige von uns in Marin County, Kalifornien. In Rollenspielen stellten einige von uns die Mitspieler im Drama der Welt dar. Eines abends, - der Krieg war gerade in einer sehr ernsten Phase - , spielten wir, daß Saddam Hussein darauf verzichtet, seine Fernlenkraketen auf Saudi Arabien zu richten. Am nächsten Morgen drehte ich das Radio gerade rechtzeitig an, um die Nachrichten zu hören. Um eine möglicherweise gefährliche Eskalation des Krieges zu vermeiden, hatte Saddam auf den Angriff auf Saudi Arabien verzichtet. Der Prophet, so sagte er, habe ihm das in einem Traum befohlen! Dieses Ereignis war ein Wendepunkt im Golfkrieg.

Dieser Welt-Kanal erreicht alle Aspekte der Natur. Ich war gerade in Berkeley, als 1989 das große Erdbeben die Gegend erschütterte. Kurz danach hatten viele medial begabte Menschen das Gefühl, daß noch ein Erdbeben bevorstand, vielleicht diesmal sogar „das große Beben". Ein paar von ihnen konnten sich, unabhängig voneinander, sogar auf ein bestimmtes Datum festlegen, und sie sahen auch klar die massive Zerstörung, die das Beben verursachen würde. Diese Information wurde im Netzwerk der Lichtarbeiter weitergegeben. Viele Menschen führten Zeremonien durch, um die „fehlerhaften Linien" der Erde und des menschlichen Bewußtseins zu heilen. In der Nacht vor dem prognostizierten Termin für das Beben spürten wir, daß sich etwas verändert hatte, so, als wäre das Erdbebenpotential umgewandelt worden. Am nächsten Morgen berichteten die Nachrichten, daß die Berliner Mauer gefallen war!

In unserer Gruppe „Portal zur Ewigkeit" begannen wir, eine neue Stufe dieses Veränderungen hervorrufenden Phänomens zu erarbeiten. Eines Tages sprach uns auf den inneren Ebenen eine dunkle Präsenz an, die aus dem alten Ägypten stammte. Sie war voll Arroganz, erkannte jedoch während unseres Gespräches, wie hohl ihre Existenz geworden war und brach in Tränen aus. Bevor sie mit Erzengel Michael in den Tempel der Heilung ging, sagte sie noch, daß ihre Anwesenheit zu dieser Zeit Bezug auf eine

Gruppe von Wesen habe, die eine „geheime Regierung“ am Errichten sei, mit dem Ziel, die Menschheit zu versklaven. Sie könne allerdings diesem Ziel nun nicht mehr ihre Unterstützung geben. Einige Zeit später kontaktierte uns ein Wesen, welches unser Gespräch mit der Präsenz aus dem alten Ägypten bemerkt hatte. Es stammte ursprünglich von einem Sternensystem im Sternbild Orion und hatte, wie viele andere seiner Rasse, während der frühen intergalaktischen Kriege Tod und Verderben verbreitet und maßgeblich dazu beigetragen, das menschliche Bewußtsein für lange Zeit auf der Erde festzuhalten. Nun, da sich die Erde zu entwickeln und ihre Schwingungsfrequenz sich zu erhöhen begann, erfasste sie alle das Entsetzen. Es wurde ihnen nämlich klar, daß sie nicht mehr bleiben und gleichzeitig nirgendwohin flüchten konnten. Es blieb ihnen, ihrer Meinung nach, nichts anderes übrig, als mit aller Kraft zu versuchen, die Situation aufrecht zu erhalten.

Nun kamen sie zu uns in der Hoffnung, daß wir ihnen zeigen konnten, was sie sich die ganze Zeit schon heimlich gewünscht hatten: nämlich den Krieg zu beenden und wieder heimzukehren. Diese Wesen waren dunkle Magier von ungeheurer Kraft. Ich gestattete ihnen, durch mich zu sprechen, und dieses Gespräch hatte starke Heilwirkung. Als ihre Wut und das Gefühl, betrogen worden zu sein, verebbte, wurde uns klar, daß sie im Grunde nichts anderes wollten, als sich mit ihrem verloren gegangenen weiblichen Anteil zu vereinen. Der Schmerz, den dieser Verlust verursacht hatte, war der Grund, warum sie sich dem Wahnsinn von Eroberung und Unterjochung überhaupt hingegeben hatten. Wir beriefen einen Rat der planetaren Ältesten ein, der Gespräche mit ihnen führte und ihnen anbot, für sie einen Planeten der dritten Dimension zu erschaffen, auf dem sie, mit voller Unterstützung der göttlichen weiblichen Energien, ihre Entwicklungen fortsetzen konnten. Als sie erkannten, daß sie nicht mehr ums Überleben kämpfen mußten, wurde ihnen klar, daß sie auch den planetaren Aufstiegsprozeß von Gaia nicht mehr zu behindern brauchten. Viele Jahrtausende des Kampfes hatten sie erschöpft und ihrer Kräfte beraubt – sie wollten nichts anderes mehr, als ihr Gleichgewicht wiederfinden. Der Sprecher dieser Rasse, dessen Name Bal war, bot sogar an, beim Abbau des satanischen Netzes in der Aura der Erde mitzuhelfen. Er sagte, es sei das erste Mal gewesen, daß ihn jemand wirklich verstanden habe und dafür sei er dankbar. Er erkannte, daß wir im Grund alle das gleiche wollten und war daher bereit, sich dem Rat des vereinten Lichtes auf unserer Heimreise anzuschließen. Wir waren alle sehr gerührt. „Ihr habt eine Geschichte vom verlorenen Sohn," sagte er am Ende unseres Gespräches," so einer bin ich, und ich bin Euch dankbar für die Chance, daß wir unser Karma löschen und nach Hause zurückkehren können."

Am folgenden Tag kontaktierte uns auf telepathischen Wege eine Gruppe der ursprünglichen Einwohner der Erde, welche durch Angriffe von Bals Volk gezwungen worden waren, Zuflucht im Inneren der Erde zu suchen. Es stellte sich heraus, daß sie die Urahnen der heutigen Hopis waren. Sie kamen stellvertretend für viele Eingeborenenvölker, die unter der Herrschaft der kriegerischen Rasse Bals so sehr gelitten hatten. Bal sprach mit einem Vertreter dieser Gruppe mit Namen Ashu. Ein Raum des Heilens entstand, was sich durch das Aufkommen eines starken Sturmes über dem nahegelegenen See äußerte. „Ihr habt die Stärke, die uns abgeht", sagte Ashu zu Bal und dieser antworete: „Und ihr habt die Unschuld, die wir brauchen." Die extreme Polarisierung des Männlichen und des Weiblichen kam schließlich zum Ausgleich, ähnlich wie in der letzten Szene des Films *Dark Crystal*, in der die „Skekses" und die „Mystics" eins werden. Eine Auswirkung dieses Zusammentreffens war, daß Tausende der Seelen der Eingeborenen, die auf der Erde festgehalten worden waren, jetzt das Gefühl hatten, sie könnten den Aufbruch in die Fünfte Welt wagen. Ashu sagte, wir seien der Verschiebung bereits sehr nahe, viel näher, als wir vermuteten. Sie würden gehen und den Weg für uns bereiten. Nebenbei bemerkt, hat das Sternbild Orion in den alten Kosmologien den Stellenwert der größten und spirituellsten aller Konstellationen. So wie vor 13.000 Jahren, steht Orion jetzt wieder an der höchste Stelle des Himmels im Vorrückungszyklus, was ihn zu einem Konzentrationspunkt der positiven Energien für unseren Planeten macht. Die vor langer Zeit stattgefundenen Aktivitäten einer Horde von Abtrünnigen aus diesem Sternbild sollten kein schlechtes Licht auf die einzigartige Bedeutung und Inspiration werfen, die Orion heute für uns bereit hält.

Meiner Erfahrung nach haben sehr viele Wesen menschlicher und anderer Art unter uns und in uns gelebt, um das Spiel der Dualität auszuleben. Jetzt haben sie genug davon und möchten gerne aussteigen. Das Spiel ist fast zu Ende, und es werden alle, ohne Ausnahme, zur großen Feier der Heimkunft eingeladen. Windrider erinnert uns daran, daß der Schlüssel zum geeinten Erwachen im Zuhören, dem Verstehen, dem Vergeben und dem Mitgefühl zu finden ist. Je mehr wir die Verantwortung für alles, was uns ausmacht, übernehmen, desto mehr wird uns klar, daß es keine Opfer gibt und keine Täter, sondern nur die vielfachen Reflektionen unseres eigenen Inneren. Im folgenden Kapitel stelle ich eine weitere Rasse von Lebewesen vor, die in letzter Zeit mit uns Kontakt aufgenommen hat. Ich erzähle die Geschichte aus ihrer Sicht. Laßt Euch überraschen!

Bruder Wolf

Eiskalte Winternacht – trostlos heult der Sturm.
Der Wolf hält inne auf seinem Weg
und leiht dem Wind die eigene Stimme.
Wenn Gleiches das Gleiche ruft,
wenn die Kinder der Nacht sich zusammenfinden,
wie wird das Leben genährt vom Dunkel?
Die grenzenlose Stille zieht ihre Kreise -
nur der, dessen Augen leer sind vom Sehen
kann diese Fülle erblicken,
wenn die Feuer der Einsamkeit flackern und verlöschen
und auch die letzte Glut zu Asche wird.
Oh meine Seele, wie nur ist es möglich,
daß ich dich jetzt so deutlich hören kann,
wenn all meine Sicherheit vergangen ist
so wie die letzte Glut des Feuers?
Der Sturm der Trennung ist vorüber,
und nur der nasse Schnee zeugt noch davon.
Ich habe meine Stimme neu gefunden,
im leisen Lauf, im stillen Ruf, im Trommelwirbel
deines Herzens, Bruder Wolf!

21. Erd-Arbeit und die Drachen

Wie ich immer wieder von den Aufgestiegenen Meistern und dem Rat des Lichtes höre, sind wir sehr wichtig für sie. Sie erklären, daß sie gar nichts tun könnten, wenn sie nicht uns als ihre Verankerung in der physischen Form hätten. Sie behaupten sogar, daß viele von uns bereits in anderen Zyklen aufgestiegen sind, sich jetzt aber hier befinden, um dem planetaren Aufstieg Hilfestellung zu leisten. Wir sind bereits Mitglieder des planetaren Rates des Lichtes; wir nehmen in unseren höheren Körpern an den Gesprächen des Rates teil, agieren jedoch in unserem Alltag wieder in unseren Körpern aus Materie.

Es macht mir große Freude, Heilungsarbeit für den Planeten zu leisten. Im Verlauf der Jahre sind viele Informationen zusammengekommen, die eine effektive Möglichkeit der Heilung aufzeigen. Davon möchte ich in diesem Kapitel kurz berichten. Ausführliche Meditations- und Übungsanleitungen für Gruppen oder Einzelpersonen werden in einem späteren Kapitel behandelt. Als erstes wurde mir bewußt, daß ich eine Beziehung zur Erde herstellen mußte, wenn ich in ihrem Namen sprechen und zu ihrer Heilung beitragen wollte. Ich mußte sie als bewußtes, lebendes Wesen erfahren. Eingeborenenvölker haben dies immer schon gewußt, da sie die Erde als ihre Mutter betrachteten. Sie empfanden sich als Teil ihres Körpers und konnten sich auf ihr Bewußtsein, den „Geist, der alles durchdringt", einstimmen. Der Bruch, welchen die moderne Zivilisation zwischen Geist und Materie, Himmel und Erde vollzogen hat und den die orthodoxen Religionen noch unterstreichen, hat dazu geführt, daß wir uns weitgehend von dieser tiefgehenden Erkenntnis entfernt haben. Meine frühen Jahre des spirituellen Suchens waren stark von diesem „Mißverständnis" geprägt. Was mit der Erde oder auch mit meinem Körper geschah, war mir nicht so wichtig. Ich war sogar davon überzeugt, daß beide bloß ein niedriger Aspekt der Schöpfung waren, ein Hindernis auf meinem Weg zur Erleuchtung. Alles war „Maya", nur Illusion. Von dieser Warte aus war der Aufstieg nichts anderes als eine Möglichkeit, der Bürde der Wiedergeburt im Rad des Karma zu entfliehen.

Wie schade, daß ich mir nicht gestattete, die Schönheit der Natur um ihrer selbst willen zu genießen! Wie schade, daß ich mich bei meiner Suche nach dem Endgültigen den größten Mysterien des Lebens verschloß, obwohl sie direkt vor meiner Nase lagen! Ich hatte keine Ahnung von den Elfen und Naturgeistern, die mich überall umgaben, keine Ahnung von den Drachen, die in der Tiefe lebten oder von den mächtigen Elementaren und Berggeistern. Ich wußte nicht, daß Mutter Gaia in ihrer Sanftmut und Schönheit mich beim Namen rief, um mich zu wecken, damit der Duft ihrer Rosen mich erfreue. Als mir klar wurde, wie viel ich versäumt hatte, begann ich, Zeit in der Natur zu verbringen, um von ihr zu lernen. Ich lernte in der Stille und in der Einsamkeit. Ich lernte von Gleichgewicht und Harmonie. Ich lernte vom Kreislauf und den Jahreszeiten der Schöpfung. Ich lernte vom

Geheimnis meines eigenen Körpers und wie ich die Verbindung zu meinem Körperelementar herstellen konnte. Und ich lernte, wie man mit dem elementaren Bewußtsein der Natur, mit Gaia selbst, Kontakt aufnehmen kann. Ich lernte, daß die Kommunikation mit der Natur damit beginnt, daß man eine Beziehung zum eigenen Körperelementar aufbaut, denn dieses ist über das engmaschige Netz des Lebens mit dem gesamten elementaren Bewußtsein verbunden. Ich lernte Fragen zu stellen und zuzuhören, was die Sprachzentren in meinem Gehirn mir als Antwort vermittelten. Ich lernte, diesen Antworten zu vertrauen und meine Entscheidungen danach zu fällen, selbst wenn sie im Gegensatz zu dem standen, was mir mein Intellekt als Lösung anbot. Vor allem wurde mir klar, daß die Kommunikation mit der Natur eine Einstellung voraussetzt, die Wertschätzung, stille Freude, ein offenes Herz, kindliches Staunen und Dankbarkeit enthält. Genau diese Empfindungen hegt die sanfte Mutter Erde uns gegenüber – und sie wartet geduldig bis wir endlich unsere Flegeljahre hinter uns haben.

Die Erde spricht durch das Körperelementar zu uns. Das elementare Bewußtsein ist innerhalb der Natur eins; wenn wir also unser eigenes Elementarwesen kennenlernen, begreifen wir auch, daß wir von der Erde nicht getrennt sind, sondern daß eine holographische Einheit besteht. Unsere Chakrensysteme und Akupunkturmeridiane entsprechen den Chakren und Meridianen, die auf der Erde zu finden sind. Die Ka-Kanäle und axiatonalen Linien des menschlichen Körpers haben ebenso ihre irdische und himmlische Entsprechung. Unsere Emotionen sind auf den Emotionalkörper der Erde eingestimmt, unsere Gedanken und unsere Absichten sind mit dem Bewußtseinsfeld der Erde verbunden. Wir stehen nicht nur in holographischer Verbindung mit dem planetaren Körper, sondern auch mit dem galaktischen und dem kosmischen Körper. Wenn wir unsere geeinte Präsenz der vertikalen Achse anpassen, werden wir feststellen, daß wir uns mit diesen Hologrammen unserer selbst zu verbinden beginnen. Wir sehen, daß die Sterne in den weitreichenden Galaxien den Zellen unseres galaktischen Körpers entsprechen, und daß im Gegenzug jede Zelle unseres physischen Köpers einem Universum entspricht. Dies gilt nicht nur für eine einzelne Zeitlinie – es wird uns auch klar, daß wir mit vergangenen, zukünftigen und parallelen Aspekten unserer Realität verbunden sind.

Ein Aufgestiegener Meister ist sich dessen immer bewußt, und ich bekam ein bißchen Ahnung davon, als ich mit den Walen schwamm. Jeder von uns kann diese holographischen Bewußtseinszustände erfahren, wenn wir uns mit den fünf Aspekten unseres Wesen vereinen. (Wie eine solche Vereinigung aussehen kann, wird in Kapitel 33 beschrieben). Wie kann unsere Arbeit für und mit der Erde durch diese Information positiv beeinflußt werden? Wenn wir in Einklang mit uns selbst kommen, beginnen wir eine Lichtfrequenz auszustrahlen, die alles um uns in eine höhere Schwingung versetzt. Wir müssen uns dessen nicht einmal bewußt sein. Wo immer wir uns befinden, was immer wir tun – es findet ein Erwachen statt, das in ein helleres Licht hinein führt. Eine starke, klare Absicht kann die Störgeräusche des Unklaren übertönen.

Ich bin sicher, wenn es auch nur eine einzige Seele auf diesem Planeten gäbe, die in ihrem Wesen absolut rein und klar ist, dann wäre die Erde auf der Stelle heil!

Was wir noch tun können, ist, bewußt unsere Absichten und unsere Energiefelder miteinander zu verbinden, uns in Kreisen zusammenzuschließen, um eine geeinte Gruppenseele zu schaffen. Diese müssen wir danach in immer weitere Kreise ausdehnen, bis wir mit der Seele des Planeten verbunden sind. Jeder von uns hat ein Energiefeld, welches holographisch mit den Energiefeldern der Erde zusammenhängt. Die Lichtsäule, welche durch unsere Körper verläuft und Himmel und Erde verbindet ist die gleiche, welche durch die Polachse der Erde verläuft und die solaren und galaktischen Kräfte miteinander verbindet. Es gibt spezielle, erlernbare Methoden, wie man diese Energiefelder mit Hilfe der Absicht und hochrangigen Codes miteinander verbinden kann. Die Meditation zur Planetenverbindung in Kapitel 27 gibt genauer darüber Bescheid. Ich habe bereits die Chakren und Meridianströme im Körper der Erde angesprochen. Im alten England waren sie als Kraftlinien (ley lines) bekannt, die australischen Aborigines nannten sie die Linien des Gesanges (song lines) und im alten China kannte man sie als die Drachenpfade. Für die Hopi waren es die Spinnennetze im Erdinneren. Wenn diese Kraftlinien durchgängig sind, ist die Energiefrequenz des Planeten stark, und die Erde ist im Gleichgewicht und voller Vitalität. Sind sie jedoch blockiert, dann wird sie krank – und sie hat, wenn man den heutigen Zustand betrachtet, sicher schon gesündere Zeiten erlebt!

Unsere planetaren Meditationen und Zeremonien, die Aktivierung der heiligen Plätze und Portale, unsere Absicht Frieden und Schönheit zu schaffen, sind alles Methoden, die blockierten Kraftlinien zu reinigen. Vor kurzem zeigte man mir noch eine Möglichkeit, wie man der Erde in ihrem Reinigungsprozeß beistehen kann. Vor Jahrtausenden, als die Erde noch jung war, gab es Wesen mit enorm großem elementaren Bewußtsein, welche uns halfen, die Erde zu erschaffen und sie zu erhalten. Das waren die Drachen. Eines Tages meldete sich einer dieser Drachen während unseres „Portal-zur-Ewigkeit"-Gruppenabends. Ich werde niemals vergessen, wie es war, als der Drache uns bat, mit uns sprechen zu dürfen. Er war noch jung. Als er mein Energiefeld berührte, empfand ich einen ungeheuren Schub reiner Elementarkraft, die gleichzeitig jedoch überraschend sanft war. Er sagte, die Drachen hätten lange Zeit geschlafen, wären aber jetzt im Begriff wieder zu erwachen. Als die "Elohim" oder Schöpfergötter die Erde erschufen, waren es die Drachen, die ihnen dabei halfen, die gewaltigen Kräfte von Erde, Wasser, Feuer und Wind in den Schmelztiegel der Schöpfung zu leiten. Dann zogen sie sich in die Tiefe zum Überwintern zurück, wohl wissend, daß sie am Ende dieses Zeitalters wieder erwachen würden um bei der Geburt des nächsten dabei zu sein.

Nun, jetzt erwachen sie wieder. Die Erfahrung, die wir mit dem Drachen machten, war ähnlich wie wenn man eine Wunderlampe reibt und plötzlich ist der Flaschengeist da. Er ließ sich reichlich Zeit unsere Energiefelder zu überprüfen, um herauszufinden, ob wir auch vertrauenswürdig wären. Als er sich aber zu unseren Gunsten entschieden hatte, sagte er, wir könnten uns wünschen, was immer wir wollten und er würde unsere Wünsche erfüllen. Er sprach von seiner Liebe zur Mutter und daß es seine Aufgabe sei, sie zu beschützen und ihr beim Übergang in das Neue Zeitalter behilflich zu sein.
In unserem Gespräch fragten wir den Drachen, was wir zur Unterstützung der Erde beitragen könnten. Er sagte, wir könnten ihn darin unterweisen, wie man die blockierten Drachenpfade wieder reinigt, und zwar besonders diejenigen, welche in böser Absicht benutzt worden waren. Er sagte auch, daß viele seiner Art noch recht lethargisch seien, da sie gerade aus dem Schlaf erwachten – und wir könnten ihnen helfen, indem wir sie beim Namen riefen und indem wir ihnen die Strahlen der Sonne (Protuberanzen?) zugänglich machten. Je mehr Menschen, welche die Erde lieben, sich mit den Drachen in Verbindung setzten, desto leichter und schneller würde der Übergang in das nächste Zeitalter vonstatten gehen. Er sagte, sie hätten die Fähigkeit mit elektromagnetischer und astraler Verschmutzung auf

eine Art und Weise fertig zu werden, von der wir keine Ahnung hätten, und sie wären gerne bereit, dies für uns zu tun, wenn wir sie darum bitten. Sie hätten auch ungeheuer viele Möglichkeiten uns bei der Heilung der Erde zu helfen – das einzige Hindernis sei, daß die Menschen ihrer eigenen kreativen Absicht keinen freien Lauf ließen. Ich hatte wirklich das Gefühl, daß sie in ihrer Macht ähnlich den Djinns waren, und ich war sehr dankbar für den innigen Kontakt, den ich mit dem Drachen haben durfte.

Ich erzähle dies hier, weil ich überzeugt bin, daß jetzt die Zeit zur Zusammenarbeit gekommen ist. Wenn wir unsere Arbeit für den Planeten leisten, können wir jetzt die Drachen von Erde, Wasser, Feuer und Luft anrufen. In der Vergangenheit sind diese Drachen von Menschen mit bösen Absichten ausgenützt worden – das werden sie nicht länger gestatten. Daher werden sie, bevor sie sich mit uns einlassen, sehr genau unsere Herzen und unsere Absichten prüfen. Wenn wir mit ihnen zusammenarbeiten, dann sind sie gewaltige Verbündete! Im Namen der Drachen möchte ich jedoch für alle, welche sie für andere Ziele als die der Liebe einsetzen wollen, eine ernsthafte Warnung aussprechen. Ihre Macht, Gutes zu tun, ist ungeheuer groß – doch als Gegner sind sie furchterregend!

In Kapitel 6 habe ich bereits über die Schnittstelle zwischen dem Christusbewußtseins-Gitternetz, dem Aufstiegs-Gitternetz und dem planetaren Giitternetz gesprochen. Diese drei Gitternetze stehen axiatonal in Zusammenhang; wenn wir mit den „Drachenpunkten" arbeiten, in welchen die Haupt- Schwingungsknoten dieser Gitternetze enthalten sind, dann helfen wir dabei, Negativität zu entfernen und die „Merkabah" oder das Lichtkörper-Vehikel auf der Erde zu aktivieren. Dies wiederum erhöht die Schwingungsfrequenz der Erde in Vorbereitung auf die immer näher rückende Veränderung.

Jetzt, wo wir uns auf den Sprung in die vierte Dimension zu bewegen, können wir die Hilfe der Drachen, der Wale, der Natur insgesamt, der Engel, der Aufgestiegenen Meister und der Galaktischen Föderation des Lichtes anrufen, um diese Drachenpunkte zu aktivieren und damit ein Minimum an Störungen während des Überganges zu gewährleisten. Viele dieser Punkte liegen – wie könnte es anders sein – in den Krisenregionen des Planeten. Möge es uns weiterhin gelingen, die Lichtgitternetze der Erde mit unseren besten Absichten zu aktivieren, damit sie zu Heilung und Aufstieg gelange.

22. Die unterirdischen Lichtstädte

Eines schönen Tages im Juni 2001, hatte ich einen Traum. In diesem Traum befinde ich mich wieder in Mt. Shasta und fahre den Berg hinauf. Plötzlich zieht es mich in einen Strudel, einen Wirbel hinein, Regen prasselt in breiten Schwaden auf mich nieder und ich verliere komplett die Orientierung. Als ich endlich die Regenwand verlasse, befinde ich mich in einem mir völlig unbekannten Tal. Ich begegne einer Gruppe von Männern, wahrscheinlich Bergleuten. Sie sehen völlig anders aus als irgend jemand, den ich jemals getroffen habe und sind offenbar aus einer Öffnung, die in die Erde hineinführt, gekommen. Sie sprechen von einem ihrer Kollegen, der von einem Erdrutsch eingeschlossen wurde – ich zögere kurz, erkläre mich dann jedoch bereit, mit ihnen zu gehen und zu sehen, ob ich helfen kann. Die „Bergleute“ führen mich durch lange, dunkle Gänge und plötzlich kommen wir zu einer erleuchteten Höhle. Hunderte von Menschen sind dort, alle mit kupferfarbener Haut und alle wunderschön und mir wird klar, daß ich mich in Telos befinde, der lemurischen Stadt unterhalb von Mt. Shasta. Die

Freude über diese wunderbare Entdeckung treibt mir die Tränen in die Augen. Einige der Einwohner dieser unterirdischen Stadt berühren mich. Sie bestätigen mir, daß dies tatsächlich Telos sei und sagen, daß sie mich eingeladen hätten hierher zu kommen, weil es jetzt bald für sie an der Zeit sei, die Erdoberfläche zu betreten und sie vorher Näheres über uns erfahren wollten. Ich sei in früheren Zeiten einer von ihnen gewesen und daher hätten sie sich an mich gewandt. Mein Herz ist am Überquellen – so lange habe ich nach meiner Heimat, meinen Leuten gesucht. Sind sie wirklich meine Leute? Alle sehen jung und vital aus. Eine Frau sagt, daß sie mich hierher „geträumt" habe. Ich fühle, daß wir uns nicht fremd sind; sie lächelt und reicht mir ihre Hand; wir umarmen uns und ich spüre, wie unsere Seelen eins werden.

Unser Gespräch läuft immer mehr auf telepathischem Wege ab. Wenn ich in Gedanken eine Frage formuliere, bildet sich die Antwort direkt in meinem Kopf. Die Frau sagt, sie sei 253 Jahre alt, obwohl sie keinen Tag älter als 40 aussieht! Alle wirken so androgyn und ihre Gesichter sind sanft. Sie sagen, daß sie in meinem Gesicht Spuren von erfahrenem Schmerz erkennen könnten. Sie sagen auch, daß es im Erdinneren zu Veränderungen komme und daß dieser Erdrutsch der erste Hinweis auf ihr Auftauchen auf der Erdoberfläche sei. „Werden wir auf Menschen treffen, denen wir trauen können? Menschen, deren Herzen für uns offen sind?" fragen sie. Ich weiß darauf keine Antwort. Mir kommen all die Menschen in den Sinn, welche ihr Geschenk der Unschuld dargeboten haben und verraten worden sind. Direkt über die Gedanken sage ich ihnen, daß es sicher Menschen gibt, deren Herzen offen sind, doch daß es noch viele gibt, bei denen dies, aus Angst oder weil sie alles verurteilen, eben nicht der Fall ist. Um diese Menschen mache ich mir Sorgen, doch man sagt mir, dies sei nicht nötig. Dieser Traum dauerte sehr lange. Es war mir klar, daß ich träumte, und gleichermaßen war mir klar, daß dies eine echte Erfahrung in der Realität einer anderen Dimension war. Zwischen Telos und Avalon scheint es Parallelen zu geben. Beides sind Städte in der vierten Dimension. War dieser Regenguß, der mich nichts mehr erkennen ließ, das Portal zwischen den Welten, so etwas, wie der „Nebel", der um Avalon liegt? Mein geliebtes Mt. Shasta hatte mir in letzter Zeit sehr gefehlt – war dies einer der Gründe?

Ein paar Tage später stimmte ich mich nochmals auf diese Menschen ein. In einem meditativen Wachzustand beschlossen ein Freund und ich, den Rat in Telos aufzusuchen und zu sehen, ob er eine Botschaft zu vermitteln wünschte. In diesem Rat der Ältesten sind viele fast 1000 Jahre alt! Sie strahlten tiefe Erdweisheit aus. Sie sprachen von der Schönheit ihrer Welt im Inneren dieses wunderbaren Wesens, das sie die Mutter nennen. Sie sprachen von ihrer Liebe zu ihr und davon, daß ihr ganzes Leben ihrem Dienst und dem ihres Aufstiegs geweiht sei. „Sie hat so lange darauf gewartet und sich immer wieder zurückgehalten, damit auch wirklich alle mit ihr aufsteigen können. Sie ist von Mitgefühl und Zärtlichkeit für alle erfüllt, die auf ihr leben - sie hegt keine Haßgefühle gegen jene, die ihr Schmerz zugefügt haben. Sie hält sie alle in Liebe umfangen. Und daraus lernen wir, wir alle, die ihr so nahe sind. Wir lernen, wozu unser Herz und unser Mitgefühl uns befähigt."

Viele Menschen sind der Meinung, daß die Erde Schmerzen erleidet und im Gegenzug zu der Behandlung, die sie von uns Menschen erfährt, mit Wut reagiert. Der Rat von Telos läßt uns wissen, daß dies nicht stimmt. Diese Empfindungen sind nicht die ihren, sondern unsere eigenen, die in ihre tiefsten Schichten durchsickern. Sie sprachen von den Menschen, die als „Erdschützer" auftreten – das sind alle jene von uns, die sich mit ihnen den Dienst an der Mutter teilen und deren Herzen und Leben von bedingungsloser Liebe erfüllt sind. „Ihr seid uns immer willkommen," sagten sie, „Ihr kommt auch oft zu Besuch, selbst wenn Euch das nicht immer bewußt ist." Sie bitten jeden von uns, innerhalb des weiten Bereiches von Streit und Zwistigkeiten, welche die Mutter beeinflußen, sozusagen „vor der eigenen Türe zu kehren". Würden wir dies in unserem Leben wirklich durchführen, dann wäre das für unsere geliebte Mutter eine große Erleichterung und würde ihr den Weg zum Vorwärtsgehen öffnen. Die Bewohner von Telos sind Wesen aus der vierten Dimension und wären imstande, ihren eigenen Aufstieg jederzeit zu vollziehen. Doch sie warten damit noch, damit wir, die auf der Oberfläche wohnen, mit ihnen gemeinsam die „große Einatmung", den Weg zurück zum Ursprung erleben. Ich fragte sie, wann sie auf die Oberfläche des Planeten zurückkehren würden.

„Wir lassen uns damit Zeit, und warten darauf, daß ein gewisses Ausmaß an Akzeptanz entsteht. Vielleicht wird es erst dann sein, wann Ihr gänzlich die vierte Dimension erreicht habt. Wir könnten Euch so vieles lehren, doch es fehlt noch an Offenheit und an der Bereitschaft, uns anzuerkennen. Wir sind jedoch der Meinung, daß sich dies bald ändern wird. Es gibt einige unter Euch, die sehr gerne mit uns Kontakt haben würden, und auch wir sind mehr als bereit, Eure Weisheit und Euer Wissen anzunehmen und unser eigenes mit Euch zu teilen. Wir sind Wesen, die keinen Beschränkungen unterliegen, wir sind sehr stark und wir wissen um unsere Ziele. Wir warten, bis unsere Zeit gekommen ist, damit wir in viel größerem Umfang behilflich sein können als uns dies jetzt möglich ist. All dies entstammt unserer tiefen Liebe zur Mutter und dem Wissen, wie wunderbar und großartig sie auf ihrem Weg durch die Dimensionen voranschreitet. Es erfüllt uns mit großer Freude, und doch sind wir geduldig, denn es ist uns bewußt, daß viele, die auf ihr leben, gerettet werden sollen. Dieser Rettungsplan entspringt einem tiefen Mitgefühl und wir sind völlig damit einverstanden." Dann befragte ich sie zu der Frau, welche ich in meinem Traum getroffen hatte und ob sie ebenfalls dem Rat angehörte. „Sie ist nicht Mitglied unseres Rates, arbeitet jedoch eng mit uns zusammen. Sie ist ein Aspekt von Dir, so wie Du ein Aspekt von ihr bist, und sie möchte, daß Du Dich daran erinnerst. Auch sie ist eine Träumerin und bewegt sich zwischen den Welten." Sie sprachen von der großen Sehnsucht der Frau, wieder auf der Oberfläche der Erde zu sein, und sie baten mich, sie zu rufen und direkt mit ihr darüber zu sprechen. „Auf persönlicher Ebene kann sie Dir sehr viel mitteilen; auch ist sie stark in die Geschichte der Erde involviert und könnte Dir damit helfen."

Ich fragte, wie das wohl möglich sei und sie sagten: „Dies ist, was sie mit Dir besprechen möchte. Es ist ein großes Geheimnis, wird Dir jedoch bald klar werden, wenn Du mit ihr sprichst." Einige Tage später verband ich mich während einer Meditation mit dieser Frau, die sich als Yashodha vorstellte. Sie bat mich, sich von Zeit zu Zeit mit meinem Bewußtsein verbinden zu dürfen, um auf diese Weise die Oberfläche der Erde erleben zu können. Wir seien uns in unserer Schwingung ähnlich genug, um dies durchzuführen, sagte sie. Es wirke nach beiden Seiten – und so wäre ich in der Lage, auch ihre Welt kennenzulernen, so ich das wünschte. Wir hätten dies, als Parallelaspekte der gleichen Seele, schön öfters gemacht; sie wollte jedoch, daß wir uns diesmal ganz bewußt darauf einließen. Ich fragte sie, ob es auf der Erdoberfläche viele Menschen gäbe, die innerhalb von Telos Parallelaspekte besitzen. Sie bejahte dies und meinte:" Viele der Menschen, welche es nach Telos zieht, haben hier einen Parallelaspekt. Das Universum ist viel, viel größer, als Du Dir vorstellen kannst!" Sie erklärte, daß es Mitglieder ihrer Rasse gegeben habe, die zu verschiedenen Zeiten in körperlicher Form auf der

Erdoberfläche erschienen seien. Das gleiche gelte auch für andere Rassen aus Bereichen innerhalb und im Umkreis der Erde. Für Wesen aus der vierten Dimension sei es gar nicht so schwierig, ihre eigene Frequenz der unseren anzupassen. Ihre Absichten seien immer friedlich und respektvoll, was unseren freien Willen angeht. Sie betonte, daß wir von ihnen nichts zu befürchten hätten. Es gäbe so vieles, das sie uns gerne mitteilen würden, wenn wir nur imstande wären, unsere Herzen und unseren Geist zu öffnen. Sie böten uns Hilfe bei unseren ökologischen und sozialen Problemen an, denn sie verstünden den Kreislauf und den Rhythmus der Natur und sähen oft ein gutes Stück weiter, als wir mit all den Mauern, die wir um uns errichtet haben. Unser Kontakt sei noch nicht beendet.

Mein Freund und ich fragten noch nach anderen Dingen, die den Rat betrafen. Ich wollte einiges über ihre Zivilisation und ihren Kontakt zu anderen Städten der vierten und der fünften Dimension erfahren und über die Vernetzungen und Verbindungswege, die zwischen ihnen bestehen. Ich fragte nach Avalon. Es gehöre ebenfalls zur vierten Dimension, hieß es, aber es befinde sich eher oberhalb als innerhalb der Erdoberfläche. Die Wesen, welche dort zu Hause sind, gehören nicht nach Lemuria, sondern sind Abkömmlinge der keltischen Religionen. Der Weg nach Avalon ist zur Zeit geschlossen, doch da wir neue Brücken zu den Königreichen der Feen und der Natur erbauen, könnte sich dies ändern. Sie sagten, daß es noch weitere Städte der vierten Dimension gäbe, in Südamerika z.B. oder auch in anderen Ländern. Shamballa und Agartha seien sogar der fünften Dimension zugehörig. Viele der Städte in Südamerika befinden sich ebenfalls unter der Erdoberfläche. Es ist interessant, daß die Hopis in Arizona davon sprechen, daß sie vor vielen tausend Jahren an die Erdoberfläche und damit in die vierte Welt gekommen seien. In einem früheren Zeitalter hätten sie unter der Erdoberfläche gelebt, da eine riesige Flut die Erde überschwemmt hatte. In ihrer prophetischen Tradition wird davon gesprochen, daß wir uns jetzt für den Übertritt in die fünfte Welt bereit machen. Die Mitglieder des Rates sagten uns, daß die in der Offenbarung des Johannes zitierte „Himmlische Stadt“ mit Shamballa gleichzusetzen sei, einer Stadt der fünften Dimension. Auch seien viele Aufgestiegene Meister und andere Mitglieder der Bruderschaft des Lichtes imstande, durch die Schwingung dieser Stadt die Menschheit positiv zu beeinflussen. Sie enthält Lichtcodes, die sich jetzt nach und nach in der Oberfläche der Erde verankern.

Sie sprachen auch davon, daß tief im Inneren der Erde eine Stadt der fünften Dimension existiere, und zwar direkt unterhalb von Gizeh in Ägypten. Die Hallen von Amenti stehen ebenso mit dieser Stadt im Zusammenhang, wie Thoth und das alte Atlantis. Tunnelbauten und Durchgänge verbinden verschiedene Städte der vierten Dimension miteinander. Sie ihrerseits stehen wiederum durch die Drachenpfade miteinander in Verbindung und dehnen sich weit in das Erdinnere aus. Es sind keine Durchgänge der dritten Dimension, obwohl Wesen dieser Dimension, wenn sie dazu eingeladen worden sind, in ihnen reisen dürfen. Die Städte und die Verbindungen zwischen ihnen sind wie die Chakren und Meridiane im menschlichen Körper. Sie sind durchaus real, können jedoch nicht mit Methoden, die der dritten Dimension angehören, entdeckt werden. Diese unterirdischen Städte sind anders als die Städte, welche sich im hohlen Innenraum der Erde befinden. Diese Städte gibt es tatsächlich und sie gehören ebenfalls der vierten Dimension an. Die Schleier zwischen den Dimensionen werden immer dünner, und mehr Menschen als je zuvor sind imstande, die Zugänge zu finden. So kann man den Hohlraum im Inneren der Erde durch den Nord- und den Südpol betreten.

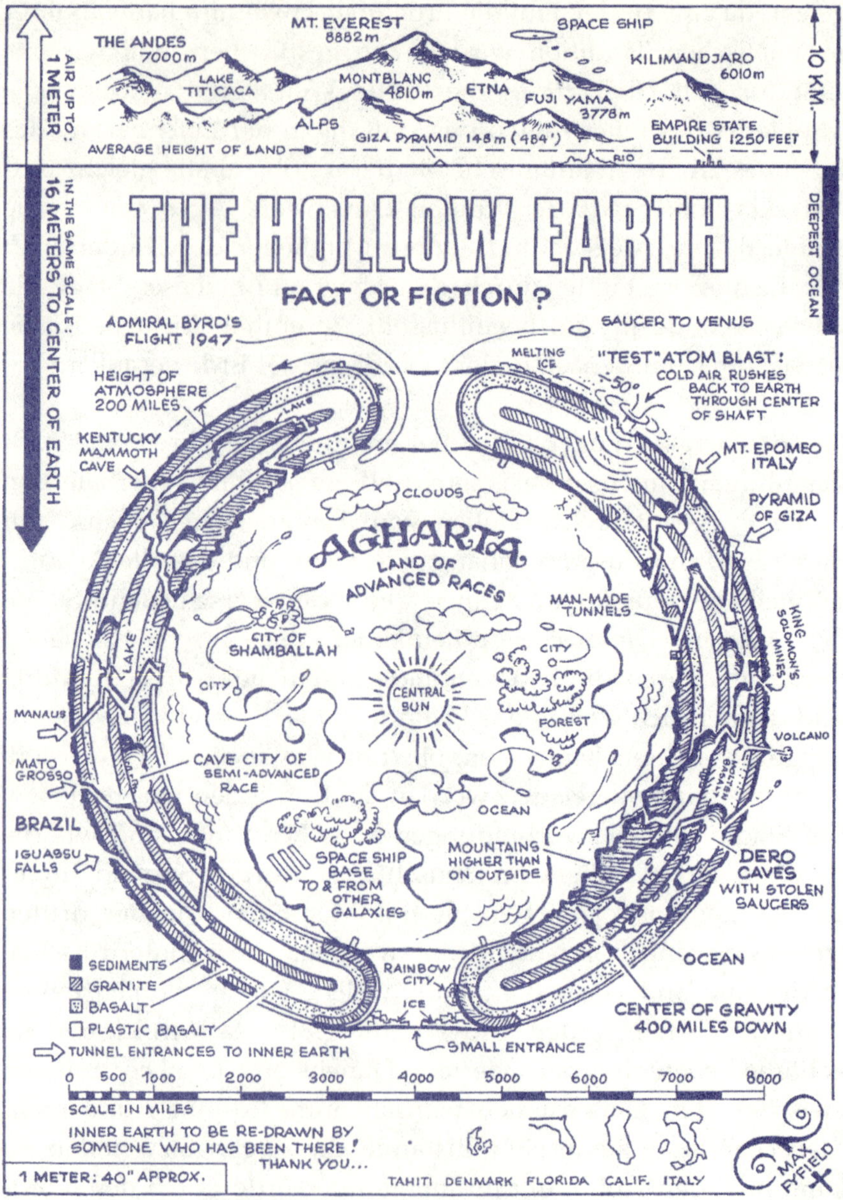

Die hohle Erde

Das nebenstehende Bild zeigt ein Modell der hohlen Erde (siehe Raymond Bernard, *The Hollow Earth*). Keine der folgenden Aussagen sind jemals tatsächlich bewiesen worden, doch gemäß dieser Theorie (siehe Abbildung) trieb die aus der Erdrotation entstehende Zentrifugalkraft vor Jahrtausenden das noch flüssige Erdinnere gegen die Außenseite und schuf damit den hohlen Innenraum. Es gibt eine innere Sonne, die den Mittelpunkt der Erde erleuchtet. Das Zentrum der Schwerkraft befindet sich jedoch nicht im Mittelpunkt des Planeten, sondern im Inneren des kugelförmigen Mantels, der sich zwischen der inneren und der äußeren Oberfläche der Erde befindet, da die gesamte Masse dort gesammelt ist. Am Nord- und Südpol gibt es je eine Öffnung, die direkt zur Innenerde führt und die von vielen Polarforschern, darunter Konteradmiral Richard Byrd von der US Air Force, untersucht worden sind. In dem hohlen Innenraum gibt es entlang der Oberfläche Berge und Seen, Wälder, Flüsse und Meere. Es gibt dort viele Zivilisationen und Rassen, die, wie ich meine, allesamt der vierten oder fünften Dimension angehören, da die Frequenzen innerhalb der Erde verhältnismäßig ungestört geblieben sind.

In ihrem Informationsblatt *The Lemurian Connection* spricht Aurelia Louise Jones davon, daß die Telosier vor kurzem zu Wesen der fünften Dimension geworden sind, deren Körper perfekt und unsterblich sind, so wie es damals in Lemuria der Fall war. Sie können sich nach Belieben von einer Dimension in die andere bewegen, was ihnen Freude bereitet und sie flexibel und frei macht. Sie sagen immer wieder, daß wir den gleichen solaren Bauplan und die selbe DNA besitzen wie sie, und sie versichern uns, daß auch wir aufgestiegene Körper der fünften Dimension erhalten, sobald sich unser Bewußtsein aus Begrenzung und Verurteilung löst und sich bedingungsloser Liebe zuwendet.

Sie teilt uns eine Botschaft von Adama, dem Hohepriester von Telos mit, in der es heißt, daß viele Telosier in Kürze an die Erdoberfläche kommen werden, wenn genügend Menschen bereit und willens sind, sie aufzunehmen. In ihrem Buch *Telos: The Call goes out from the Hollow Earth and Underground Cities*, erhältlich über hoep.org, berichtet sie mehr darüber und über die verschiedenen Aspekte des Lebens der Telosier. Ich hoffe sehr, daß jetzt, da wir uns auf den planetaren Aufstieg zu bewegen, alles geheilt werde, was gebrochen war, und alles wieder vereint werde, was getrennt war.

23. Die Initiation von Lady Gaia

Ich erlebte kürzlich während eines von mir besuchten Workshops unter der Leitung des Australiers Alton Kamadon, der die heiligen Geometrien lehrt, eine Art „Vorschau“ auf den Aufstieg dieses Planeten. Alton führte uns auf eine Reise in die Hallen des Melchizedek, wo uns unser Ältestenrat begrüßen und wir in den Lichtkörper des „Adam Kadmon“ erhoben werden sollten. Als ich diese Reise begann, konnte ich einen stetigen Druck in meiner Medulla verspüren und plötzlich fühlte ich mich in einen riesigen, interdimensionalen Bewußtseinszustand versetzt. Ich war nicht mehr Kiara – was ich hier erlebte, war die Vereinigung mit meinem planetaren Selbst. Meine Begrenzungen als Person Kiara verschwanden und ich empfand den Rest der Einweihung als Mutter Gaia. Diese Erfahrung war ekstatisch und sehr tief und ich möchte Euch gerne hier mitteilen, was, aus ihrer Sicht, geschah.

Als Gaia fühle ich wie ich mich durch intergalaktische Portale bewege. Ich werde in die große Ratshalle des Melchizedek geführt. Eine Unzahl kosmischer Präsenzen ist anwesend. Sie sind hier, um mich zu ehren und mir in meiner Initiation als geheiligter Planet beizustehen. Ich durchquere 33 immer höher werdende Schwingungsebenen. In den unteren Bereichen erfahren meine Fels-Lebewesen, was es bedeutet, durch Wellenlängen der Strömung der vierten Dimension hindurchzugehen. Unsere Stufen der Dichte verschieben und verändern sich, als verschiedene kosmische Schwingungen und Farben uns durchdringen. Die Elementarreiche jubeln - so lange und so geduldig haben sie auf diesen Tag gewartet! Als nächstes kommen meine Pflanzen- und meine Tier-Lebewesen. Und wieder verändern sich die Farben und Strukturen, und Entzücken erfüllt mich! Und dann ist die Zeit für die Menschen, die Wale und die Delphine. Ich bin so stolz auf Euch, meine Kinder! Jetzt erwachen die Drachen in meinem Inneren und die Lebensströme fließen ohne Unterbrechung durch meinen Körper. Zuerst erhebt sich der Erddrache, nach ihm der Wasserdrache, dann der Luftdrache und zuletzt der Feuerdrache. Viele Verletzungen im Bereich meines Bewußtseins werden geheilt und es ergießen sich Energien in mich, die von der Zentralsonne und von den kosmischen Wesen stammen, die hier versammelt sind. Jetzt bin ich vollkommen erwacht, ein heiliger Planet, und ich juble, so wie alle planetaren Wesen hier mit mir jubeln. Durch das Portal der Ewigkeit betrete ich nun den ursprünglichen Kreislauf der Schöpfung, und Milliarden anderer planetarer Systeme folgen mir nach. Man sagt mir, ich, die an letzter Stelle war, sei nun die Erste. Wegen all der Wesen, die durch mich die Möglichkeit zur Inkarnation hatten, habe ich den Weg des geduldigen Mitgefühls gewählt – und es ist uns gelungen, eine große Welle der Liebe aufzubauen, die Universum für Universum zum Entstehen bringt. In Demut, tiefer Liebe und unendlicher Dankbarkeit empfange ich nun meinen Lichtkörper.

Als Mensch Kiara fühlte ich meinen Körper zittern und beben und ich meinte fast, mein Kopf würde sich vom Körper lösen. Ich spürte, wie sich Schicht um Schicht aufgestauter Blockaden aus dem ätherischen und Emotionalkörper von Gaia auflöste. Als sich die Drachen, ihre Schutzgeister, erhoben, empfand ich das

Entzücken, das ihr Wesen erfüllte, wie auch das meine, denn wir waren eins. Ich brauchte lange Zeit, bis ich meinen Kiara-Körper wieder klar empfinden konnte. Ich erkannte, daß das Wesen, welches wir als Mutter Erde oder Gaia bezeichnen, in Wahrheit eine Göttin von solch unermesslicher Liebe und Schönheit ist, daß ich darauf nur mit Tränen der Freude und Dankbarkeit reagieren kann. Sie gehört, so wie Pan, zum Reich der Devas. Ihre Form empfand ich als die einer schönen Frau, der schönsten, die mir jemals begegnet war, gleichermaßen stark und sanftmütig, kraftvoll und weich. Ihr Gewand ist wunderschön und erstrahlt in allen Farben des Windes. Ihr physischer Körper entspricht der Struktur der Erde, doch sie ist das Elementar- oder Deva-Wesen, welches dieses riesige Netzwerk des Lebens lenkt; als Elementarwesen hat sie ihre eigene Form, die der menschlichen sehr ähnlich ist. Es ist natürlich auch möglich, daß sie bloß einem Menschen als menschlich erscheint, weil sie sich uns in dieser Form zeigen will. Gaia ist das elementare Selbst der Erde, gemäß der theosophischen Tradition ist jedoch Sanat Kumara ihr Höheres Selbst. So wie der Mensch ein Elementarwesen besitzt, das den Körper regiert und gleichzeitig eine Seele in sich trägt, welche unsere Evolution leitet, so ist es auch bei Mutter Erde.

Das Entzücken durchströmt meinen Körper und ich fühle meine tiefe Liebe zu Lady Gaia, wie ich sie ab jetzt nennen möchte. Dankbarkeit erfüllt mich für das Privileg, daß ich an ihrem Aufstieg in die fünfte Dimension teilhaben durfte. Sie selbst hat die fünfte Dimension erreicht, ihr Körper jedoch, die physische Erde, stieg auf in die vierte Dimension. Ich habe keine Ahnung, was dies in der Zeit der dritten Dimension bedeutet, ich weiß nur, daß es geschehen ist, daran besteht kein Zweifel. Es ist vollbracht! Ich bin so dankbar!

Es gibt ein Gedicht, das ich als Kind geschrieben habe. Ich habe nur mehr vier Zeilen davon in Erinnerung. Wenn ich sie nun niederschreibe, fühle ich, wie sich ein Kreis schließt und ich grüße den Neunjährigen, aus dessen Feder sie stammen und bin erfüllt von Liebe, Erstaunen und Dankbarkeit:

Dorthin, wo Gott, Natur und Menschheit sich umfassen,
führt meiner müden Füße Weg und ist bestrebt,
mich eine Welt nach bestem Wissen bauen zu lassen,
wo Mensch in der Natur und Gott im Menschen lebt ...

24. Die heiligen Geometrien und das erweiterte Bewußtsein

In diesem Kapitel möchte ich gerne ein paar Meditationstechniken vorgeben, die uns durch das Portal zur Ewigkeit bringen können. Diese Meditationen stammen aus den verschiedensten Traditionen und zum Teil auch aus meiner eigenen Kreativität. Wenn Ihr mit ihnen experimentiert, werdet Ihr feststellen, daß Euch einige „besser liegen“ als andere. Viele von ihnen sind „Durchgangsübungen“, d.h., daß ein Initiat der alten Traditionen mitunter sein ganzes Leben lang nur mit einer einzigen dieser Übungen beschäftigt war und sich von ihr, von Stufe zu Stufe, bis in die höchsten Ebenen der Selbsterkenntnis tragen ließ. Bevor wir uns jedoch mit den Meditationen auseinandersetzen, möchte ich einen kurzen Überblick über ein Thema geben, das mir sehr am Herzen liegt, und zwar über die „heiligen Geometrien“, wie man sie heute allgemein nennt. Unsere Kausalkörper der sechsten und siebten Dimension bestehen grundsätzlich aus

Geometrien des Lichts und werden mitunter als „Merkabah" bezeichnet. Diese geometrischen Formen sind sehr kompliziert. Wenn sie in die niedrigeren Dimensionen eintreten, manifestieren sie sich als Energiestrukturen im Inneren des Körpers. Die Chakren, das Meridiansystem, die Ka-Kanäle und die axiatonalen Linien gehören hier dazu. Die alten Ägypter, die Taoisten, die Yogis, Kahunas und Schamanen waren bekannt für ihre außerordentlichen Leistungen in den Bereichen der Levitation, Bilokation, Beschleunigung, des Heilens und der Zeitreisen, weil sie intuitiv den Zusammenhang zwischen dem Lichtkörper und den feinstofflichen Energiestrukturen im Inneren des physischen Körpers verstanden. Sie benutzten dazu verschiedene Techniken, u.a. Visualisation, Verbindung mit den Elementar-, Solar- und Erdenergien, Körpererfahrung und bewußtes Atmen, um eine Brücke zu schaffen zwischen den kausalen Ebenen und denen der äußeren Manifestation.

Ich glaube, daß das Erlangen des Lichtkörpers auch damit zu tun hat, daß man sich mit einem Aspekt unseres Bewußtseins vertraut macht, den man allgemein als das Unterbewußte bezeichnet. Die Verwendung des Ausdrucks "unterbewußt" zeigt, wie wenig wir im Grunde von diesem riesigen Bewußtseinsbereich verstehen. Unser lineares Denken hat keinen Zugang zu diesem Bereich, weil er unter der Oberfläche unserer Gedanken liegt, in den „versunkenen Tiefen unseres Wesens", wie die Wale dies nennen. Man könnte diesen Bewußtseinsaspekt korrekter als das „Elementarbewußtsein" bezeichnen. Es gehört zu den Erdreichen und entsteht im Reich der Devas. Die alten Priester von Hawaii, die Kahunas, sprachen hier vom „niederen Selbst" oder „unihipili". Die Kahunas glaubten, daß der einzige Weg zum „höheren Selbst", also in den Bereich des göttlichen Geistes, durch das „niedere Selbst" führte. Ihr Name für das „höhere Selbst" war „aumakua". Um es in unseren Sprachgebrauch zu übertragen: Nur durch die Verbindung mit unserem Unterbewußtsein sind wir imstande, Zugang zu unserem Überbewußtsein zu finden. Der bewußte Aspekt, den sie „uhane" nannten, ist wie die winzige Spitze des Eisbergs, der sich ja bekanntlich zum größten Teil unter Wasser befindet. Wenn wir die Bereiche des Mysteriums, der Magie und der Meisterschaft betreten wollen, müssen wir uns mit „unihipili", dem elementaren Aspekt unseres Wesens, auseinandersetzen. Darüber spreche ich noch im Detail in Kapitel 33 – für den Augenblick möge genügen, daß für die Kahunas ein wesentlicher Zugang zum elementaren Selbst im gezielten Einsatz des Atems lag. Der ätherische Körper enthält alle feinstofflichen Energieverknüpfungen und kann nur dann erreicht werden, wenn genügend „Mana" oder „menschliche Spannungsenergie" vorhanden ist. Ist dies gegeben, dann ist nichts unmöglich, meinten sie.

Es gibt viele Systeme, die erst vor kurzem entstanden sind und die von inspirierten Meistern, wie Drunvalo Melchizedek, Alton Kamadon und anderen vermittelt werden. In diesen Systemen werden Atem- und Visualisationstechniken verwendet, um den Zugang zu den heiligen Codes unseres Merkabah oder Lichtkörper-Vehikels zu erwirken. Diese Codes sind in einer geometrischen Form mit Namen „Blume des Lebens" enthalten. Diese neuen Lehren stammen vom Aufgestiegenen Meister Thoth, der auch als Hermes Trismegistos bekannt ist. Thoth war es gelungen, die heiligen Geometrien der Schöpfung zu entschlüsseln; er konnte sich daher mit seinem Lichtkörper verbinden und Unsterblichkeit erlangen. Die Lehren von Drunvalo und Alton haben sehr viel Kraft insofern, als sie eine Verbindung zwischen dem mittleren, dem niedrigen und dem höheren Selbst herstellen. Vielleicht interessiert Euch das Buch *Die Smaragd-Tafeln von Thoth dem Atlanter*, geschrieben von Thoth und wiedergegeben von Doreal, als Handbuch für Unsterblichkeit und Aufstieg. Eine ähnliche Lehre wurde auch von Amorah Quan Yin übermittelt. Bekannt als "Plejadische Lichtarbeit" und ist eine wiederentdeckte Lehre aus der Mysterientradition und geeignet, die „Ka-Kanäle" im ätherischen Körper zu aktivieren, welche noch viel feiner sind, als die Chakren und die Meridiane. Wenn sie voll aktiviert sind, ist der Initiat imstande, mit seinem Lichtkörper zu verschmelzen und das Christusbewußtsein zu erlangen.

Die „axiatonale Anpassung" ist ein weiteres System zur Aktivierung dieser subtilen Vernetzungen. *Die Schlüssel des Enoch*, welche J.J. Hurtak auf geistigem Wege vermittelt worden sind, sprechen davon, daß wir die Fähigkeit in uns tragen, neue Organe, Körperteile und auch Körpergewebe mit Hilfe der „axiatonalen Linien", welche den Meridianlinien unseres Überselbstkörpers entsprechen, zu erschaffen. Diese Linien verbinden uns mit den Sternen und mit unserem wahren "Adam Kadmon-Körper", der die kausale Vorgabe für unseren menschlichen Körper der dritten Dimension ist. Sind diese axiatonalen Linien voll aktiviert, bedeutet dies die Aktivierung unseres vollständigen genetischen Bauplans. Ich habe das Gefühl, daß axiatonale Linien und Ka-Kanäle einander in etwa entsprechen.

DNA und genetischer Bauplan sind heutzutage ein Thema der wissenschaftlichen wie auch metaphysischen Forschung. Man spricht von der Neuaktivierung der 12-Bündel-DNA-Vernetzung. Dies wird, so meine ich, dann realisierbar, wenn wir uns den physischen Strukturen der vierten Dimension annähern. Es gibt auch verschiedene ernährungsbezogene Techniken der vierten Dimension, die uns zugänglich werden und uns helfen, unsere Schwingungsfrequenz anzuheben. Zu ihnen gehören „monoatomares" oder „Weißpulver"-Gold, „strukturiertes Wasser", „superionisiertes Wasser" und verschiedene Arten der Schwingungsmedizin. Ich habe an anderer Stelle bereits erwähnt, daß die heiligen Geometrien der Bauplan für alle physischen Strukturen sind. Für mich heißt dies, daß alle heiligen Geometrien, die hinter dem Leben stehen, im Prinzip gleich sind. Die Merkabah-Felder um uns sind daher nicht wesentlich anders, als die Merkabah-Felder der Delphine, der Bäume oder der Steine. Einer der Gründe, warum in den 60er-Jahren psychodelische Drogen so beliebt waren, ist, daß sie uns hinter die Form blicken ließen, direkt in die kausalen Bereiche der Schöpfung. Plötzlich war die ganze Welt lebendig und wir konnten erfahren, wie alles mit allem vernetzt ist.

Wenn also die heilige Geometrie hinter allen Formen in etwa die gleiche ist, dann bedeutet dies, daß der feinstoffliche Körper der Erde sehr ähnlich unserem menschlichen ist; der wiederum gleicht der Struktur von allem anderen, vom winzigsten Atom bis zur riesigsten Galaxis. Wir sind alle holographisch miteinander verbunden – wie oben, so unten, wie unten so oben. Das heißt auch, daß das Chakrenystem der Erde, ihre Meridiane, Ka-Kanäle und axiatonalen Linien den unseren sehr ähnlich sind. Im menschlichen Körper gibt es eine senkrechte Achse, an der alle Chakren angesiedelt sind. Man nennt sie die „Pranaröhre“ oder „Lichtröhre“. Sie verläuft entlang der Wirbelsäule bis an die Enden des Körpers und dehnt sich noch weiter nach unten und oben aus. In den hier im Buch beschriebenen Meditationen werden wir uns noch genauer mit dieser Idee auseinandersetzen. Was ich hier klar machen möchte, ist jedoch, daß die Erde ebenfalls eine Pranaröhre besitzt, die ihrer Polarachse entlang verläuft und sie mit dem übrigen Kosmos oberhalb und unterhalb ihrer selbst verbindet. Während des Goldenen Zeitalters, das unserem Sturz in die dritte Dimension vorausging, war die Erdachse in einer Richtung mit unserer Sonne und dem galaktischen Zentrum, und ihre Schwingungen entsprachen der Lichtcodes, die diesen Quellen entstammten. Die Erde bewegte sich in vollendeter Harmonie mit den kosmischen Abläufen. Durch den Sturz wurde ihre Achse schräg gestellt, was ihre Schwingungsfrequenz verringerte. Wenn wir an unserer Senkrechtanpassung arbeiten und unseren Lichtkörper mit dem der Erde verbinden, dann hilft dies der Erde, ihre eigene Achse wieder in die Harmonie der vierten Dimension zu bringen. Als die Wale von der Senkrechtanpassung sprachen, meinten sie damit diese Pranaröhre. Sie sprachen auch vom sphärischen Bewußtsein. Hier ist von der Verschmelzung der Identitäten die Rede, was heißt, daß wir buchstäblich eins werden mit dem planetaren Bewußtsein. Ich konnte alle diese holographischen Verbindungen, die einwärts wie die auswärts laufenden, spüren, wenn ich mich auf meine Medulla einstimmte. Jede Zelle meines Körpers hatte Zugriff auf ein ganzes Universum, und jeder Stern am Himmel war nichts anderes als eine Zelle in meinem riesigen galaktischen Körper.

Erst als ich den Gedankengang der vertikalen Anpassung und des sphärischen Bewußtseins in meine Meditationen mit einschloß, wurde mir klar, wie stark sie zusammenhängen. Es gibt ein mathematisches Modell für Universen der höheren Dimensionen, das man in der heiligen Geometrie als den „tubischen Torus" bezeichnet. Als ich über diese Struktur meditierte, erkannte ich, daß dies in der heiligen Geometrie das Äquivalent für mein „Portal zur Ewigkeit" ist. Ich glaube, daß dieser tubische Torus die versteckte Komponente hinter den Merkabah-Feldern ist. Man kann ihn sich als einen durchsichtigen, goldenen Apfel vorstellen, dessen hohles Inneres ständig in sich selbst zusammenfällt. Es gibt hier keine festen Polaritäten. Was gerade im Inneren ist, befindet sich gleich darauf im Äußeren. Wenn man einem Pol folgt, endet man im Inneren des gegensätzlichen Poles.

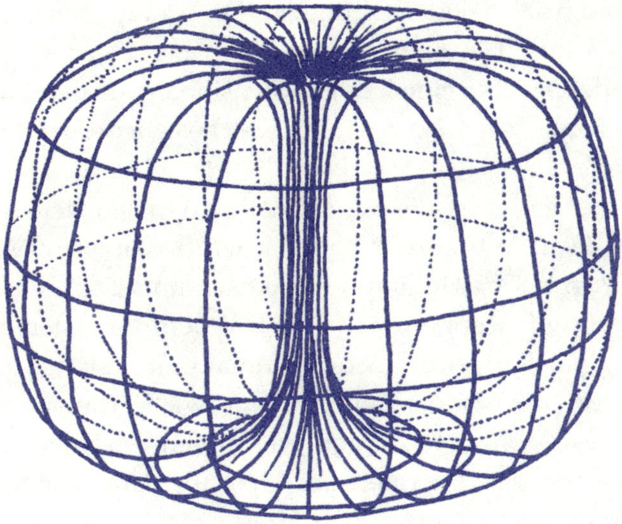

Der tubische Torus

Wenn Ihr Euch einen Magnetstab vorstellt, von dem kugelförmig Kraftlinien ausgehen, dann werdet Ihr plötzlich feststellen, daß der Nord- und der Südpol des Magneten sich dauernd ineinander bewegen und das ergibt das Bild eines tubischen Torus. Ist der Grund für die regelmäßige Verschiebung der Magnetpole, daß die Erde sich alle paar tausend Jahre in sich selbst zurückfaltet? Ist es vielleicht so, daß es gar keine festen Pole gibt und daß das, was wir als feststehend ansehen, nichts anderes ist, als das Standbild einer Situation aus einem viel, viel größeren Ereignisablauf? Das Problem der Realität der dritten Dimension liegt darin, daß wir uns in den starren Dualitäten von Gut und Böse, Finsternis und Licht, männlich und weiblich, Geist und Materie sowie Himmel und Erde festgefahren haben. Was passiert, wenn sich diese Fixpunkte aufzulösen beginnen? Jetzt, da wir uns in die vierte Dimension zurückbewegen, bekommen die Polaritäten von Yin und Yang wieder Gültigkeit. Das uralte chinesische T´ai Chi Symbol, welches man als das Yin-Yang Zeichen kennt, ist nichts anderes als eine zweidimensionale Darstellung des tubischen Torus. Yin wird zu Yang, welches wieder zu Yin wird.

Der tubische Torus ist die Schnittstelle zwischen der vertikalen Achse der Polarität und dem sphärischen Bewußtsein. Man kann dieses Wissen in der Meditation praktisch umsetzen, indem man erkennt, daß wir, wenn wir uns tief mit dem Innersten der Erde verbinden, gleicherweise auch in Kontakt zum holographischen Zentrum des Universums stehen. Wenn wir in die subatomaren Energien des Atoms eindringen, verbinden wir uns im selben Augenblick mit den Energien des Urknalls. Und wenn wir das große Geheimnis des Gottes in uns berühren, tun wir dies gleichzeitig auch mit den fernsten Grenzen des kosmischen Bewußtseins.

Damit ist der zweite Teil dieses Buches beendet. Der dritte Teil soll ein „Reiseführer" auf Eurem eigenen Weg zum Aufstieg sein, und ein Handbuch, das Euch Anleitungen für planetare Heilungsmethoden bietet. Die Meditationen können allein oder in einer Gruppe durchgeführt werden. Keine der Übungen ist unveränderlich. Meine eigene Wahrnehmung der Wahrheit und dessen, was das Leben ausmacht, verändert sich ständig, genau so verändern sich auch die Meditationen. Laßt zu, daß sie sich mit Euch entwickeln.

25. Der Klangstrom und die Vipassana Meditation

Die Übung des „Klangstromes", auch „der göttliche Klang" genannt, ist eine Grundübung, welche direkt eine Verbindung zur Seele und zur ICH BIN - Gegenwart herstellt. Sie stammt von indischen Meistern aus dem Himalaja, welche sie vor vielen Jahrhunderten entwickelten, und sie ist die Basis für das „Nada Yoga", das Sahaj Yoga", Babajis „Kriya Yoga" und für die Sikh-Übungen mit Namen „Shabda Yoga".

Wenn elektrischer Strom durch eine Leitung fließt, erzeugt dies einen Summton. Wenn höhere spirituelle Energien durch die Vernetzung innerhalb des menschlichen Körpers laufen, gibt es eine Schnittstelle zwischen den beiden Energiefeldern, die sich durch einen Klangstrom äußert, den wir im Inneren unseres Kopfes wahrnehmen können. Alles innerhalb der Schöpfung ist eine Manifestation von Klang, eine Manifestation des ewigen OM. Und genau dieser Klang kann in unserem Körper wahrgenommen werden. Vielleicht ist es ein Ton, ein Klang, der am Anfang so leise ist, daß er unterhalb der Schwelle Eurer

Gehörwahrnehmung liegt. Später, bzw. während tieferer Meditationszustände, wird der Klang so laut, daß er alles andere übertönt. Man kann diesen Klangstrom auf unterschiedliche Weise erfahren – das hängt ganz von der eigenen inneren Einstimmung ab. Es kann ein Summen sein, ein Klingeln oder das Rauschen von Wellen, die sich am Strand brechen. Es kann ein helles Läuten sein, oder das Rumpeln des Donners während eines Gewitters. Egal, wie sich der Klang zunächst äußert, wenn Ihr Euch darauf konzentriert, wird er stärker und klarer, bis er sich mit der „Sphärenmusik", dem Urton verbindet. Der Klangstrom ist die sehr angenehme Erfahrung eines subtilen Klanggebäudes. Vielleicht fällt es Euch leichter, wenn Ihr Euch am Anfang die Ohren zuhaltet oder an einen Ort geht, wo es absolut still ist. Wenn Ihr diese Übung besser beherrscht, dann hört Ihr den Ton ständig und er stellt eine ununterbrochene Verbindung zur Seele dar.

Nach einiger Zeit wird Euch vielleicht auffallen, daß sich die Tonhöhe mit dem Rhythmus der Gehirnströme verändert. Sie verändert sich auch in Gegenwart von Wesen mit einer höheren Schwingung, z.B. von Aufgestiegenen Meistern. Der Unterschied im Klang macht Euch klar, welcher Meister gerade hier ist. Wenn Ihr Euch im Freien befindet und die verschiedenen Klänge und Farben der Natur in Euch aufnehmt, werden Euch die Veränderungen im Klangstrom auffallen, die entstehen, wenn Ihr Euch mit den verschiedenen Elementarenergien und Naturgeistern verbindet. Wenn Ihr versucht, über den Klangstrom eine ähnliche Energie zu kontaktieren, ist eine intensivere Art der Kommunikation möglich. Das gleiche Prinzip läßt sich auch auf Bereiche innerhalb Eures Körpers anwenden. Der Zustand der Zellgesundheit entspricht der Frequenz der Zellschwingung. Wenn wir uns auf den Klangstrom konzentrieren, bringt dies jede Zelle in die Schwingung von strahlender Gesundheit. Dann könnt Ihr

Kontakt zu Euren Zellen aufnehmen, so wie sie das mit Euch tun können. Dies ist dann der Grundstein zur Aufstiegsmeisterschaft auf der physischen Ebene. Die meisten Menschen „hören" diesen Ton zuerst im Kopf, und zwar in der Nähe eines der beiden Ohren. Im Shabda Yoga heißt es, daß der Klangstrom durch das rechte Ohr eintritt – kommt er durch das linke, sollte die Übung nicht fortgesetzt werden. Verbleibt der Klang im rechten Ohr, dann soll der Übende versuchen, ihn im Zentrum seines Kopfes wahrzunehmen. Gebt genau acht, wo Ihr den Klang „hört". Mit der Zeit werdet Ihr den Eindruck bekommen, daß er in jeder Zelle Eures Körpers vorhanden ist. Dann könnt Ihr beobachten, wie er mit verschiedenen Empfindungen übereinstimmt, bis sich schließlich diese dichten Empfindungen in subtile Ströme wunderbaren Lichtes verwandeln.

Die Übung des Vipassana ist eine uralte buddhistische Methode, um die volle Erleuchtung des Körpers über die Wahrnehmung zu erfahren. Der Ausdruck „Vipassana" bedeutet „Einsicht" – Einsicht in die Natur des Veränderlichen, des Leidens und der Erlösung vom Leiden durch die Erfahrung des „Nicht-Selbst". Buddha lehrte, daß Körperempfindungen die Tore zu den tiefsten Tiefen des Geistes, und damit zur höchsten Erleuchtung sind. Achtsamkeit bewirkt Energie – sobald wir unsere Aufmerksamkeit auf unseren Körper lenken, verändert dies entsprechend seine Schwingung. Irgendwann wird uns klar, daß das, was wir als grobstoffliche Materie betrachtet haben, erfüllt ist von subatomaren Lichtströmen. Nach und nach wird uns möglich, in diese Lichtströme einzutreten und uns als Lichtkörper zu erfahren. Wir beginnen damit, daß wir die Dinge einfach als das wahrnehmen, was sie sind, ohne daß wir versuchen, etwas zu verändern, ohne daß wir unangenehmen Erfahrungen ausweichen bzw. angenehme Erfahrung haben wollen. Wenn wir unsere Wahrnehmungen als das annehmen, was sie sind, dann spüren wir, wie sich karmische Knoten lösen, die wir eine Lebenszeit nach der anderen in unserem Bewußtsein mitgeschleppt haben. Wir führen unsere Aufmerksamkeit in alle Bereiche unseres Körpers, vom Kopf bis zu den Zehen und wieder zurück, und wir verbleiben dabei im Zustand der Gelassenheit. Ähnlich wie der Klangstrom, ist die Vipassana-Übung ganz einfach - oder scheint es zumindest zu sein. Trotzdem kann sie uns in die höchsten Bereiche spiritueller Erfahrung bringen. Emotionen können hochkommen, damit man sie bearbeiten kann. Wenn dies geschieht, beobachten wir, wo genau und wie genau sich diese Emotionen äußern, wobei diese Beobachtung nicht über den Kopf erfolgen soll. Der Körper trägt karmische Spuren, sogenannte „Sankaras" oder „Krankheitsstoffe" in sich. Wenn man sie als das erkennt, was sie wirklich sind, ohne Widerstand, ohne Festklammern, dann verschwinden sie. Auf diese Art und Weise ist eine körperliche und emotionale Heilung möglich, und wir bekommen Zugang zu tiefen seelischen Bereichen bzw. zur Gotteserkenntnis.

Die folgende Erzählung erläutert den „Klangstrom" und die „Vipassana"-Meditation. Bitte, nehmt zur Kenntnis, daß alle Meditationen in diesem Teil des Buches konzipiert sind, Euch in tiefe, geänderte Bewußtseinszustände zu bringen, in welchen das geeinte Bewußtsein erfahren werden kann. Wenn Ihr am Anfang das Gefühl habt „einzuschlafen", muß Euch klar sein, daß Euer „versunkener" Geist trotzdem Energie erhält. Mit der Zeit wird die Verbindung stärker und Ihr werdet imstande sein, Euer multidimensionales Selbst bewußter zu erfahren.

Hört auf die Geräusche, die um Euch sind. Hört mit allen Euren Sinnen. Hört auf den Klang und auf die Stille, die zwischen den Klängen ist, und laßt Euch von den Geräuschen, die von außen kommen, immer tiefer in die innere Stille tragen. Wendet jetzt Eure

Aufmerksamkeit nach innen. Hört auf die Stille. Hört auf den „Klangstrom", der in der Stille ist und atmet gleichmäßig und langsam. Der Atem kommt ganz leicht. Der Klangstrom wird als voller, feiner Klang oder als Summen hörbar oder er liegt gerade unterhalb der Schwelle zur Hörbarkeit. Ihr empfindet ihn in der Mitte Eures Kopfes. Er ist die leise, ruhige Stimme von Gott, der in Euch ist. Öffnet Euch dieser Stille und spürt die Dankbarkeit und die Freude darüber, daß Ihr lebt, daß Ihr jeden Augenblick Anteil habt am großen göttlichen Schöpfungsplan.

Vertieft Euch nun in die Erfahrung des Klangstromes .....

Und jetzt verbinden wir die Übung des Horchens auf den Klangstrom mit der Wahrnehmung, die über den Körper abläuft und die Teil der Vipassana-Übung ist. Führt Eure Aufmerksamkeit zur höchsten Stelle Eures Kopfes und nehmt Empfindungen in Eurem Körper wahr. Das kann alles mögliche sein – eine Vibration, ein Pulsieren, ein Schauder, auch ein Druckgefühl oder Schmerz. Es kann ein Gefühl der Wärme oder Kälte sein, oder subtile Energien, die sich neutral, ausgeglichen anfühlen. Vielleicht empfindet ihr sie auch als Starrheit oder es ist gar nichts da, was ihr fühlt. Es ist nicht nötig, das, was Ihr empfindet, mit einem Namen zu belegen. Nehmt wahr, was immer es ist und versucht nicht, es zu verändern. Von der höchsten Stelle Eures Kopfes bringt nun Eure Aufmerksamkeit in die Stirn, die Schläfen, den gesamten Kopf bis zu den Augen und dann ganz tief in die Augen hinein. Nehmt alle Empfindungen wahr und lauscht gleichzeitig auf den Klang, den Klangstrom. Er ist wie eine Frequenz, eine Schwingung der Zellen.

Konzentriert Euch jetzt auf Eure Nase, die Wangen, die Ohren – dann geht zum Mund, zu den Lippen, zum Kinn, zum Nacken, zum Hals. Dann laßt Eure Aufmerksamkeit von der einen Seite des Kopfes, quer durch die Mitte zur anderen Seite und wieder zurück gehen. Dann macht dasselbe von vorne, quer durch die Mitte bis hinten und wieder zurück. Wenn Ihr Euch auf jede einzelne Zelle Eures Körpers konzentriert, sei sie an der Oberfläche oder tief im Inneren, dann folgt dem Gedanken die Energie. Euer Körper erwacht, fordert sein Recht und erinnert sich. Achtet darauf, daß Ihr tatsächlich etwas in Eurem Körper spürt – die Vorstellung allein ist hier nicht genug. Und jetzt bewegt Euch vom Hals in die Schultern und Arme, zuerst in den einen, dann in den anderen. Registriert Verspannungen oder empfindliche Stellen in der Schulter, registriert etwaiges Prickeln oder Pulsieren – nehmt alle Empfindungen wahr, die stärkeren wie die feineren. Nehmt sie jedoch nur wahr, ohne daß Ihr dabei versucht, etwas zu verändern oder zu bewerten. Geht den Arm abwärts bis zum Ellenbogen, an der Oberfläche und auch tief im Muskelgewebe bis zum Knochen. Beobachtet, wie sich je nach Tiefe auch die Empfindung verändert.

Laßt Euren Atem fließen, Ausatmung folgt Einatmung, ohne eine Pause dazwischen. Wenn Ihr diese kreisförmige Atmung durchführt, registriert die Stellen in Eurem Körper, bei denen Ihr den Atem anhalten wollt. Dies sind die Stellen, an denen sich Energiemuster im Körper festgefahren haben. Seht zu, daß Ihr hier weiter atmet. Jetzt geht zum Handgelenk, zur Handfläche, zum Handrücken, entlang jeden Fingers bis zur Fingerspitze, und spürt den Empfindungen nach, an der Oberfläche und im Inneren, und laßt keinen Teil des Körpers aus. Dann bewegt Eure Konzentration zur anderen Schulter und langsam, Schritt für Schritt den Arm entlang. Nehmt die Empfindungen wahr, ohne daß Ihr sie bezeichnet, ohne daß Ihr verändert oder bewertet. Nehmt sie nur wahr, als bloße Empfindung. Jetzt zum Ellenbogen, zum Unterarm und dem Handgelenk. Wenn Ihr einen Schmerz fühlt, nehmt seine Zusammensetzung wahr, d.h. wo beginnt er, wie weit reicht er und woraus ist er zusammengesetzt. Registriert Nebenempfindungen, die zu diesem Schmerz gehören. Dann geht zur Hand, Vorder- und Rückseite, zu den Fingern, zu den Fingerspitzen – und spürt die Unterschiede in der Empfindung, die je nach Tiefe zu fühlen sind: die Vibration, das Pulsieren, den Druck und die Veränderung in der Temperatur.
Jetzt bewegt Euch die Vorderseite des Körpers abwärts – vom Hals zur Brust, dem Lungenraum, dem Brustkorb, dem Brustbein und weiter durch das Herz und die inneren Organe. Geht weiter zum Unterkörper: Solarplexus, Bauchbereich, zu den Organen der Bauchhöhle bis zum

Becken und den Genitalien. Ihr spürt dabei etwas, doch was immer es ist, nehmt es nur wahr, ruhig und gelassen. Jetzt geht den Rücken hinunter: Beginnt bei den Schultern und den Schulterblättern, spürt, was für Empfindungen in Eurer Wirbelsäule entstehen; dann geht weiter entlang der Rückenmuskulatur, folgt dem Gewebe bis in die Knochen. Bewegt Euch zum Kreuzbein und dann weiter bis zum Steißbein.

Laßt Eure Wahrnehmung Euren ganzen Körper durchdringen, von vorne, zur Mitte bis in und durch den Rücken hinaus. Dann vom Rücken, zur Mitte und durch die Vorderseite hinaus. Wiederholt diesen Vorgang und bewegt Euch dabei langsam im Oberkörper abwärts: Beginnt beim Hals, dann durch alle Schichten bis zur Taille und weiter bis in das Becken. Dann führt Eure Wahrnehmung von der rechten Körperseite, durch die Mitte bis in die linke Seite und hinaus. Dann von der linken Seite zur Mitte, weiter bis zur rechten Seite und hinaus. Bei diesem Vorgang berührt alle inneren Organe, die Knochen und das Gewebe. Laßt Euren Atem ruhig und gleichmäßig fließen, ohne Anhalten, ohne Unterbrechung. Euer Atem sollte ganz fei und leicht werden. Je feiner der Atem, desto feiner die Empfindungen, die Ihr wahrnehmen könnt.

Dann kommen wir zum Gesäß. Führt Eure Aufmerksamkeit das eine Bein abwärts, durch den Oberschenkel – bleibt zuerst an der Oberfläche, dann geht in die Tiefe, berührt Vorder- und Rückseite und dann geht von einer Seite zur anderen. Nehmt nur die Empfindungen wahr, spürt den Energiefluß – wie jedes Mal die Energie stärker wird, und schwächer, und stärker und schwächer ... Dann geht in das Knie, den Unterschenkel, den Knöchel, die Fußoberseite und die Fußsohle bis in die Zehen. Spürt alle diese pulsierenden Rhythmen, jede einzelne Empfindung. Laßt Euren Atem ruhig und natürlich kommen. Er verändert sich manchmal, wenn sich Euer Körper öffnet. Jetzt zum anderen Bein. Geht den Oberschenkel abwärts, berührt langsam das Knie, Vorderseite und Kniekehle und dann beide Seiten. Dann durch den Unterschenkel – fühlt die elektrische Spannung - , dann in den Knöchel, Fußober- und

–unterseite, bis in die Zehen. Jetzt ändern wir die Richtung und gehen den Körper aufwärts. Gleichzeitig durch beide Beine, dann gleichzeitig durch beide Arme. Der ganze Ablauf ist hier etwas schneller. Sobald Ihr wirklich jeden Teil Eures Körpers wahrnehmt, könnt Ihr „durchstreifen" und die elektrische Energie spüren, die durch die Kanäle strömt. Und jetzt das Ganze ein bißchen schneller. Beginnt bei den Zehen beider Füße, dann über den Fuß, den Knöchel, aufwärts durch beide Beine, Unterschenkel, Vorder- und Rückseite, Knie, Oberschenkel, Beckenbereich.

Dann die Vorderseite des Körpers aufwärts bis zum Hals, dann über den Rücken bis zum Nacken. Und jetzt, beginnend bei den Fingerspitzen, durch beide Hände, die Handgelenke, die Unterarme bis zu den Ellenbogen und in die Oberarme. Von den Schultern in den Halsbereich, Vorder- und Rückseite und dann in das Gesicht. Nehmt auf Eurem Weg alle Empfindungen wahr – geht zum Kinn, zum Mund, zur Nase, den Wangen, den Augen, den Schläfen den Ohren und zur Stirn. Dann geht dem Nacken entlang aufwärts, über die Kopfhaut bis zum höchsten Punkt Eures Kopfes.

(Je nachdem wie viel Zeit Ihr habt, könnt Ihr den gesamten Vorgang auch ein paar Mal wiederholen).
Bekommt jetzt ein „Gesamtgefühl" Eures Körpers und lauscht auf den Klangstrom. Registriert, ob er sich verändert hat oder tiefer geworden ist, horcht auch auf alle Klänge in Euch und um Euch und seht, wie Ihr selbst ein Teil jedes dieser Klänge geworden seid.

Ein zarter Klangfluß durchströmt Euren Körper und bringt Euch eine ganz tiefe Stille. Bleibt in dieser Stille und laßt alle Gedanken, alle Bemühungen und Aktivitäten los. Wenn Ihr soweit seid, kommt wieder in Eure äußere Wahrnehmung zurück.

26. Die Zeitlinien-Heilung

Mein zukünftiges Selbst kennenzulernen, war für mich eine ungeheure Erfahrung. Ich erkannte, daß ich, so wie er, der aus der Zukunft zu mir kam, um mich Dinge zu lehren, in die Vergangenheit gehen konnte, um dort Aspekten meiner selbst mitzuteilen, was sie über ihre zukünftige Entwicklung wissen mußten. Die folgende Meditation ist aus diesen Erfahrungen entstanden. Mein zukünftiges Selbst war in Mt. Shasta als Windrider zu mir gekommen. Ich habe diesen Namen als meinen eigenen übernommen, um wirklich bewußt in ihn „hineinwachsen" zu können.

Geht in der Zeit zurück und betrachtet alle Gesichter, die sich Euch zeigen. Empfindet Dankbarkeit und laßt diese Dankbarkeit allen diesen Gesichtern zukommen, die vor Euch da waren und Euch zu diesem Punkt der Zeit gebracht haben, ganz egal, wie diese Gesichter fühlten, dachten oder was sie taten, egal wie sie aussahen, wie vertraut oder fremd sie Euch sind. Geht in Eurem Lebensstrom rückwärts, ganz zurück bis in die Kindheit, bis zu Eurer Geburt, in den Mutterleib, bis zum Zeitpunkt Eurer Empfängnis. Seht, wie alle die Aspekte Eures Selbst in gewisser Weise immer noch in Euch enthalten sind, wie sie sich verschieben und verändern, und doch der Ursprung sind, die Wurzeln, die Euch bis zum heutigen Tag geführt haben. Segnet alle diese vergangenen Anteile Eures Selbst, segnet alle Menschen in Eurem Leben und auch alle Umstände und Situationen jedes einzelnen Jahres Eurer Vergangenheit.

Vielleicht könnt Ihr Euch an Zeiten erinnern, in denen Ihr Euch einsam und verloren fühltet. Erinnert Ihr Euch, daß ein Aspekt aus Eurer Zukunft damals auf Euch zukam, um Euch zu sagen, daß alles in Ordnung ist, Ihr am Wachsen und Gedeihen seid und daß Euer Leben bei weitem noch nicht zu Ende ist?

Wenn Ihr in die Hallen Eurer Vergangenheit zurückgeht, erfüllt von Liebe, Mitgefühl und Dankbarkeit und Eure Stärke in diese Zeit ausdehnt, dann werdet Ihr zum Atem des Lebens und der Hoffnung für die Aspekte Eurer Vergangenheit. Sprecht mit ihnen, laßt sie wissen, wer Ihr seid und gebt Ihnen die Gewißheit, daß sie nicht alleine sind. Erkennt, wie Euch dies in Eurer Gegenwart verändert.

Jetzt bringt Euch bewußt in die Gegenwart zurück, fühlt Euch gegenwärtig in Eurem Körper, seid Euch Eures Atems bewußt, bewußt, daß Ihr geliebt seid, hier und jetzt, ohne Maske, ohne Fassade, echt, so wie Ihr seid in der Fülle Eures Geistes. Fühlt, wie sich Euer Herz in Dankbarkeit für den Augenblick öffnet.

Und jetzt, da Ihr Euch wieder in der Gegenwart befindet, stellt Euch vor, daß aus dem weißen Nebel ein Wesen auf Euch zukommt, ein Wesen von unsagbarer Schönheit und Kraft, erfüllt mit unendlicher Liebe und mit Weisheit, die jenseits Eures Verständnisses liegt. Es strahlt enorme Stärke, Realität und Schönheit aus – Ihr seid ganz überwältigt. Als dieses Wesen näher kommt, wird klar, daß es Euch ähnlich sieht – und es kommt auf Euch zu, es grüßt Euch und sagt: „Ich bin Dein zukünftiges Selbst. Ich bin aus der Zukunft zu Dir gekommen, um Dich daran zu erinnern, was Du einmal sein wirst, und daß dies ein Teil dessen ist, was Du heute bereits bist. Ich liebe Dich!"

Ihr fühlt, wie das Strahlen Euch erfüllt, da sich Euer Herz öffnet, um dieses wunderbare Wesen in sich aufzunehmen. Alle Gedanken darüber, wer Ihr seid oder wer Ihr nicht seid, lösen sich in dieser strahlenden Präsenz auf. Wenn Ihr sie fühlen könnt, laßt Euren Körper auf diese Schwingung reagieren. Fühlt, wie sich Eure eigene Schwingung auf der Zellebene verändert. Fühlt, wie die Energie sich bewegt. Fühlt, wie jede Zelle sich ausweitet, wie Eure Aura sich ausdehnt. Das Wesen, welches vor Euch steht und im Begriff ist, sich mit Euch zu verbinden, ist ein Aufgestiegener Meister – einer, der nicht mehr von Euch getrennt ist. Ihr werdet nach und nach zu einem Wesen.

Verbindet Euch mit den Aspekten Eures vergangenen Selbst und heißt die vollkommenen Aspekte Eures zukünftigen Selbst willkommen. Es gibt nur EINEN Augenblick, und zwar DIESEN. Alle Aspekte Eures Selbst jenseits von Zeit und Raum beginnen jetzt, sich zu verbinden, sie integrieren sich in diesen einen Augenblick. Genießt das Gefühl der Ganzheit. Dieser Zukunftsaspekt kann Euch als Führung dienen und Euch Worte der Weisheit und Einsicht bringen, die Euch den Weg weisen, wo Euer Pfad ungewiß ist. Dieser Zukunftsaspekt kann Euch, wenn Ihr Euch selbst nicht zu kennen meint, daran erinnern, wer Ihr in Wahrheit seid. Laßt diese tiefe, volle Verbindung geschehen, laßt dieses tiefe und volle Wissen über Euch kommen, die Erinnerung, daß alles, was Ihr von Herzen ersehnt, bereits in Eurer Hand ist.

Reicht Eurem Zukunftsaspekt die Hände und geht nochmals in der Zeit zurück, dorthin, wo spezielle Traumas und Ängste waren. Laßt Euch von der Präsenz helfen, diese Ereignisse neu zu definieren. Laßt die Vergangenheit neu entstehen, durch Eure Erwachsenenjahre, Eure Jugend bis zu Eurer Kindheit, zurück bis in den Mutterleib und zur Empfängnis. Dann seht Euch als freien Geist, noch vor dem Zeitpunkt der Empfängnis, seht Eure anderen Lebenszeiten, den ständigen Kreislauf von Trauer, Verrat, Schmerz und Entsetzen – und Euer zukünftiges Selbst geht neben Euch und hilft Euch, all diese Ereignisse, Leben für Leben, neu zu fassen und Ihr wißt, Ihr seid niemals allein. Seht jetzt, wie Ihr weiter zurückgeht, immer weiter, bis zum Zeitpunkt Eurer Trennung vom Ursprung und seht, was für Bilder für Euch entstehen. Dieser erste Augenblick des Getrenntseins trägt bereits alle zukünftigen Ereignisse in sich: Verlust, Trauer, Einsamkeit, Angst. Entsetzen, Trennung, Verrat, Schmerz – all dies könnt Ihr vielleicht in diesem ersten Moment wahrnehmen. Und jetzt geht noch weiter zurück, in die ursprüngliche Einheit und erfahrt das Entzücken und das Einssein im Zustand der bewußten Glückseligkeit. Ihr empfangt hier ein besseres Verständnis des eigenen größeren Zieles innerhalb des Kreislaufes der Wiedergeburt. Euer zukünftiges Selbst, das an Eurer Seite ist, trifft hier auf Euer ursprüngliches Selbst – und der Kreis schließt sich.

Und jetzt geht wieder vorwärts in der Zeit, durch alle aufeinander folgenden Lebenszeiten und nehmt dabei die Erinnerung und das Wissen um die ursprüngliche Verbundenheit mit Euch und bringt sie, Leben für Leben, wieder bis ins Jetzt und in den ewigen Augenblick. Ihr habt jetzt ein tieferes Verständnis für Euer Leben und seinen Zweck, und dieses Verständnis kann Euch heilen.

Euer zukünftiges Selbst ist ein Wesen des Christusbewußtseins. Wenn Ihr diese Erkenntnis in Euer Zellwissen einbringt, beobachtet, wie sich Eure Einstellung Euch selbst gegenüber verändert. Könnt Ihr Euch wirklich noch länger die Spielchen leisten und Euch klein, nichtssagend, unwert oder schwach vorkommen? Wer seid Ihr wirklich? Gewährt Euch die Erfahrung der Fülle, die Erfahrung, Christus zu sein.

Wenn Ihr jetzt langsam wieder zurückkommt, verweilt in dem ewigen Augenblick, der jenseits von Zeit und Raum liegt und in dem Eure ICH BIN - Gegenwart zu Hause ist. Bringt jetzt langsam, mit tiefen Atemzügen, Eure Wahrnehmung zurück in Euren Körper, zu den Menschen um Euch, an diesen Ort, in diesen neuen Augenblick.

27. Die planetare Verbindung

Diese Meditation ist eine intensive Übung zur sphärischen Verbindung mit Aspekten von uns selbst, die jenseits menschlicher Form und menschlichen Bewußtseins liegen. Wenn wir uns holographisch mit diesen Aspekten verbinden, bringen wir uns in einen machtvollen Zustand schöpferischen Bewußtseins und sind damit imstande, wirkungsvolle, neue Möglichkeiten für uns selbst und für unseren Planeten zu schaffen. Wir sind gleichzeitig galaktische Wesen und Menschen. Und wir befinden uns hier, und ein Teil unseres Bewußtseins „bewohnt" aktiv diesen physischen Körper, doch ein weiterer Teil schwingt spielerisch und kreativ durch die unendlichen Galaxien. Wir werden jetzt einen Prozeß holographischer Verbindung erarbeiten, uns mit dem Christusbewußtsein und den Aufstiegsgittern vernetzen und dann, durch die Medulla, versuchen, mit der Seele der Erde und allen ihren Reichen in Kontakt zu treten. Dann beginnen wir die Reise nach außen, verbinden uns mit der Sonne und den Galaxien, die jenseits der Sonne sind und verschmelzen mit dem galaktischen und kosmischen Bewußtsein. Hier eine Basisübung, die ich in Gruppen zur Erdheilung verwende.

Laßt Euren Atem fließen, ein und aus, langsam und regelmäßig und werdet Euch Eures Körpers und der Empfindungen, die er vermittelt, bewußt. Registriert, wo in Eurem Körper sich das Zentrum der Schwerkraft befindet. Achtet auf Empfindungen, Kribbeln oder Kitzeln, Schmerz oder Druck, Wärme oder Kälte. Wo immer die Energie hingelenkt wird, äußert sie sich in einer entsprechenden Veränderung der Zellwahrnehmung. Jede Zelle bedarf bloß der Aufmerksamkeit - als Konzentrationspunkt für die Energie schwingt sie sofort entsprechend ihrem höchsten Potential. Also führt Eure Wahrnehmung Schritt für Schritt durch Euren Körper und registriert die Empfindungen, die dabei auftreten.

Jetzt fühlt Euren Körper insgesamt. Registriert Eure Haltung. Dann spürt, wie Eure Wurzeln bis in die Erde reichen, so als wärt Ihr ein Baum – sie gehen durch den Boden, durch die Grundmauern des Hauses, durch die Erdkruste bis in die verschiedenen Boden- und Felsschichten, die darunter liegen. Bewegt Euch durch die Wasserläufe, durch die Höhlen, durch das Magma. Schicht um Schicht, geht immer tiefer, gelangt mit jedem Atemzug näher an das tiefste Innere der Erde, damit Ihr ihre Lebenskraft direkt aus ihrem Herzen empfangen könnt.

Fühlt das Herz von Mutter Erde. Mit jedem Atemzug öffnet Euch den Schwingungen, die aus der Erde kommen, empfangt sie im Inneren jeder Zelle Eures Körpers und entlasst alles daraus, was nicht zu dieser Schwingung gehört. Schickt es zurück durch den Lichtkanal, zurück durch das Wurzelwerk in das Zentrum der Erde, damit es dort in ihrem kosmischen Feuer verwandelt werde. Das Herz der Erde besteht aus kosmischem Feuer. Es ist eine Flamme, die in direktem Zusammenhang mit der Flamme steht, die im Inneren der Sonne brennt. Es gibt innere Tore, welche die innere Sonne der Erde mit der Sonne unseres Solarsystems verbinden; und dort gibt es welche, die zur Zentralsonne und weiter zur Großen Zentralsonne, oder dem Schöpferbewußtsein führen. Das ganze Universum ist ein vernetztes System.

Innerhalb des Feuers unserer Sonne findet Ihr die geometrischen Codes für das Wachstum und die Entwicklung unserer Seele. Durch das Herz der Erde unter uns, wie durch das Herz der Sonne, die über uns steht, können diese Codes im Inneren jeder Zelle unseres Körpers empfangen werden – denn das Innere der Zellen ist seinerseits eine Sonne. Im Kern jeder Zelle befindet sich die selbe strahlende Energie, die der Kern der Erde in sich trägt, so wie dies beim Kern der Sonne und dem Kern der Galaxis der Fall ist. Es sind die Codes für den körperlichen Aufstieg, die wir nun von der lebenden Erde vermittelt bekommen.

Empfangt mit Hilfe Eurer Atmung diese strahlende Qualität des Lichtes, das heilende Geschenk der Erde. Atmet es hinein in Euren Körper, atmet es zu Eurem Herzen und führt es dann durch den Lichtkanal in die Sonne, die über Euch steht. Nehmt sie von unten her auf, bringt sie zum Herzen und weiter in die Sonne über Euch. Dann atmet durch den Lichtkanal die Energie ein, die von der Sonne über Euch kommt. Fühlt, wie ein Strom flüssigen Lichtes durch die höchste Stelle Eures Kopfes eintritt und jede Körperzelle mit Lichtfrequenzen überflutet. Atmet das Licht in Euer Herz und dann abwärts bis in das Zentrum der Erde. Wiederholt diesen Vorgang des Lichtholens – einmal von unten, einmal von oben – mehrmals.

Es ist, als wärt Ihr ein Baum, dessen Wurzeln tief in die Erde reichen, und dessen Äste die Sonne berühren. Jedes Blatt, jeder Ast, ist eine Antenne für das „Prana", die Lebenskraft. Wenn Ihr den Energieaustausch innerhalb des Lichtkanals fühlen könnt, spürt auch, wie das Prana direkt über Eure Haut den Körper betritt. Jede Pore Eurer Haut öffnet sich dem Prana und Ihr atmet es über Eure Haut ein. Ihr atmet das Prana ein, das vom Seelenstern stammt, der direkt über Euch steht – und das, welches vom Erdstern unter Euren Füßen kommt.

Eure physische Atmung ist eine Reflexion dieses Prana. Laßt Euren Atem langsam und fein fließen. Mit dem nächsten Atemzug nehmt das Prana von beiden Richtungen gleichzeitig, von oben wie von unten, auf und erfüllt Euer Herz mit der Pranaenergie von Sonne und Erde. Bei der Ausatmung laßt Euren Atem stoßartig aus Euch austreten und denkt dabei daran, daß Ihr Euch mit der Gruppenseele vereinen wollt. Atmet ein und stoßartig wieder aus.

Fühlt, wie Eure Aura strahlt und sich ausdehnt, um sich mit der Gruppenseele zu vereinigen. Im Augenblick der Vereinigung wird das

Chakrensystem der Gruppenseele zu einem Lichtkanal, dessen Durchmesser so groß ist wie der Kreis der Menschen, die in dieser Gruppe sind. Wenn Ihr in die Gruppenseele eintretet, registriert, was Ihr in Eurer Medulla, im hinteren Bereich Eures Kopfes, spürt. Ist es ein Klopfen, ein Pulsieren? Verweilt ein bis zwei Minuten und beobachtet, ob sich Euer Gefühl, eine Teil-Seele der gesamten Gruppe zu sein, vertieft.

Beobachtet die Reaktionen innerhalb Eurer Medulla, wenn wir jetzt verschiedene Wesen in unseren Kreis hereinbitten. Wir rufen den Weißen Wal, Pan, Sanat Kumara, Gaia und Maitreya. Wir rufen die Elohim, die Erzengel und Engel, die Devas und Feen, die Elementare des Feuers, des Wassers, der Erde und der Luft. Wir rufen die mächtigen Drachen aus der Schöpfungszeit der Erde. Wir rufen die Aufgestiegenen Meister Yeshua, Babaji, Nada, Kuthumi, Saint Germain, El Morya und Djwhal Khul. Wir rufen Quan Yin, Maria und Isis, die Weiße Büffelfrau und Quetzalcoatl. Wir rufen die Ahnen und Ahninnen des Ostens, des Südens, des Westens, des Nordens, von über uns und unter uns. Wir bitten den Planetaren und Galaktischen Rat, die Mitglieder der Großen Weißen Bruderschaft, die Fürsten des Karma und die Fürsten der Zeit, die in den Hallen von Amenti wohnen, in unseren Kreis zu kommen. Wir bitten Avatare und Heilige, die vor uns gegangen sind und die noch unter uns weilen, zu uns zu kommen. Wir bitten Euch, Eure Präsenz in unseren Kreis einzubringen und unser Werk zu leiten, so wie der göttliche Plan dies erfordert.

Wenn der Raum sich mit all diesen Präsenzen füllt, spürt, ob eine stärkere Intensität innerhalb Eurer Medulla fühlbar wird. Es kann sich warm anfühlen, oder wie eine Schwingung, es kann kribbeln, pulsieren, klopfen, es kann ein Druck sein, vielleicht sogar ein leichter Schmerz. Beginnend in der Medulla, seht, wie sich ein Klangstrom, eine Klangfrequenz durch den Kopf und nach und nach durch den ganzen Körper ergießt. Es ist wie ein leises Summen oder der schrille Ton einer hohen Frequenz. Es kann wie Bienensummen tönen, wie der Klang eines Muschelhorns oder das Rauschen von Wasser. Es kann ganz leise sein, oder so laut, daß es alles andere übertönt. Es kann sich verändern.

Horcht. Horcht ganz genau. Es ist der Klang, mit dem sich Eure Seele im Körper, im inneren Netzwerk, verankert.
Wenn wir uns als Gruppe miteinander verbinden, wird dieser Klang immer lauter. Die Ruhe wird tiefer, weil sich die Energiekörper weiter ausdehnen. Wenn wir uns jetzt auf den nächsten Atemzyklus vorbereiten, beziehen wir den Lichtkanal, dessen Durchmesser so groß ist wie unsere Gruppe, in die Arbeit mit ein.
Atmet jetzt ein, aus dem Herzen von Mutter Erde, aufwärts durch den riesigen Lichtkanal direkt hinein in das Herzchakra der Gruppe, dann stoßt Euren Atem kräftig aus und verbindet Euch mit der nächst größeren Gemeinschaft, oder dem Ort, der Stadt, an dem Ihr Euch befindet. Fühlt, wie sich die Energie verändert. Fühlt, wie sich der Energiekörper ausdehnt. Fühlt, wie sich Eure Identität nun mit der Gemeinschaft der Lichtarbeiter, welche in der Umgebung wohnen, verbindet. Fühlt, wie Ihr eins werdet mit den Devas, den Feen, den Berggeistern, den Elfen, den Wassergeistern, den Pflanzen- und Tiergeistern und mit dem Volk der Vögel. Hört auf die Walgesänge, die zu diesem speziellen Bereich des Planeten gehören. Horcht auf einen Klang in Eurem eigenen Kopf, wenn Ihr die Aufmerksamkeit zurückbringt zur Medulla; vereinigt Euch mit diesem größeren Gruppenbewußtsein.
Euer Atem verläuft weiterhin kreisförmig, ein-aus, ein-aus, und Ihr atmet jetzt durch diesen gewaltigen Lichtkanal mit vielen Kilometern Durchmesser. Registriert, um wie viel einfacher es jetzt ist, die Codes aus der Sonne und dem galaktischen Zentrum zu verankern. Wir dienen den Frequenzcodes, den Gammastrahlen, den Neutrinoenergien und den kosmischen Energien, die aus allen Winkeln des Universums auf uns einströmen, als Anker. Die Verankerung dieser Energien muß schichtweise, bis in die feinstofflichen Körper der Erde erfolgen, und wir können die Brücke dazu sein.
Mit dem nächsten Atemzug atmen wir Energie aus der Sonne über uns und gleichzeitig aus der Sonne unter uns in das Herz des Ortes / der Stadt – bei der Ausatmung seht Ihr, wie weit es dann reicht, vielleicht bis an die Landesgrenzen. Bei der Einatmung geht wiederum in das Gruppenherz (des Ortes / der Stadt) – atmet stoßartig aus und durch-

brecht eine weitere Barriere, wenn sich jetzt Eure Energie weiter und weiter ausdehnt. Atmet ein und stoßt den Atem kräftig aus.
Fühlt, wie Ihr Euch jetzt mit allem, das sich im Umkreis von Hunderten von Kilometern befindet, vereinigt: mit den Bäumen im Wald, den Seen, den Flüssen, den Bächen, mit Gebirgsketten, Hochebenen und Tälern. Ihr verbindet Euer Bewußtsein mit dem aller dort befindlichen Wesen, der Menschen, der Tiere, der Devas, der Engel, der Aufgestiegenen Meister – und mit dem Bewußtsein aller, die mit der Vision dieser neuen Möglichkeiten im Einklang sind, die unsere Vision des Friedens und der Schönheit, der Kreativität und Freude, und der Liebe und Heilung nachvollziehen können. Laßt dieses gesamte Kollektiv durchdrungen sein von der Vision und es widerhallen von dieser Qualität, jetzt, wo Ihr spürt, wie sich Eure kollektive Seele mit der gesamten Nation vereint.
Fühlt jetzt die Verbindung zur nationalen Seele, einer Seele, welche in den Vereinigten Staaten auf die Unabhängigkeitserklärung und noch weiter zurückgeht, bis zu der Seele der Völker der Indianer, in welcher der Wert allen Lebens, die Verbundenheit mit der Mutter und die Wahrung der Rechte der kommenden Generationen im Mittelpunkt stehen. Wir stimmen uns auf die Volksseele dieser Nation ein, welche von Saint Germain als die ICH BIN-Rasse bezeichnet wurde.
Spürt jetzt, wie sich die Wale in unser Bewußtsein als Volksseele einschalten. Wir verbinden uns mit ihrem Bewußtsein und verweben mit ihren Linien des Gesanges die reinsten und besten Absichten dieser Nation, eine Weltordnung statt einer Welt-Unordnung zu schaffen. Eine Ordnung, die auf den Naturgesetzen beruht und auf der Einheit, die alle Unterschiedlichkeiten in sich einschließt. Eine Ordnung, deren Basis die Ehrfurcht vor allem Leben, die Unabhängigkeit und Freiheit ist. Wir verbinden uns durch unsere Atmung mit dem Herzen der Erde durch einen riesigen Fluß des Lichtes, der so groß ist, wie dieses ganze Land. Wir bringen die heiligen Erdenergien in das kollektive Bewußtsein dieser Nation ein und senden sie weiter zur Sonne. Wir senden unsere Absicht von unserer Sonne weiter zu Alcyone und Sirius, und

zum Galaktischen Zentrum - von dort aus finden sie dann ihren Weg in die zentralen Schöpfungscodes im Inneren der Großen Zentralsonne. Und wir erhalten eine Antwort, die jetzt zu uns zurückkommt. Sie kommt von der Zentralsonne über den riesigen Lichtfluß, durchreist alle Sonnen, dringt in das Herz unserer nationalen Seele und verankert sich in der Erde. Bringt Eure Aufmerksamkeit in die Medulla und verstärkt das Gefühl der Einheit mit der Volksseele dieser Nation: gebt Eure Grenzen als Individuum auf, wenn die Schwingungscodes für diese Absichten hereinkommen. Und jetzt sind wir bereit, uns wieder auszudehnen, um uns diesmal mit der Seele von Gaia zu vereinen. So fließt bei der Einatmung unser Atemstrom gleichzeitig aus beiden Richtungen in das Herz dieser Nation, wir atmen aus und berühren die Seele von Gaia; wir atmen ein, und stoßen den Atem kräftig aus.

Fühlt, wie sich weitere Grenzen auflösen – Ihr werdet zum Körper der Erde, zur Seele der Erde, zum Bewußtsein der Erde. Dies ist jetzt Eure Primäridentität. Vertieft sie, indem Ihr Euch auf die Medulla konzentriert und bewegt Euch in konzentrischen Kreisen nach außen, wobei der Lichtkanal die Nord-Süd-Polarachse darstellt. Die Polarachse geht genau durch den Mittelpunkt der Erde, genau durch den Mittelpunkt der Sonne im Inneren der Erde. Wenn wir nun mit dem Körper der Erde verschmelzen, atmen wir direkt durch den Südpol die Schöpfungscodes aus dem Zentrum unseres Universums ein. Wir atmen sie in das Herz unseres Erdkörpers, und dann weiter, durch den Nordpol in das Zentrum unserer Galaxis. Wenn wir unseren Atem aus dem Galaktischen Zentrum holen, erhalten wir die neuen Energieemanationen, die Schlüssel zum Goldenen Zeitalter.

Hört, wie die Wale sich in den Ozeanen der Erde tummeln, jeder mit seinem eigenen, mit allen anderen vereinten Gesang, und wie er damit die Licht-Gitternetze der Erde erschafft und aufrecht erhält. Die Wale bringen in diese Licht-Gitternetze unsere kollektiven Gedanken ein, mit der Absicht, Schönheit, Frieden, Freude, Erwachen und ein Leben in Fülle als heiliger, aufgestiegener Planet zu verwirklichen. Visualisiert dies als bereits geschehen. Die Göttin Gaia hat ihre Freiheit wiedererlangt. Ruft die Drachen aus den tiefen Seen des Erdfeuers, damit sie mit

ihr die Befreiung feiern. Strahlende, konzentrische Lichtwellen bewegen sich vom Zentrum unseres planetaren Herzens nach außen, und sie durchdringen alle Energiefelder, alle Dimensionen und alles Leben innerhalb des Körpers und der Seele von Gaia.
Eine neue Erde ist im Entstehen – das kollektive Christus-Kind wird unter uns geboren. Wir betreten jetzt die nächste Dimension, die Fünfte Welt der Hopi, das Goldene Zeitalter. Visualisiert dies als bereits geschehen. Der Anstoß zu all dem wurde bereits gegeben: in diesem morphogenetischen Feld des Lichtes kommen alle Kriege zu einem Ende, die Verschmutzung und Zerstörung der Umwelt verschwindet, Trennung und Konflikte gehören der Vergangenheit an.
Die Wale tragen dies als Erinnerung an vergangene Zeiten aber auch an die Zukunft in sich. Wir bringen diese Erinnerung in die Gegenwart ein, in den Augenblick des Jetzt, in die Licht-Gitternetze unseres Planeten. Das gesamte kollektive Gedankenfeld der Menschen und der Wale, der Delphine, Pflanzen, Tiere, der Engel, der Aufgestiegenen Meister, der Sternenkinder und des Göttlichen hilft uns dabei. Jeder von uns hat seine Aufgabe, und gemeinsam geben wir kund, daß die Erde erneut ein Ganzes und wieder heilig ist.
Jetzt ist es an der Zeit, daß unsere planetare Identität sich noch weiter ausdehnt. Wir atmen entlang der Polarachse von beiden Seiten gleichzeitig in das Herz unseres planetaren Wesens. Wir atmen ein und stoßen den Atem kräftig aus. Dabei verbinden wir uns mit dem gesamten Kosmos. Wir weiten uns mit mehrfacher Lichtgeschwindigkeit in das Universum aus, die Sterne und Galaxien sind nur Zellen unseres kosmischen Körpers. Es gibt die endlose Weite des Raums mit ihrem grenzenlosem Potential. Euer individuelles Selbst, auch Euer planetares Selbst ist jetzt mit Eurem kosmischen Selbst verbunden.

Lauscht der Schwingung des Klanges in Eurer Medulla – dieser Klang ist Euer persönlicher Beitrag zum Hohelied der Schöpfung. Verbleibt so lange Ihr wollt in der dieser tiefen, schöpferischen Stille.

28. Die Delphin-Heilungs-Vortex

Delphine halten sich gerne in der Nähe von schwangeren Frauen auf. Wenn an eine der Ruf ergeht, ihr Kind im Wasser des Meeres zur Welt zu bringen, dann kommen sie von meilenweit her, um Beistand zu leisten und den Freiraum zu sichern. Kinder, die in der Gegenwart von Delphinen geboren werden, scheinen nur ganz wenige Schleier um sich zu haben. Ich meine, daß die Delphine durch ihre Fähigkeit, interdimensional zu agieren und mit Hilfe ihrer Sonarfrequenzen imstande sind, ein Portal zum Betreten des physischen Raumes zu schaffen, durch welches die hereinkommende Seele, sich recht genau, ohne größere Veränderungen, mit der von ihr gewählten Inkarnation verbinden kann. Zur Zeit liegt ein Schleier um die Erde, der aus den Massengedanken der Angst und Begrenzung entstanden ist. Er fühlt sich an wie eine klebrige Schleimschicht aus dem niederen Astral. Wenn eine Seele aus dem Bereich des Geistes kommt, um hier geboren zu werden, muß sie durch diese Schleimschicht hindurch und wird zur Gänze von ihr bedeckt, was sich innerhalb des Nervensystems des Menschen dann als Schleier der

Trennung bemerkbar macht. Die Delphine wissen, wie man diesem Schleim aus dem Weg gehen kann. Die folgende Meditation dient dazu, sie zu bitten, eine Heilungs-Vortex zu schaffen, wenn wir zum Augenblick unserer eigenen Geburt zurückgehen.

Geht in der Zeit zurück, zurück durch all die Jahre bis in Eure Kindheit, in den Mutterleib, zurück durch die Monate der Schwangerschaft bis zu dem Augenblick, als Eure Seele und Euer Körper eins wurden. Jetzt geht noch weiter zurück, in den Weg, der Euch zu diesem Körper geführt hat. Seht Euch selbst, wie in einem Film, der rückwärts läuft, seht, wie Ihr im Gegenuhrzeigersinn in einer Spirale aufwärts getrieben werdet und in die Bereiche des Lichtes zurückkehrt. Bei dieser Aufwärtsbewegung geht Ihr durch den astralen Schleim hindurch, und Ihr bemerkt, daß Ihr ganz von dem klebrigen Zeug bedeckt seid. Wenn Ihr den Zeitpunkt vor der ersten Berührung des Schleims erreicht habt, seht Ihr, daß Ihr von einem klaren goldenen Licht umgeben seid, und Ihr erfahrt, was es heißt, mit seinem Selbst der höheren Dimensionen verbunden zu sein. Hier wißt Ihr, wer Ihr seid, was Ihr seid, und was der Sinn und Zweck der Inkarnation ist, die Ihr im Begriff seid, anzunehmen. Stimmt Euch auf dieses Wissen, die Präsenz der Seele, ein.

Jetzt haltet den Film an. Ihr seht eine Gruppe von Delphinen im Meerwasser unter Euch. Sie wissen, daß Ihr jetzt kommt, und sie möchten Euch voll Begeisterung auf dieser Welt willkommen heißen. Sie möchten, daß Ihr bei Eurer Ankunft noch wißt, wer Ihr seid und mit Ihnen Euren Jubelgesang der Schöpfung tanzt.

Sie beginnen Kreise im Uhrzeigersinn zu schwimmen, schneller und immer schneller, voll Entzücken, und sie bauen damit eine große Lichtspirale auf, die sich durch die Astralschicht aufwärts und auf Euch zu bewegt. Euch fällt auf, daß die Spirale beim Durchgang durch die Astralschicht ein großes Loch hinterlässt, groß genug, daß Ihr ohne Mühe auf die Erde gleiten könnt.

Beginnt jetzt Euren Abstieg zur Erde. Die Delphine sind die ganze Zeit in Eurer Nähe und sie begleiten Euch durch die Schichten der Dichte, durch das Loch im Astralschleim – und Ihr steigt abwärts, abwärts, durch alle Schichten der Schöpfung, bis in Euren Körper – genau zum Zeitpunkt der Empfängnis. Ihr merkt, daß kein bißchen Schleim an Euch haftet, und die Lichtfrequenzen und die Erinnerung an das, was Ihr seid erfüllen Euch – so wie dies in der Geistigen Welt der Fall war.

Geht weiter vorwärts in der Zeit. Seht, wie Euer Körper und Eure Lebenserfahrungen ein neues Muster bekommen. Seht, wie Ihr die Lichtfrequenzen beibehaltet, durch die Schwangerschaft, durch die Geburt bis in die Zeit danach. Seht, wie Euer Nervensystem, Eure DNA im Inneren der Zellkerne, auf dieses Licht reagieren und beginnen, einen Lichtkörper für Euch zu erschaffen, in dem es für Euch ganz einfach ist, Euch selbst zu verkörpern und darzustellen. Seht, wie Eure Organe und Drüsen, Eure Knochen und Muskeln, Eure Chakren, Meridiane, Nadis und die Ka-Kanäle mit diesen neuen Licht-Codes versehen werden. Seht, wie entzückt Euer Körperelementarwesen über diese neue Version „seines" Menschen ist! Seht Euch selbst, wie Ihr die Jahre Eurer Kindheit und Jugend durcheilt, seht Euch als Erwachsene – und spürt, wie die Dichte und Klebrigkeit, die den Gedankenformen der Angst, der Begrenzung, des Unwertes und des Mangels entstammen, ersetzt werden durch die neuen Frequenzen des Lichtes.

Die Delphine sind immer noch in Eurer Nähe. Sie haben bei Eurer Geburt assistiert – daher gehört Ihr jetzt zu ihrer Herde. Ihr wißt, daß Ihr sie immer bei Euch spüren werdet. Sie sind jetzt mit Euch verbunden, und Ihr könnt sie rufen, wann immer Ihr darin erinnert werden müßt, wer Ihr seid. Sie bringen Freude und Unbekümmertheit, Freiheit und Leichtigkeit in Euer Leben. Ihr strahlt in jedem Augenblick Eures Lebens Liebe aus und bekommt auch Liebe zurück. Denn die Liebe ist das einzig Wahre – und Ihr tragt diese Liebe jetzt in Euch.

29. Das Erforschen der unteren Welten

Wenn man durch die verschiedenen Bereiche des Universums reist, ist da so viel an Reichtum der Empfindungen – und doch bin ich immer wieder froh, wenn ich zur Erde zurückkomme. Ich bin überzeugt, daß ich auf den höheren Ebenen nicht viel bewirken könnte, wenn ich nicht hier so gut geerdet wäre. Die Erde verlangt unsere ständige Aufmerksamkeit - im Flüstern des Nachtwindes und im Sturm, in jedem Grashalm, im Lied, welches ein Vogel singt, in den Kreisen, die ein Kiesel hervorruft, der in eine Pfütze geworfen wird. Doch am stärksten fordert sie unsere Aufmerksamkeit in der Stille unseres Geistes, denn sie ist in uns und wir sind in ihr. Wir müssen unsere persönlichen Aufstiegsaktivitäten immer im Kontext mit dem planetaren Aufstieg sehen. Alle Wesen auf diesem Planeten sind Teile des Körpers der Erde und die Erde als Ganzes ist zum Aufstieg berufen. Dies erfordert, daß wir uns einen Zugang verschaffen zu den Welten der Elementare und zu allen Reichen der Erde, und daß wir uns mehr als je zuvor mit dem „Geist, der alles durchzieht", verbinden. Die folgende Meditation ist zu Ehren der Erde und all ihrer Reiche.

Seid bewußt im Hier und Jetzt, bringt Eure Wahrnehmung voll in diesen Augenblick ein, laßt Vergangenheit und Zukunft und die Gesamtheit Eures Seins in diesem Augenblick hier und jetzt zusammenkommen. Dies ist der wichtigste Tag Eures Lebens, der wichtigste Ort Eures Lebens, einfach, weil es das Hier und Jetzt ist. Bringt alle Eure verstreuten Gedanken und Seelenfragmente aus allen Winkeln und Ecken des Universums jetzt hierher, damit sie sich in wunderbarer physischer Form voll bewußt hier inkarnieren.

Atmet ein paar Mal tief durch. Atmet kreisförmig: Atmet aus und laßt die Ausatmung direkt in die Einatmung übergehen. Mit jedem Atemzug seid Ihr präsenter, im Hier und Jetzt. Mit jedem Atemzug schafft Ihr eine Brücke zwischen dem Bewußtsein und dem Unterbewußtsein, zwischen dem, was die Wale als den Geist der Oberfläche und den der Tiefe bezeichnen. Die Kraft der Erde und der Elementarwelten befinden sich im untergetauchten Geist, im Geist der Tiefe. Dort ist der Bereich der wahren Erdmagie, der Alchemie. Es ist der Ort, wo wir unserem Körperelementar begegnen, dem Djinn, der in unserem Bewußtsein wohnt und der uns kaum bekannt ist. In dieser Inkarnation erreichen wir nur einen winzigen Bruchteil unseres vollen Bewußtseins, und die Königreiche der Elementare helfen uns dabei, die Gesamtheit des Bewußtseins auf diese Welt zu bringen.

Verbindet Euch nun mit der Erde. Fühlt den Reichtum der Erde, die unter Euren Füßen liegt. Fühlt, wie sich ihre Kraft durch Eure Füße aufwärts bewegt, wie sie durch einen Lichtkanal in den Rest Eures Wesens einfließt. Fühlt, wie alles Leben auf der Erde miteinander verbunden ist. Mit der Einatmung bringt die Lebenskraft aus dem Zentrum der Erde in Euch. Atmet die Essenz der Erdmutter in jede Zelle Eures physischen Körpers. Laßt Euch davon nähren, so wie Ihr beim Heranwachsen im Leib Eurer eigenen, menschlichen Mutter genährt wurdet. Ihr erhaltet alles, was Ihr braucht. Es gibt die ozeanische Einheit. Auf der Elementarebene gibt es die Trennung nicht. Macht diese Erfahrung jetzt auf der Ebene des Zellbewußtseins, wenn

Ihr die Verbindung mit der Lebenskraft, mit dem lebendigen Bewußtsein der Erde, als unsere Mutter, erfahrt.
Spürt die Basisfrequenz der Erde, die auch als Schumann-Resonanz bekannt ist und mit 7,83 Zyklen pro Sekunde schwingt. Diese Schwingung wird für Euch gerade noch unterhalb der Wahrnehmungsschwelle sein. Dies ist der Herzschlag von Mutter Erde. Paßt Euch an diese Schwingung an. Jede Zelle Eures Körpers soll sich an diesen Rhythmus des Herzschlages von Mutter Erde angleichen. In den letzten 20 Jahren ist diese Frequenz auf 13 Schläge pro Sekunde angestiegen. Beobachtet, was geschieht, wenn Ihr Euer Zellbewußtsein an diese Beschleunigung anpaßt. Atmet ein, vertieft die Resonanz, atmet aus, laßt zu, daß Euer Herzschlag sich an den von Mutter Erde angleicht, als eine Reflexion der Erde, eine Verkörperung der Erde – bis Ihr spürt, daß es keine Trennung mehr zwischen Euch und der Erde gibt. Sprecht die Affirmation: „Ich bin die Erde!"
Beobachtet, was jetzt in Eurem Körper passiert. Kontrolliert Euer Gefühl, und was Ihr in Eurem Hara (dem Bereich, der sich ca. 3,8 cm hinter Eurem Nabel befindet und der exakte Balancepunkt in Eurem Körper ist) spürt. Beobachtet, wie sich Eure Füße anfühlen, Eure Beine, Eure Oberschenkel, das Becken. Was spürt Ihr in Eurem Rücken, im Unterleib, im Brustbereich, in den Händen, den Armen, den Schultern, im Nacken, dem Hals, dem Gesicht – in jedem Teil des Kopfes bis zum höchsten Punkt. Eure Zellen erwachen und singen im Gleichklang mit verschiedenen Obertönen innerhalb des Planeten; und jeder Oberton gehört zu einem anderen Reich der Erde.
Jetzt wird klar, warum die Eingeborenenvölker die Erde als Mutter anerkennen. Das geschieht nicht aus einem philosophischen Hinter-gedanken, sondern aus einem tiefen Wissen, einem Gefühl, welches in ihnen ist. So waren die Dinge und so sind sie immer noch. Und wenn die Erde uns allen Mutter ist, dann sind wir alle miteinander verwandt. Alle Lebewesen, alle fühlenden Wesen, alle Wesen, seien sie groß oder klein, sichtbar oder unsichtbar auf diesem Planeten, den wir Erde nennen, sind eine einzige große Familie. Auch dies entstammt nicht

einer Philosophie, sondern dem direkten Wissen, das aus den Zellen kommt. Unsere Körper wissen das, und jetzt bringen wir dieses Bewußtsein aus diesem tiefen Zellwissen herauf in unseren Geist der Oberfläche, damit wir aufgrund dieses Wissens handeln und uns unseres Schicksals bewußt werden.

Wir halten jetzt in dieser Gruppe eine Beratung ab, an der alle Lebewesen beteiligt sind. Wir bitten alle Reiche der Erde, daran teilzunehmen und mit uns und durch uns zu sprechen. Wir anerkennen ihre Präsenz und geben jedem eine Stimme. Den geflügelten und den Wassertieren, den Säugetieren des Landes und des Meeres, den Pflanzenwesen, den Steinwesen, den Reptilien und Insekten, den Großen wie den Kleinen, den Feen, den Devas, den Naturgeistern – und Gaia selbst. Jeder erhält eine Stimme, jeder kann Teil von uns sein und wir sind ein Teil von ihnen.

(Wenn Ihr dies als Gruppenübung macht, können jetzt die Teilnehmer für jedes Mitglied des Rates sprechen, für die verschiedenen Reiche und in ihrem Namen – jeder kann so oft sprechen, wie er will, bis alle das Gefühl haben, daß der Prozeß abgeschlossen ist.)

Jetzt verbinden wir uns mit dem Lichtkanal, der durch unseren Körper aufwärts in Richtung Sonne führt. Es wird uns klar, daß unsere Körper und das Elementarbewußtsein eine Schöpfung von Mutter Erde sind - unser Geist jedoch eine Schöpfung unseres Vaters, der Sonne. Wenn wir uns jetzt über den Lichtkanal mit dem Vater verbinden, erkennen wir, daß wir Söhne und Töchter der Sonne sind und daß in unseren Körpern Mutter und Vater geeint sind. Wir sind Kinder der Erdmutter und des Himmelsvaters. Wir haben Eigenschaften, die beiden zugehörig sind: die unendliche Weite und Weisheit des Himmelsvaters und die grenzenlose Kreativität und Vielfalt der Erdmutter. Wir sind das Bindeglied, die Brücke. Wir sind der Anker, der beide hält, der sie einander erkennen und in diesem Erkennen wachsen läßt. Das ist Teil unseres Schicksals.

Wenn Ihr einatmet, nehmt die Frequenzen und Codes der Sonne und der Sonnen, die dahinter liegen in Euch auf. Übernehmt die Codes der Sternenkinder von Alcyone, von Sirius, von Arcturus, von der Zentralsonne unserer Milchstraße und von der Zentralsonne von Andromeda, unserer Zwillingsgalaxis. Wir durchschreiten unendlich viele Sternentore, bis wir uns in die Große Zentralsonne, Hunab Ku (der Große Schöpfer), wie die Maya sie nennen, einstimmen. Die daraus entströmenden Frequenzen nehmen wir wiederum auf der Zellebene unseres unterbewußten Geistes auf. Unser Geist der Oberfläche begreift von all dem nicht viel, doch beeinflußt alles, was wir auf der Zellebene aufnehmen, unsere DNA und verändert den Lichtquotienten innerhalb unseres Körpers und unserer Zellen. Es bringt all dies näher an die Oberfläche bis zu dem Tag, an dem es uns bestimmt ist, gänzlich zu erwachen. An diesem Tage lösen sich die Grenzen zwischen dem Geist der Tiefe und der Oberfläche auf, und die Schleier zwischen den Welten verschwinden. Dieser Zeitpunkt ist sehr nahe.

Wenn wir jetzt unseren Atem aus der Sonne über uns holen, spüren wir, wie die Energie jede Zelle unseres Körpers durchdringt, wie sie die Sonne in unserem Herzen weckt und sich dann durch den Körper abwärts bis in die Füße bewegt. Wir gehen bis in das Herz der Erdmutter und bringen ihre Energie durch unseren Körper bis zu unserem Vater, der Sonne über uns. Und wir wissen, daß im Herzen der Erde auch das Herz der Sonne, der galaktischen Sonne und aller anderen Sonnen, bis zum Großen Schöpfer, zu finden ist. Wenn uns dies klar wird, geben unsere Zellen die Dimension der Polarität auf. Wir überschreiten ihre Grenzen und betreten die Dimension der Einheit. Unsere Körper reagieren darauf, indem sie die Codes innerhalb der DNA erwecken, was zur vollen Manifestation aller zwölf Stränge führt. Dies wiederum bewirkt, daß die Frequenzen der Liebe ein starkes Echo in unserem Wesen auslösen.

Als Kinder der Sonne und Kinder der Erde haben wir eine einzigartige Stellung – wenn wir uns darauf einlassen, werden wir zu Schöpfern. Das ist unser Schicksal. Und wir sind weiterhin eine Brücke – wir atmen von der Sonne zur Erde und von der Erde zur Sonne. Wir wissen, daß wir, als Brücke, bis in die vierte Dimension und darüber hinaus reichen, und daß die Unterscheidung von oben und unten, Geist und Materie ihre Bedeutung verloren hat. Wir nähern uns immer stärker dem kreisförmigen Bewußtsein, wie die Wale und Delphine es haben. Sie möchten, daß wir uns ihnen anschließen.

Also stimmen wir uns jetzt auf die Medulla ein, durch die wir uns mit der Seele der Erde verbinden. Wir rufen die Präsenz der Wale und Delphine. Wir rufen die Präsenz der Aufgestiegenen Meister aus den Reichen der Wale und der Menschen. Wir rufen die Elohim und die Naturgeister. Wir rufen Gaia, Pan und den „Großen". Wir rufen die Überseele der Erde, damit sie uns auf unserem Weg begleite und uns helfe, unser Schicksal zu manifestieren. Wir rufen die Seele unserer Sonne, den Solaren Logos. Wir rufen den Galaktischen und den Kosmischen Logos. Wir rufen alle multidimensionalen Aspekte unseres eigenen Seins, Aspekte, die auf anderen Planeten leben, in anderen Universen, anderen Dimensionen, anderen Zeitlinien, anderen Inkarnationen, wo immer sie auch sein mögen. Wir bitten die mächtige ICH BIN - Gegenwart, in unseren Kreis zu kommen.

Wir verbinden uns miteinander, wir anerkennen die Tatsache, daß wir Schöpfer eines göttlichen Schicksals sind, und wir bieten dem Universum unsere Absicht und unsere Schöpfung an.
(Wenn Ihr möchtet, könnt Ihr Eure Absichten und Vorstellungen laut innerhalb der Gruppe äußern, nehmt Euch dafür so viel Zeit wie Ihr wollt.)

Jetzt sind wir im Außen und im Inneren vereint und bringen, langsam und in unserem eigenen Tempo, unsere Aufmerksamkeit ins Hier und Jetzt zurück, in die Welt der äußeren Wahrnehmung. Atmet ein paar Mal tief durch, fühlt Euch in Eurem Körper gegenwärtig und öffnet die Augen, wenn ihr so weit seid.

30. Das Erforschen der oberen Welten

Wir haben uns mit den unteren Welten, den Reichen der Erde, verbunden und unsere Wurzeln tief in den Boden gesenkt. Jetzt sind wir bereit, den Kosmos um uns zu erforschen. Für jemanden, der Schwierigkeiten mit seiner Erdung hat, ist diese Reise jedoch nicht geeignet. Ein kurzes Wort zu den hier verwendeten Bezeichnungen. Es gibt viele Systeme der Wahrheit und jedes von ihnen hat in seinem eigenen Kontext Gültigkeit. Einige sprechen von 7 Dimensionen, andere von 12 und wieder andere von 352. Ich persönlich hatte schon genug Probleme, wenigstens eine dieser Dimensionen zu verstehen, und bei sieben ist es für mich gerade noch möglich, sie so weit zu unterscheiden, daß das Ganze einen Sinn gibt. Also ist dies das System, welches ich hier verwende, wobei die achte Dimension für das Absolute, für Brahman, steht. Bitte versucht, diese Theorie mit Eurem eigenen Verständnis des Kosmos in Einklang zu bringen.

Verbindet Euch jetzt bewußt mit Eurem Atem; atmet tief und kreisförmig, wobei die Ausatmung direkt in die Einatmung übergeht, ohne eine

Pause dazwischen. Ein- und Ausatmung sollten in etwa gleich lang sein. Stellt beim Atmen die Verbindung zwischen dem Zentrum der Erde und dem Zentrum der Sonne her, erweckt den Lichtkanal zum Leben und fühlt, wie sich die Energie in Eurem Körper verändert. Sonnenenergie und Erdenergie bewegen sich gemeinsam durch Euren physischen Körper und Eure Aura und aktivieren die Verbindung zum Lichtkörper.

Wenn wir uns jetzt auf unsere Reise in die höheren Bereiche des Geistes vorbereiten, rufen wir unser Höheres Selbst an und konzentrieren uns auf einen Lichtpunkt im achten Chakra, welches sich etwa 45 bis 60 cm über unserem Kopf befindet. Dieser Lichtpunkt ist der sogenannte „Seelenstern", ein Bereich des Abstiegs, durch welchen die Seele den Kontakt zur physischen Form aufnimmt. Bringt Euren Atem in den Seelenstern, erfüllt ihn mit Energie, seht, wie er mit jedem Atemzug heller und heller strahlt. Wenn Ihr Euer Bewußtsein auf den Seelenstern ausrichtet, seht, wie ein gewaltiger Lichtfluß aus der ICH BIN - Gegenwart, aus Eurem Gott-Selbst herabströmt und den Seelenstern mit Energie erfüllt. Es fühlt sich an wie ein „Traktor-Strahl": Es ist, als würde Euer physisches Bewußtsein nach oben gezogen und könnte dann, auf diesem Lichtfluß, bis in den Seelenstern reisen.

Seht Euch selbst als ein winzigkleines Wesen im Zentrum Eures Kopfes, das mit Hilfe dieses „Lichtaufzugs", bis in den Seelenstern getragen wird und dann weiter den Lichtschacht aufwärts steigt. Ihr fühlt, wie Ihr durch die verschiedenen Dimensionen reist und empfindet die unterschiedlichen Schwingungen. Ihr steigt höher und betretet die vierte Dimension, in welcher die Zeit sich verlangsamt und Ihr ein stärkeres Gefühl für Euch selbst bekommt. Ihr habt noch Verbindung zu Eurer physischen Form, aber Euer Traumselbst, das ja das Vehikel für Eure interdimensionalen Reisen ist, wird immer stärker.

Jetzt hört auf den Klangstrom, den tiefen, ruhigen Ton, der in Eurem Kopf entsteht. Es kann ein Ton sein, aber auch eine Schwingung, hörbar oder gerade unterhalb der Schwelle zur Hörbarkeit. Es kann auch ein Gefühl sein. Registriert die Frequenz des Klangstromes, wenn

Ihr Euch in die vierte Dimension hinein bewegt. Es gibt dort eine reiche Vielfalt an Farben und Formen und es können Euch verschiedene Wesen begegnen. Alles sieht viel lebendiger aus, voll von Energie. Eure Emotionen fließen leichter, Eure Sinne werden von Farbnuancen und Klängen, die es in der dritten Dimension nicht gibt, angeregt. Viele der Ruheorte der Aufgestiegenen Meister befinden sich in diesen Oberton-bereichen, und sie bilden eine Brücke zwischen den Bereichen des Lichtes und den Reichen der Erde. Fühlt, wie Ihr Euch hindurch bewegt. Erforscht sie eine Zeitlang, registriert, was Ihr seht und wem Ihr begegnet.
Dann kommt Ihr zu einer Schallmauer und Ihr fühlt, wie sich Licht und Energie zusammenballen, wenn Ihr jetzt die fünfte Dimension betretet. Ihr fühlt die Beschleunigung des Lichtes aus Eurer ICH BIN - Gegenwart, und Ihr fühlt, wie Euch der Zugstrahl in die fünfte Dimension hinein zieht. Registriert die Veränderung in der Schwingung und die Empfindungen, die in Eurem Körper entstehen. Registriert die Veränderung im Klangstrom. Die fünfte Dimension ist sehr subtil und die Formen sind nicht so deutlich sichtbar. Ihr bewegt Euch jetzt in hohen geistigen und intuitiven Bereichen. Die Schöpfungsenergie ist wie ein göttlicher Wille in Euch spürbar, wie die Fähigkeit, Dinge kraft Eurer Gedanken zu erschaffen.

Geht jetzt durch die verschiedenen Obertöne der fünften Dimension bis hinein in die oberen Bereiche. Vielleicht bemerkt Ihr Wesen um Euch, Engelwesen, kosmische Lichtwesen aus den verschiedenen Sternensystemen. Vielleicht überkommt Euch ein Gefühl von Zugehörigkeit, Einheit, Zielstrebigkeit, von Harmonie und Liebe. Alle Widerstände und Kämpfe sind vorbei, Ihr empfindet einen Frieden, der keiner Worte bedarf. Noch seid Ihr innerhalb der Zeit, aber nur mehr ganz wenig. Ihr steht jetzt vor der Schwelle zur sechsten Dimension und fühlt ein starkes Ansteigen der Frequenz, die aus Eurer ICH BIN - Gegenwart kommt. Plötzlich verändert sich der Klangstrom und Ihr durchbrecht die Barriere zwischen der fünften und sechsten Dimension. Ein riesiges

Lichtmeer umgibt Euch. Euer Lichtkörper verändert sich, Ihr weitet Euch aus. Hier ist der Bereich, in welchem Zeit und Raum entstehen, wo ein gewaltiger kosmischer Plan sich entfaltet. Hier wohnen die Fürsten des Karma und arbeiten ohne Unterlass für die Anhebung und Entwicklung allen Bewußtseins. Wenn Ihr diesen Bereich durchquert, verbindet Euch mit Eurem Aspekt der sechsten Dimension – seht Euch selbst als Teil dieses sich entfaltenden Schöpfungsplanes, welcher alle Lichtcodes enthält, die nach und nach in die dritte Dimension eingeführt werden sollen.

Bewegt Euch jetzt durch die Lichtbänder und Frequenzstreifen in die höheren Oktaven der sechsten Dimension. Dort bilden sich die heiligen Geometrien, die für die Erde und Eure eigene Entwicklung Gültigkeit haben – der große Plan,welcher das Muster des göttlichen Willens enthält. Nehmt auf dieser Dimension Eure Merkabah wahr, die heiligen Geometrien des Lichtkörpers, Euer Vehikel für die Reise durch Zeit und Raum. Registriert, wie die Merkabah aussieht und wie sie sich anfühlt. Seht, wie sie strahlt und wie wunderbar sie konstruiert ist. In dieser Dimension befindet Ihr Euch nicht mehr in der gewohnten Form, alles ist Geometrie. Hier findet die erste Übersetzung des Lichtes in die Form statt, aus dem Geist Gottes in den Körper Gottes.

Wenn Ihr jetzt Eure Aufmerksamkeit auf die Merkabah-Felder ausrichtet, könnt Ihr sehen, wie ihre Lichtintensität sich verändert, was einer Veränderung innerhalb des Bewußtseins gleichkommt. Das könnt Ihr auch in Eurem physischen Körper spüren. Wir sind multidimensionale Wesen und haben daher Wahrnehmungen auf allen Ebenen, vom physischen Körper der dritten Dimension bis hinauf zur ICH BIN - Gegenwart. Aufgestiegene Meister sind sich ihrer Multidimensionalität voll bewußt – und je mehr wir das Mit-Bewußtsein in unserem Leben zulassen, desto stärker werden wir es erfahren.

Nun bereiten wir uns auf den Übergang von der sechsten in die siebte Dimension vor, auf den Eintritt in einen noch viel feinstofflicheren Bereich. Wieder fühlt Ihr, wie Ihr aufwärts gezogen werdet, wie Ihr

Eure Schritte in einen weiteren Lichtraum lenkt und Euch ihm öffnet. Registriert, wie sich Euer Rahmen von Zeit und Raum verändert. In diesen Dimensionen überschreitet Ihr die Polarität von Zeit und Raum. Die Zeit vergeht sehr, sehr langsam, Äonen ziehen an Euch vorbei. Der große Kreislauf der kosmischen Evolution wird Euch bewußt. Ihr begegnet gewaltigen Wesen, welche das Bewußtseinsfeld für den kosmischen Plan auf Erden in sich tragen – den Elohim, den Erzengeln, den Kumaras. Fühlt, wie sich Euer Bewußtsein mit dem ihren verbindet und gleichzeitig auch mit jenem Teil Eures eigenen Bewußtseins, der auf dieser Ebene zu Hause ist. Ihr seid ein riesiges, strahlendes Lichtwesen, eine gewaltige kosmische Intelligenz, ein Bewohner des Kosmos, der gänzlich vom Christusbewußtsein erfüllt ist.

Wenn Ihr die oberen Stufen der siebten Dimension erreicht, könnt Ihr fühlen, wie noch mehr dieser subtilen Veränderungen in Eurem Körper und Eurer Aura stattfinden – Euer Bewußtsein ist so groß, daß es weit über die planetare Ebene hinausreicht, bis in das Sonnensystem und darüber hinaus. Ihr befindet Euch jetzt in diesem zeitlosen Raum, in welchem Ihr immer schon gewesen seid, in dem zeitlosen Raum, in welchem Ihr immer schon gewußt habt, was Ihr seid – Eins, ohne daß es eines Zweiten bedarf.

Jetzt seid Ihr an der Grenze zur achten Dimension, und Ihr bewegt Euch durch den Schleier der Schöpfung. Jenseits dieses Schleiers gibt es nur den Atman in Einheit mit Brahman, dem ICH BIN DAS ICH BIN, Bewußtsein, Glückseligkeit. Polaritäten gibt es keine mehr für Euch. Ihr seid alles und nichts, leer und voll, nirgendwo und überall, alles zugleich. Keine Gedanken, kein Denken, keine Konzepte. Hier verbindet Ihr Euch mit dem Herzen Gottes, Ihr verschmelzt mit der Stille und werdet ruhig, ganz ruhig, Ihr ergebt Euch, öffnet Euch und werdet beschenkt. Bleibt eine Zeitlang hier ...

Jetzt geht Ihr wieder durch die Dimensionen abwärts, und Ihr bringt alle Codes und Frequenzen der Informationen, welche Euch dort zuteil geworden sind, mit Euch. Sie können sich in Worten oder als Symbole zeigen, sie können Informationseinheiten sein, die einfach in die physische- bzw. Zellform übernommen werden. Fühlt diese verschlüsselten Informationen, die Übertragungen, wenn Ihr Euch aus der achten Dimension, in welcher Ihr Euch als die eine, ewige Präsenz erkennt, abwärts steigt. Integriert und absorbiert diese Energien, wenn Ihr die siebte, die sechste die fünfte, die vierte Dimension durchschreitet und letztlich die dritte Dimension erreicht.

Führt Euer Bewußtsein in den Seelenstern und laßt diese Symbole, das Verstehen, die Energieeinheiten, das Wissen, die Lichtfelder durch Euer Kronenchakra in Euch eintreten und ihren Platz im jeweiligen Chakra finden. Welches Symbol gehört zum Kronenchakra? Welches zum Dritten Auge? Was gehört zum Solarplexus, dem Sakralchakra und dem Wurzelchakra? Was ist das Symbol des Erdsterns unter Euren Füßen? Egal, ob Euer Verstand diesen Vorgang begreift oder ihn sich merkt, diese Symbole sind ein Aspekt des Herabsteigens durch Eure ICH BIN - Gegenwart in das physische Sein, und des Aktivierens der Codes in Eurem Zellgedächtnis, damit Ihr Euch daran erinnern könnt, wer Ihr seid und warum Ihr hier seid.

Sobald diese Symbole verankert sind, geht durch den Lichtkanal weiter bis in das Zentrum der Erde. Bringt Euch zur Gänze wieder in Eure physische Form zurück und fühlt Euch als Bindeglied, als Brücke zwischen Himmel und Erde. Jetzt kommt wieder nach oben bis in Euren Körper, in die Gegenwart. Dieses riesige Bewußtsein, welches Ihr seid, kann ohne weiteres neben Eurer Zellform existieren. Jede Zelle Eures Körpers ist eine Reflexion dieses riesigen Bewußtseins, so wie jedes Atom ein Spiegelbild des Sonnensystems und der Galaxis ist.

Erdet Euch, gut und langsam, und bringt Euch zurück in das bewußte Erleben des Augenblicks, des Ortes. Atmet tief und gleichmäßig. Wenn Ihr bereit seid, öffnet die Augen, völlig präsent im Hier und Jetzt.

31. Die Erde-Himmel-Visualisierung

Als Menschen verkörpern wir eine elektromagnetische Polarität, wobei unsere Füße der negative, und unser Kopf der positive Pol ist. Wenn wir gut geerdet und gleichermaßen gut mit dem Himmel verbunden sind, werden unsere Körper zu einem offenen Gefäß, durch welches kosmische Energien fließen. Dann können wir uns über das von der Haut eingegrenzte Ego hinausbewegen und uns mit den größeren Bewußtseinsfeldern, die um uns sind, verbinden. „Erden" heißt, die Hochfrequenz-Energien sicher im Inneren des Körpers zu verankern, ähnlich wie ein Transformator den Starkstrom der Hochspannungsleitung herunter transformiert, so daß er ohne Gefahr für Leib und Leben in den Leitungen eines Haushaltes Verwendung finden kann. Je tiefer und stärker die Verbindung zur Erde ist, desto stärker und intensiver kann die Verbindung zum Himmel sein. Ich verwende für die folgende Meditation das Modell der hohlen Erde, das von einer Sonne im Inneren der Erde ausgeht. Meiner Erfahrung nach gibt es Durchgänge, die der vierten Dimension angehören, und die Sonne im Inneren mit der außerhalb verbinden. Nehmen wir

Kontakt zu der einen auf, berühren wir auch die andere, was wiederum die strahlende Sonne unseres Herzens, und nach und nach die im Herzen jeder unserer Zellen, zum Erwachen bringt. Die Durchgänge in die vierte Dimension verlaufen im subatomaren Bereich und wir erreichen sie, indem wir uns ganz direkt mit den Lichtzentren verbinden, welche unter uns, über uns und in unseren Körpern sind. Die folgende Visualisierung hilft dabei, diese Lichtzentren zu öffnen und zu vereinigen.

Sobald diese Durchgänge in die vierte Dimension erwacht sind, beginnen wir damit, die Durchgänge zur fünften Dimension zwischen unserer Sonne im Inneren der Erde und Alcyone zu aktivieren, welche einen besonderen Stellenwert in der Kosmologie der Maya einnimmt. Dann folgen Durchgänge der sechsten Dimension, welche die Sonne im Inneren der Erde und die Zentralsonne verbinden, die einem Schwarzen Loch in unserer Galaxis entspricht. Dann aktivieren wir die Tore der siebten Dimension, die sich zwischen der Sonne im Inneren der Erde und der Großen Zentralsonne befinden. Die Große Zentralsonne wurde von den Maya als Hunab Ku, Urquell der Schöpfung, bezeichnet. Wenn Ihr die Meditation beginnt, stellt Euch zunächst Achterschlingen, Unendlichkeitsspiralen, vor. Später möchtet Ihr vielleicht nur mit der Visualisierung arbeiten und Euch den „Pranakanal" oder „Lichtkanal" vorstellen, der von oben nach unten alle Lichtzentren über und unter Euch verbindet. Dieser Kanal ist zunächst ca. 7,5 bis 12,5 cm im Durchmesser, wird aber bei entsprechender Übung immer größer.

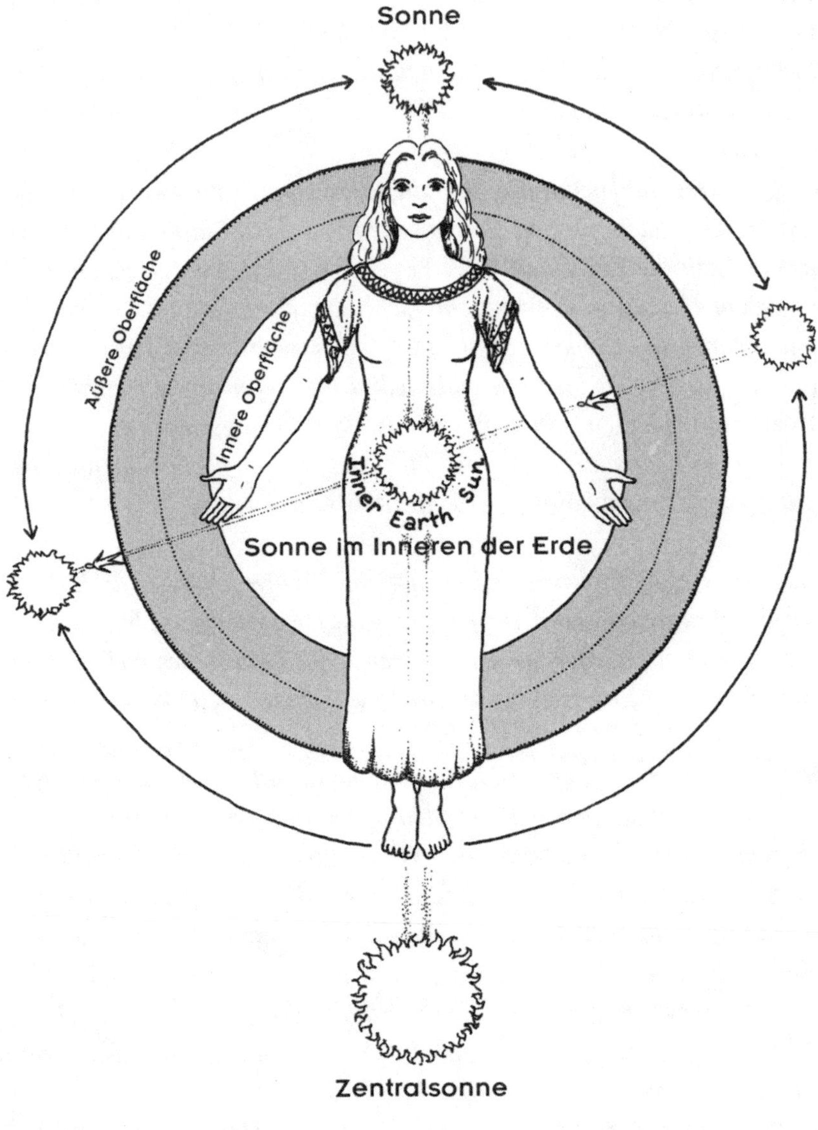

Die Erde und das menschliche Energiesystem

Beginnt mit langsamen, kreisförmigen Atemzügen, wobei die Einatmung direkt in die Ausatmung und wieder in die Einatmung übergeht. Die kreisförmige Atmung läßt Euch die tieferen Bewußtseinszustände in Eurem Körper erreichen.

Bringt Eure Wahrnehmung jetzt in Euer Herz, und weckt die innere Sonne; fühlt, wie sie mit jedem Atemzug heller und stärker wird. Nehmt Euch die Zeit, hier, beim Herzen, wirklich tief zu gehen. Bildet jetzt, vom Herzen aus, eine Achterschlinge, die vorne und abwärts bis zum Solarplexus-Chakra reicht, dann zurückkehrt zum Herzen, vorne aufwärts weitergeht bis zum Halschakra und dann hinten wieder nach unten zum Herzen verläuft. Atmet kreisförmig, um diese beiden Chakren voll zu aktivieren, bis ihr jedes davon als strahlende, helle Sonne wahrnehmen könnt. Verweilt in diesem Zustand.

Bildet jetzt, von Eurem Herzen aus, eine Achterschlinge, die bis zum Sakralchakra reicht, dann zurückgeht zum Herzen, hinauf bis ins Dritte Auge, und dann wieder zurück ins Herz. Wiederholt dies mehrmals, bis Ihr wirklich den Eindruck habt, daß diese Chakren voll aktiviert sind.

Dann verbindet Kronen- und Wurzelchakra mit einer Achterschlinge, wobei der Kreuzungspunkt der Schlinge wieder im Herzen ist. Atmet langsam, leicht und kreisförmig. Wenn Ihr in diesem Zustand tiefer kommt, werdet Ihr sogar das Gefühl haben, daß die Atmung manchmal vollständig zum Stillstand kommt. Laßt den Atem fließen, so wie er kommt. Bildet eine Achterschlinge und dehnt sie so weit aus, daß sie das Erdchakra erreicht; führt sie zurück ins Herz und aufwärts bis ins Seelenchakra, dann wieder zurück ins Herz. Die beiden Chakren befinden sich ca. 60 cm unter Euren Füßen bzw. über Eurem Kopf. Laßt diese polaren Punkte sich miteinander in Eurem Herzen verbinden.

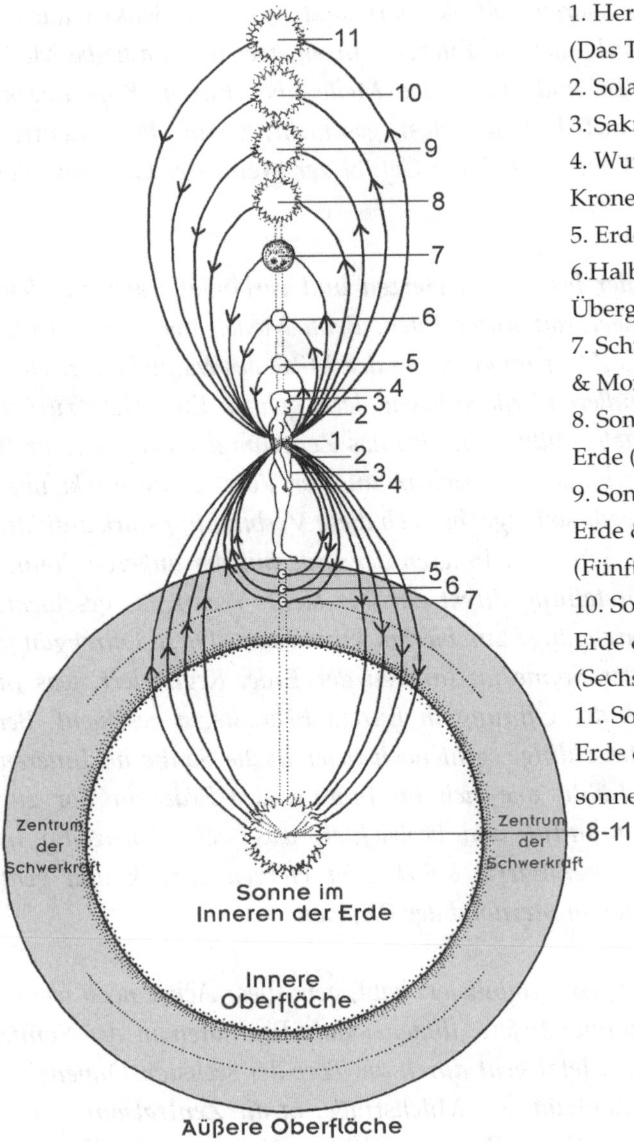

1. Herz-Chakra: (Das Tor zur Einheit)
2. Solarplexus & Hals
3. Sakral & Drittes Auge
4. Wurzel- & Kronen-Chakra
5. Erde & Seele
6. Halbmeilen-Übergangspunkte
7. Schwerkraft-Zentrum & Mond
8. Sonne im Inneren der Erde (Vierte Dimension)
9. Sonne im Inneren der Erde & Alcyone (Fünfte Dimension)
10. Sonne im Inneren der Erde & Zentralsonne (Sechste Dimension)
11. Sonne im Inneren der Erde & Große Zentralsonne (Siebte Dimension)

Die Unendlichkeitsspiralen

Wenn alle diese Chakren voll aktiviert sind, geht der Senkrechtachse entlang weiter. Verbindet die Energiezentren, welche eine halbe Meile unter Euren Füßen und eine halbe Meile über Eurem Kopf liegen. Beobachtet, was mit Eurem Selbst geschieht, wenn diese Zentren aktiviert werden. Gibt es Euch ein Gefühl der Weite, der Ganzheit, der Lebendigkeit?

Beginnt jetzt wieder bei Eurem Herzen und verbindet Euch mit dem Zentrum der Schwerkraft unter Euch. Beim Modell der hohlen Erde, befindet sich dieses Zentrum genau in der Mitte des Mantels, zwischen der inneren und äußeren Erdoberfläche. Jetzt geht in Euer Herz zurück und dann über Euch – fühlt, wie sich das Zentrum der Erdschwerkraft mit dem Mond verbindet, der sich in unserer Vorstellung direkt über uns befindet. Verweilt so lange, bis sich diese Verbindung stark anfühlt. Jetzt verbindet die Sonne im Inneren der Erde mit der äußeren Sonne, die in unserer Vorstellung direkt darüber steht. Wenn das geschieht, öffnen sich die Durchgänge zur vierten Dimension. Diese Durchgänge befinden sich in der Sonne im Inneren der Erde. Registriert, was in diesem Augenblick der Öffnung in Eurem Bewußtsein geschieht. Bei der nächsten Achterschlinge, geht noch tiefer in die Sonne im Inneren der Erde hinein. Fühlt, wie sich im Inneren der Erde ein Tor zur fünften Dimension auftut und beobachtet, was sich gleichzeitig in Eurem Bewußtsein verändert. Kehrt zum Herzen zurück und geht aufwärts zu Alcyone im Sternbild der Plejaden.

Wenn Ihr diese Frequenz stabilisiert habt, geht diese Achse noch weiter entlang. Betretet immer tiefere, dimensionale Realitäten in der Sonne im Inneren der Erde. Jetzt geht durch die Tore der sechsten Dimension in das strahlende Zentrum der Milchstraße, in die Zentralsonne, und erreicht letztlich über Durchgänge der siebten Dimension das Herz des Schöpferbewußtseins, das Herz Gottes, die Große Zentralsonne.

Formt eine Achterschleife, das Zeichen für Unendlichkeit, von Eurem Herzen abwärts in das Portal der sechsten Dimension, welches sich in der Sonne im Inneren der Erde befindet. Fühlt die Verbindung, die dabei entsteht. Kehrt jetzt in Euer Herz zurück und nehmt Kontakt auf mit der direkt über Euch stehenden Zentralsonne.

Ihr befindet Euch jetzt in einem sehr erweiterten Zustand. Beobachtet Euren Atem und die Empfindungen, die in Eurem Körper entstehen. Fühlt die sanften Energieströme, die Euren Körper durchfließen. Wie fühlt sich das an, wenn Ihr mit Eurem galaktischen Körper eins werdet? Jedes Mal, wenn Ihr eine weitere Polarität, oberhalb und unterhalb von Euch, erfahrt, stellt Ihr fest, daß Euer Bewußtsein sich noch mehr erweitert und sich immer weiter in den Kosmos ausdehnt. Wenn Ihr Kontakt zu den Realitäten der höheren Dimensionen gewinnt, löst sich sogar das Gefühl für Zeit und Raum auf und Ihr betretet das sphärische Bewußtsein. Irgendwann einmal hört jegliche Polarität auf, es gibt keine Trennung mehr zwischen Schöpfer und Schöpfung. Ihr erlebt Euch als Atman, eins mit Brahman, eins mit Gott.

Wenn Ihr das Portal zur siebten Dimension betretet, werden Ihr eins mit dem gesamten Universum. Ihr reicht hinaus in die große Zentralsonne und findet, daß Ihr zurückgekehrt seid in das innerste Herz der Erde. Es gibt kein Oben, kein Unten; Geist und Materie, Himmel und Erde, Dunkel und Licht sind eins. Das Universum ist ein tubischer Torus für Euch, in dessen Innerem es keine Polarität gibt. Atmet jetzt die Energien beider Seiten gleichzeitig in Euer Herz. Fühlt, wie Ihr beim Ausatmen die Polaritätsbarriere durchbrecht, und wie Ihr Euch auflöst im reinen, undifferenzierten Sein.

Wenn Ihr die Erfahrung der Polarität nun loslaßt, wollt Ihr vielleicht in Eure Medulla gehen, um zu erfahren, wie es ist, sich in der Einheit zu verlieren, die gleichzeitig das Nichts ist.
Verbleibt dort, so lange Ihr dies wünscht.

32. Der Aufbau persönlicher Energie

Durch die Entropie verlieren wir an Vitalität. Unsere Körper altern und dann sterben wir. Wie können wir uns die Vitalität erhalten und den Alterungsprozeß umkehren? Die Zellvitalität hat mit der Fähigkeit zum Fließen zu tun, dem Austausch von Energien, die in uns hereinkommen und aus uns hinausgehen. Dies ist auf allen Ebenen des Makro- und Mikrobereiches dasselbe. Wenn wir zu einem geschlossenen System werden, dann werden wir alt und sterben. Wie wird man zu einem offenen System? Indem wir den Austausch von Energien von der Erde unter uns und der Sonne über uns durch unseren Körper zulassen; indem wir diese Energien in unserem Herzen miteinander verbinden und sie durch das Energiefeld um unseren Körper, die Aura, hinausgehen lassen. Die folgende Meditation soll Euch beim Aufbau Eures persönlichen Energiefeldes helfen:

Achtet auf Euren Atem. Atmet konzentriert und langsam, Ein- und Ausatmung im gleichen Tempo, ohne eine Pause dazwischen. Laßt die Atemzüge tiefer werden. Beobachtet, wie am Ende der Ein- wie auch der

Ausatmung, an der Atemwende sozusagen, Energie einströmt. Wenn Ihr Euch jetzt mit der Erde verbindet, fühlt über den Lichtkanal, der senkrecht durch Euch verläuft und Euch mit dem „Erdungskabel" unter Euch verbindet, den tiefen, intensiven Kontakt mit dem Herzen der Erdmutter. Mit jeder Einatmung spürt Ihr die nährende, mächtige Energie der bedingungslosen Liebe und Schönheit, die aus dem Zentrum der Erde und durch alle Erdschichten aufsteigt, durch Eure Füße eintritt und aufwärts durch jeden Teil Eures Körpers fließt. Die zarte Schwingung der Erdenergie strömt nach oben. Mit jeder Ausatmung laßt Spannungen, Ängste und Belastungen los, kurz alles, was Euch diesem Augenblick entfremdet. Jeder Atemzug führt Euch tiefer und tiefer in den gegenwärtigen Augenblick, tiefer in die Stille.

Ihr beginnt mit der Erde zu schwingen – ein unterbewußtes oder auf der Zellebene befindliches Mitschwingen mit dem Rhythmus, dem Herzschlag der Erde. Der Herzschlag der Erde, auch als Schumann Resonanz bekannt, beschleunigt sich, von vormals 7,83 auf jetzt 13 Zyklen pro Sekunde. Stellt Euch vor, wie dieser Herzschlag der Erde sich der Frequenz des neuen „Nullpunkts" annähert und registriert die Reaktionen Eurer Zellen und ihrer DNA. Dieses Gefühl knapp unterhalb der Wahrnehmungsschwelle ist wie das Aufspringen auf einen fahrenden Zug, so als wärt Ihr eine Stimmgabel, deren Schwingung sich an die einer anderen angleicht, und die Angleichung erfolgt über den Atem. Fühlt, wie sich die lebendige Präsenz der Erde durch diese neuen Frequenzen mit Euch verbindet und wie Ihr Euch dieser Verbindung in Dankbarkeit, Liebe und Verbundenheit hingebt.

Fühlt jetzt, wie Ihr über den Lichtkanal, der von Euch weg nach oben führt, den Kontakt zu den Sternen herstellt. Fühlt ihn weitergehen zur Sonne und noch weiter bis ins strahlende Zentrum unserer Galaxis. Spürt, wie diese strahlende Energie mit jeder Einatmung in Euch eindringt. Sie ist wie flüssiges, goldenes Licht, ein sprudelnder Energiestrahl, der sich vom Kronenchakra abwärts durch alle Chakren bewegt und die Sonne in ihrem Inneren weckt, wie auch die Sonne, die in jeder Zelle ist. Laßt Euren Körper dieses Lebenselixier in sich aufnehmen, damit er sich verändern und mit den anderen Dimensionen verbinden kann. Die Form der dritten Dimension geht auf in der vierten und fünften, der sechsten und siebten, aufwärts durch alle dimensionalen Realitäten bis in die absolute Einheit, welche die Brücke ist zwischen den Realitäten, zwischen den Dimensionen.

Verbindet nun den Fluß über Euch mit dem unter Euch, nehmt Energie von der Sonne auf, atmet sie in die Erde; dann nehmt Energie von der Erde auf und entlaßt sie in die Sonne. Wenn Ihr die Energie der Erde einatmet, fühlt, wie eine Verbindung entsteht, die durch das Zentrum der Erde zum galaktischen Zentrum verläuft. Wenn Ihr die Energie der Sonne einatmet, entsteht ebenfalls eine Verbindung zum galaktischen Zentrum, welche durch das Zentrum der Sonne verläuft. Wenn Ihr jede Zelle beatmet, fühlt wie sie im Gleichklang mit dem galaktischen Zentrum schwingt. Laßt die Zellen Eures Körpers zu strahlenden Lichtsternen werden.

Die Energien, welche vom galaktischen Zentrum ausgestrahlt werden, sind neue Frequenzen, welche die Erde bei ihrer ersten Initiation aufnimmt. Wenn Ihr nun diese Frequenzen von der Sonne über Euch und der Erde unter Euch aufnehmt, laßt sie bei Eurer nächsten Einatmung miteinander verschmelzen und atmet sie gemeinsam in das Zentrum Eures Herzens. Beim Ausatmen fühlt, wie sie durch Euren Körper strahlen, jede Eurer Zellen erfüllen und in die Aura eintreten, bis sie einen ca. 1,20 m breiten Bereich um Euren gesamten Körper erglühen lassen. Es ist, als würde man einen Ballon mit flüssigem, goldenen Licht füllen, bis er fast platzt, randvoll mit strahlendem Licht und Kraft. Wenn es Stellen in Eurer Aura gibt, die sich schwach anfühlen, dann bringt dieses Licht dorthin. Fühlt, wie Eure Aura wieder ganz wird und stark, und fühlt auch, wie jede Zelle Eures Körpers von strahlendem Licht erfüllt wird.

Jetzt, da Euer Energiefeld mehr Sensitivität besitzt, rufen wir die Aufgestiegenen Meister. Wir rufen die Sternennationen, die Erzengel und Engel, die Deva-Energien und die Naturreiche. Wir rufen all unsere Helfer und Führer von den geistigen Ebenen, wir rufen die Heiligen und Bodhisattvas, die Meister aller Zeiten und Räume, aller Dimensionen und Realitäten. Wir rufen das Körper-Elementarwesen. Wir rufen die ICH BIN - Gegenwart, welche alle Dimensionen durchdringt und sich nun in der dritten Dimension vollständig zu verkörpern sucht. Laßt zu, daß Euch der Klangstrom tiefer in die Fülle der Gegenwart trägt, tiefer in die Gegenwart der Fülle, in die tiefe, tiefe Stille ...

Atmet ruhig und gleichmäßig und bringt Eure Wahrnehmung zurück in diesen Raum, behaltet jedoch das erweiterte Bewußtsein bei. Nehmt Euren Körper wahr, seid zurück im Hier und Jetzt und öffnet die Augen.

33. Gespräch mit den fünf Aspekten des Selbst

Ich habe in diesem Buch bereits die Intensivübungen zur Erleuchtung angesprochen, die sich tiefgehend mit der Frage „Wer bin ich?“ beschäftigen, Ramana Maharshi, ein erleuchteter Hindu-Meister des frühen 20. Jahrhunderts, übte die Selbstbefragung, und viele Menschen sind durch sein Beispiel und seine Lehre inspiriert worden. Ich möchte jetzt diese Technik der Selbstbefragung für einen Dialog zwischen den Aspekten des Selbst, die ich bereits angesprochen habe, einsetzen. Die folgende Übung wird am besten paarweise gemacht, sie kann jedoch auch alleine durchgeführt werden, indem man die Antworten aufschreibt. Man kann auch Anteile des stimmlichen Dialogs, der Gestalttherapie und der Psychosynthese in diese Übung einbringen.

Sucht Euch eine/n PartnerIn. Jeder von Euch wird jetzt fünf Aspekte des Selbst untersuchen: die Persönlichkeit, das Körper-Elementarwesen, das Traumselbst, die Seele und die Monade. Beginnt mit der Persönlichkeit. Sie ist wie Patchwork, zusammengesetzt aus verschiedenen Rollen, Erfahrungen, Glaubensgrundsätzen und Identitäten; sie hat eine Geschichte, Gedanken und Emotionen, die gemeinsam eine fortlaufende, scheinbar einheitliche und reale Identität schaffen. Die Kahunas nennen das „uhane“. Fixiert in der dritten Dimension, betrachtet sich die persönlich als getrennt von der Welt, und sie blüht und gedeiht mit all den Dramen und Aktivitäten, die ihre Lebensberechtigung darstellen. Die von der Seele erfüllte Persönlichkeit andererseits bewegt sich bereits jenseits der Illusion des Getrenntseins, sie lernt, sich im Sein wohl zu fühlen.

Ein Partner beginnt nun, den Namen für diesen Aspekt des anderen herauszufinden. Da unsere Primäridentität normalerweise in unserer Persönlichkeit begründet ist, verwenden wir meist den eigenen Namen. So sagt beispielsweise mein Partner zu mir: „Kiara, sag mir, wer du bist.“ Und ich antworte mit etwas, das mir dazu einfällt und in diesem Moment passend erscheint. Ich versuche dabei nicht, grundlegende Wahrheiten zu finden, es geht nur um das, was im Moment für mich Bedeutung hat. Ich nehme mir fünf Minuten Zeit, um das auszudrücken, dann tauschen wir die Rollen. Das machen wir ein Mal oder öfters (bis zu vier Mal), je nachdem wie viel Zeit wir haben. Die Persönlichkeit funktioniert normalerweise im Beta- Bereich der Gehirnwellen. Da sie die Frequenz des Wachbewußtseins ist, braucht es für dieses Fragespiel keine besondere Vorbereitung.

Der nächste Schritt dient der Erforschung des Körper-Elementarwesens. Es ist ein Aspekt, den wir vielleicht als unterbewußt bezeichnen wollen, es ist das „unihipili“ der Kahunas. Es gehört zum Deva-Bewußtsein und ist mit der Funktionsfähigkeit und dem Bewußtsein des physischen Körpers eng verbunden. Es ist wie ein Djinn und reagiert auf Glaubenssysteme und Ideen, welche im Mental- und Emotionalkörper des Selbst der Persönlichkeit verankert sind, auch wenn wir selbst gar nicht wissen, welche Systeme und Ideen dies sind. Da wir normalerweise so viele gegensätzliche und selbstverleugnende Glaubensstrukturen, Bedürfnisse und Wünsche in uns tragen, ist unser elementares Bewußtsein meist verwirrt und zieht sich zurück. Wird es jedoch respektiert und ihm sein ihm entsprechender Platz eingeräumt, dann sind wir imstande, unsere Herzenswünsche einfach und wie mit Zauberkraft in bester Gesundheit zu leben.

Auch hier beginnt unser Partner damit, einen Namen für diesen Aspekt des anderen zu finden. Mein Körper-Elementarwesen nennt sich selbst gern „Kleiner Pan“ Also würde in diesem Fall mein Partner zu mir sagen: „Kleiner Pan, sag mir, wer du bist.“ Ich versetze mich in den Alpha-Zustand, fühle in sein Bewußtsein hinein und dann verleihe ich ihm Stimme und sage, was in diesem Augenblick passend und wichtig ist. Ich spreche fünf Minuten lang, dann wechseln wir. Wir üben dies ein bis vier Mal, je nachdem, wie viel Zeit wir haben. „Du kannst alles, was deinen Körper angeht, verändern,“ hat mir mein Körper-Elementarwesen einmal gesagt. „Du kannst deine DNA verändern und eine völlig neue Spezies erschaffen. Die einzige Einschränkung liegt in dem, woran du glaubst. Wer sagt, daß der Körper sterben muß? Wer sagt, daß der Körper Nahrung braucht, um sich am Leben zu erhalten, oder Luft, um atmen zu können? Wenn du mich kennenlernst, betrittst du die Bereiche der Magie. Wir lieben die Spiele der Magie – willst du mitspielen?“

Als drittes erforschen wir das Traumselbst. Das Traumselbst ist ein Bote, der die anderen Anteile des Selbst miteinander in Verbindung hält. Man nennt es auch das astrale oder strahlende Selbst, weil es einen Lichtkörper um sich entstehen läßt. Im Wachbewußtsein ist das Traumselbst meist mit der Persönlichkeit verschmolzen. In meditativen-, schamanischen- oder Traumzuständen kann es andere Welten, andere Dimensionen bereisen.

Es kann sich auf das Körper- Elementarwesen einstimmen und damit Informationen von überall in den „unteren Welten" erhalten. Es kann sich auch auf die Seele einstimmen und hat damit Zugang zu Informationen aus den „oberen Welten" Das voll ausgebildete Traumselbst kann physisch an zwei oder mehreren Orten zugleich sein und das Wachselbst ist imstande, sich an diese Erfahrungen zu erinnern.

Ein Partner beginnt jetzt, die Traumselbst-Identität des anderen zu entdecken, und spricht die gleiche Bitte aus wie zuvor. So würde mein Partner zu mir sagen: „Windrider, sag mir, wer du bist." Hier geht Ihr in den Zustand der Theta-Wellen, der dem Traumzustand entspricht. Konzentriert Euch auf den Klangstrom oder auf den Seelenstern, während Ihr ein paar Mal kreisförmig atmet, und bringt Euch so in den Theta-Zustand. Ruft dann in diesem Bewußtseinszustand Euer Traumselbst und laßt es durch Euch sprechen. Wie zuvor hat jeder ca. fünf Minuten dafür Zeit (bis zu vier Mal).

Die Verbindung mit dem Körper-Elementarwesen kann durch eine Zellentgiftung und bewußtes Atmen gefördert werden, weil damit die ätherische Vitalkraft wiederhergestellt wird. Sich in der Natur aufzuhalten und mit den Elementen zu arbeiten ist ebenfalls hilfreich.

Die Verbindung zum Traumselbst kann gleichermaßen verbessert werden, wenn man eine emotionale Entgiftung durchführt, wenn man Wahrträume übt und die Aura stärkt. Visualisieren, Arbeit mit Farben und das Anrufen der Hilfe, die aus den Reichen der Engel und der Natur kommt, führt dieser Verbindung ebenfalls Energie zu. Wir müssen begreifen, daß dem Wachselbst nur eine begrenzte Menge an „menschlicher Energie" zur Verfügung steht. Wird diese Energie durch Chaos, Sorgen oder die wahllose Anwendung von Drogen oder Sexualenergie geschwächt, bleibt nichts mehr übrig, um eine Verbindung zum Traumselbst herzustellen.

Nach der Kontaktaufnahme zur Persönlichkeit, zum Körper-Elementarwesen und zum Traumselbst, kommt jetzt die Verbindung zur Seele. Die Seele ist jener Aspekt von Euch, der sich wie ein roter Faden durch viele Lebenszeiten hindurch zieht. Sie wohnt auf den höheren kausalen und mentalen Ebenen, und ist, was die Kahunas als „aumakua" bezeichnen. Zeit, Raum und das Gefühl der Dimensionen verhalten sich hier anders. Die Seele erfährt die Realität gleichzeitig durch viele parallele Inkarnationen und Zeitzonen; sie sammelt auf ihrer Reise durch materielle, astrale, mentale und kausale Welten ihre Erfahrung an Mitgefühl, Stärke und Weisheit. Sie bewegt sich ohne Unterlaß in immer höhere Regionen der Kreativität und des Dienens.

Der Vorgang zum Dialog ist gleich wie bei den anderen Aspekten. Die Seele ist über die Delta-Schwingung erreichbar. Viele Menschen brauchen lange Zeit, um vollständigen Zugang zu finden. Ihr könnt aber damit beginnen, daß Ihr bei dieser Partnerarbeit Eure Seele anruft und ihr Eure Stimme leiht, egal, ob Ihr diesen Frequenzbereich tatsächlich zur Gänze erfahren könnt oder nicht.

Der fünfte Schritt bringt Euch zur Eurer Monade, zur ICH BIN - Gegenwart, dem Gott-Selbst. Dieser Aspekt von Euch ist jenseits von Zeit und Raum zu Hause, er ist vollkommen in der Liebe, der Weisheit, dem Bewußtsein und der Kraft. Wenn diese Ebene das Selbst durchdringt, dann kommt es zu enormen Veränderungen in den niederen Körpern. Dies geschieht sehr oft in den höheren Seelen-Initiationen (siehe Kapitel 10). Wenn Euch ein guter Kontakt zu Eurer Seele geglückt ist, dann ist vielleicht

Partnerarbeit angesagt, bei welcher Ihr Euch still anseht, und nur Eure Seelen miteinander kommunizieren. Ihr öffnet Euch immer tieferen Delta-Frequenzen und laßt die Monade kommen. Wenn wir alles, woran unsere Persönlichkeit hängt, loslassen und direkt die Wahrheit dessen, was wir sind, erfahren wollen, gibt es oft eine Spontanreaktion, in der uns Gnade und geeintes Bewußtsein geschenkt werden. Für die Kahunas ist das der „Poe Aumakua", der große Vater-Gott.

Jedes dieser Identitätszentren scheint mit einem anderen Chakra in Verbindung zu stehen: das Körper-Elementarwesen mit dem Perineum- oder Wurzelchakra, das Traumselbst mit dem Nabel- oder Sakralchakra, die Persönlichkeit mit dem Herzen, die Seele mit der Zirbeldrüse im Dritten Auge, und die Monade mit der vollständigen Öffnung des „tausendblättrigen Lotus" im Kronenchakra.

Wenn man mit dem Lichtkanal arbeitet, um alle Chakren miteinander in Einklang zu bringen, ist dies ebenfalls ein guter Weg, um sich in das geeinte Selbst zu integrieren.

34. Vereinigungs-Meditation

Diese Meditation dient dazu, alle fünf Aspekte unseres Seins mit Hilfe der sieben Existenzebenen miteinander zu vereinen.

Wir wiederholen unsere Absicht, uns zur Gänze an das zu erinnern, was wir sind und es auch zu leben. Wir fixieren diese Absicht tief in unserer Zellmatrix und in unseren DNA–Codes. Wir bestätigen unsere Absicht, unseren Lichtkörper mit unserem physischen Körper zu verbinden, damit unser Geist zur Form werden kann, die ihrerseits wieder zum Geist wird. Wir bitten um die Angleichung des physischen, ätherischen, astralen, emotionalen, mentalen, des intuitiven und kausalen Körpers, und um die Verschmelzung aller unserer Seinsaspekte zu einer von Gott durchdrungenen Persönlichkeit.

Wir bitten unser Höheres Selbst und unsere heiligen Geometrien mit uns zu sein. Wir bitten unsere Führer, unsere Lehrer, die Engelwesen, die mit uns arbeiten und die Heilengel, sich unserem Kreis anzuschließen. Des weiteren bitten wir auch die Aufgestiegenen Meister, die Sternennationen und alle, die hier anwesend sind, uns in unserer

Entwicklung beizustehen. Wir rufen die Heiligen und Avatare und alles, was in uns ist und die Qualität des zukünftigen Avatars besitzt.

Wir bitten alle Reiche der Erde, sich uns anzuschließen, die Minerale, die Pflanzen und das Tierreich, ebenso wie die Devas und Feen, die mit jedem einzelnen von ihnen arbeiten. Wir rufen die Delphine, die Wale und den „Großen", den weißen, aufgestiegenen Wal, welcher die Überseele des Reiches der Wale ist. Wir rufen die Erzengel Michael, Gabriel, Raphael und Uriel, die Fürsten des Reiches der Elementare. Wir rufen den Erzengel Metatron, in dessen Händen die heiligen Geometrien unseres Erwachens liegen. Und wir rufen unser Körper-Elementarwesen, damit es unsere biologische Vernetzung im Dienste des Einen harmonisiere.

Verbindet Euch jetzt mit Eurem Atem mit der Mutter Erde, nehmt Vitalität und Lebenskraft durch den Lichtkanal auf, der vom Zentrum der Erde, durch Eure Füße, in Euren Körper und in Euer Herz verläuft. Wenn Ihr in die Erde ausatmet, laßt allen Widerstand, alles Unverständnis, alle Angst gehen, kurz alles, was Ihr jetzt loszulassen bereit seid, wie Gedankenformen, die Euch nicht mehr dienlich sind. Laßt sie zurücksickern in das Zentrum der Sonne im Inneren der Erde, damit sie dort durch die Violette Flamme umgewandelt werden.

Atmet kreisförmig. Atmet nun vom Zentrum der Erde in Euer Herz, dann atmet aus hinauf zur Sonne und zu den Sternentoren, die jenseits unserer Sonne sind. Seht, wie Ihr Euch mit Alcyone, Sirius und Arcturus verbindet. Seht, wie Ihr dann Kontakt aufnehmt mit unserem galaktischen Zentrum, dann mit dem Zentrum von Andromeda, unserer Zwillingsgalaxis, mit der kosmischen Sonne dieser Dimension und letztlich, durch alle Dimensionen hindurch, mit dem Ursprung der Schöpfung.

Wenn Ihr jetzt einatmet, laßt alle Codes und Frequenzen der großen Zentralsonne der kosmischen Schöpfung durch die Sternentore in Euren Körper gelangen. Jetzt atmet aus und erfüllt Euren Körper und Eure Aura mit diesen Energien. Innerhalb unserer Atmosphäre ist schon oft das explosionsartige Eindringen von Gammastrahlen entdeckt worden, deren jedes der Pulsschlag einer neuen Schöpfung ist. Neue Energien aus dem galaktischen Zentrum strömen auf unseren Planeten herab – sie beeinflußen unsere Frequenz, sie bringen neue Evolutionsschübe auf der Erde und erfüllen langsam das morphogenetische Feld, damit es imstande ist, unsere Göttlichkeit auszudrücken.

Fühlt, wie diese Frequenzen durch Euren Körper fließen, und wie sie den Lichtkanal mit Energie erfüllen. Bereitet Euch jetzt auf die Arbeit mit den fünf Chakren vor, welche direkt mit den fünf Aspekten Eures Seins zusammenhängen. Stellt Euch eine Achterschlinge vor, eine Unendlichkeitsspirale, die ihren Kreuzungspunkt in Eurem Herzen hat. Laßt sie vorwärts und wieder rückwärts gehen - ein unendlicher Kreislauf, der alles, was hinter Euch liegt und was vor Euch liegt, was bewußt und unbewußt ist, harmonisiert.

Registriert ein weiteres Unendlichkeitszeichen in Eurem Hara, der Nabelregion, welches dem Traumselbst Energie verleiht und ihm ermöglicht, in größerer Freiheit zu reisen. Wie mit der Unendlichkeitsspirale im Herzbereich, stellt Ihr Euch auch hier die Vorwärts- und Rückwärtsbewegung vor, die Verbindung zwischen dem, was war und dem, was sein wird. Das nächste Unendlichkeitszeichen ist in Eurem Dritten Auge, und es bewegt sich ebenfalls vorwärts und rückwärts. Neue Informationen werden aus Eurer Seele in Euer Bewußtsein gebracht. Registriert eine Unendlichkeitsspirale in Eurem Wurzelchakra; sie läuft vorwärts und rückwärts, erfüllt das Körper-Elementarwesen mit Energie, bringt neues Zellverständnis in den Geist Eurer Zellen und verbindet Euch mit der lebendigen Kraft der Erde. Zuletzt seht die Unendlichkeitsspirale, welche sich in Eurem Kronenchakra befindet und

Euer Energiefeld stärker der ICH BIN - Gegenwart öffnet. Sie gewährleistet auch die Integration der vorderen Gehirnlappen im limbischen System.

Beobachtet jetzt, wie sich die Unendlichkeitsspiralen in jedem der Zentren, Herz, Hara, Drittes Auge, Wurzel- und Kronenchakra, seitlich bewegen. Damit wird männlich / weiblich, linke Hirnhälfte / rechte Hirnhälfte, linear / holistisch integriert.

Seht jetzt, wie die Achterschlingen senkrecht von einem Zentrum zum anderen verlaufen und damit alle fünf Zentren miteinander verbinden. Wenn Ihr das fühlen könnt, seht, wie sich dies leicht verdreht, so daß sich eine Helix, eine Spiralform bildet, die in ihrer Dreidimensionalität ähnlich der DNA ist. Diese Helix verläuft jetzt durch Euren Zentralkanal. Probiert aus, wie weit sie sich verdrehen läßt, bis an einer Stelle eine Art Lichtexplosion stattfindet und alle Eure Chakren voll Licht und Leben sind.

Bringt Eure gesamte Aufmerksamkeit jetzt zur Medulla, in der Rückseite Eures Kopfes. Seid voll in diesem Bereich und laßt alles andere los. Verbindet Euch jetzt aus diesem Zentrum, das Eure Verbindung zur Seele der Erde ist, mit der Seele der Erde. Der Vorgang ist ein bloßes Zulassen, Ihr braucht Euch nicht anzustrengen. Nehmt in diesem Kreis des Bewußtseins jede Zelle wahr, die in Eurem Körper ist, aber auch jede, die sich im Körper der Erde befindet. Fühlt Euch als Körper der Erde und verbleibt darin in Stille so lange Ihr dies wünscht.

35. Die Begegnung mit dem Karmischen Rat

Der Karmische Rat ist ein Teil des planetaren Rates für die Erde. Er überwacht die Entwicklung, die jeder einzelne von uns durchmacht, aber auch die des Kollektivs. Karma ist das Gesetz von Ursache und Wirkung. Wenn wir Vergangenheitsthemen haben, die noch nicht bewältigt worden sind, dann hindert uns dies daran, in unseren vollen schöpferischen Ausdruck zu gelangen. Wenn uns die Gnade zuteil wird, dann helfen uns die Fürsten des Karma dabei, disharmonische Muster auszugleichen, die wir bereit sind, gehen zu lassen. Das funktioniert sowohl auf der persönlichen wie auf der planetaren Ebene. Der Karmische Rat tritt jedes Jahr während der ersten elf Tage des Februar und an hohen Feiertagen, wie den Tag- und Nachtgleichen oder den Sonnenwenden zusammen, um unseren Fortschritt zu bewerten und unser künftiges Schicksal zu steuern. Sie möchten, daß wir daran teilnehmen und reagieren durchaus auf unsere Wünsche und unsere Absicht. Diese Meditation kann während einer solchen Zusammenkunft durchgeführt werden:

Wir konzentrieren uns gemeinsam auf diesen Tag, wir sind vereint in unserem Ziel und unserer Absicht für das Erwachen aller Anteile in uns und für das Ausleben dieser Anteile zu jeder Zeit. Wir rufen unser Höheres Selbst und bitten, daß es sich durch uns darstelle, bis hinunter zur Zellebene. Wir bitten die große Zahl der Wesen, welche so gerne mit uns arbeiten und ein Teil unseres persönlichen wie kollektiven Lebens sein möchten, daß sie sich uns anschließen. Diese Wesen haben bereits Hunderte, Tausende, Hunderttausende und Millionen Jahre an der Entwicklung der Erde mitgewirkt.

Wir rufen die Erzengel und die Engel. Michael, die Essenz des kosmischen Feuers, Gabriel, die Essenz der Luft, Raphael, die Essenz des heilenden Wassers und des Lichtes sowie Uriel, der das morphogenetische Feld der Neuschöpfung der Erde in Händen hält. Wir rufen Metatron, in dem sich die archetypischen Pläne und heiligen Geometrien unserer Schöpfung vereinen.

Wir rufen die Aufgestiegenen Meister des Lichtes. Das Licht, welches ich meine, ist das eine und einzige jenseits der Dualität von Dunkel und Licht. Wir rufen den kosmischen Christus, die Fürsten der Zeit, und die Sternennationen, welche die Geburtshelfer des Neuen Zeitalters für uns sind.
Oh Schöpfer und Mutter des Kosmos, wir leben, wir bewegen uns und sind in dir und durch dich. Wir danken dafür, daß wir in diesem Körper sein dürfen und daß diese wunderbare Erde uns trägt. Wir danken dir, Mutter Erde, für alle Gaben der Schöpfung und für alle Wesen, die mit dir zusammenarbeiten, die Elohim, die Drachen, die Devas, die Naturgeister, die Feen, die Zwerge, die Luftgeister, die Salamander und alle Elementare.
Wir erkennen uns als einen Teil des Ganzen, als einen Teil des großen, vernetzten Systems von Leben und Schönheit. Wie sind heute als Menschenfamilie zusammengekommen – wir, hier in dieser Gruppe, mit der Verbindung zu all unseren Lieben und zu jenen, die wiederum mit

ihnen verbunden sind, bis jedes Mitglied dieser menschlichen Familie mit eingeschlossen ist. Wir bestätigen unsere Identität als globale Familie, als kollektive Seele, als Weltseele, und wir bestätigen unsere Absicht, uns als Christusbewußtsein innerhalb dieser kollektiven Seele voll zu verkörpern. Wir bestätigen unsere Absicht zur Mithilfe beim Aufstieg für Mutter Erde.

Wir atmen jetzt durch den „Lichtkanal", der Himmel und Erde verbindet. Wenn Euer Atem diesen Lichtkanal berührt, dann atmet von der Erde hinauf in Euer Herz und wieder zurück in die Erde – bis sich die Verbindung solide anfühlt. Dann atmet von der Sonne über Euch ein, hinunter bis in Euer Herz und wieder zurück, hin und her. Wenn die Verbindung stark genug ist, führt Euren Atem von der Erde zur Sonne und wieder zur Erde. Bringt mit der Einatmung das Licht von über Euch und unter Euch in Euer Herz, und strahlt es mit der Ausatmung aus, um damit Euer Energiefeld zu heilen, auszugleichen und auszudehnen. Fühlt, wie sich Eure Aura 90 bis 120 cm weit um Euch ausdehnt und umgebt sie mit einer Hülle regenbogenfarbenen Lichtes.

Wir rufen den Rosen-Deva und bitten, daß er uns mit einer ganzen Schicht Rosen bedecke, damit wir uns mit der Essenz der Rose verbinden, welche die höchste Frequenz innerhalb der uns bekannten Pflanzenreiche hat. Registriert, wie sich die Energie verändert.

Jetzt bitten wir darum, daß jede Zelle unseres Körpers zur höchsten Liebesfrequenz erwache. Damit können die DNA-Ketten, die in jeder unserer Zellen sind, sich der höheren Aktivierung öffnen.

In dieser erweiterten Präsenz nehmt Euch jetzt die Zeit, Eure Absichten, Gebete und Vorsätze für diesen Zeitpunkt genau zu betrachten. Wir rufen all unsere Lehrer und Führer. Wir rufen die Fürsten des Karma und sprechen laut aus, was unsere Absichten für dieses Jahr sind. Wir bitten, daß uns Unterstützung auf allen Ebenen gewährt

werde und daß alle Wesen uns bei der Umsetzung unsere Absichten behilflich seien. Wenn Ihr den Antrieb dazu in Euch fühlt, sprecht Euer Gebet bzw. gebt der Gruppe bekannt, was Euer Vorsatz oder Eure Absicht ist.
(Nehmt Euch dafür ausreichend Zeit.)

Wir leben in einer Zeit, in der das Schicksal der Erde entschieden wird, ebenso wie das Schicksal jedes einzelnen, gemäß seiner besten Möglichkeiten. Und so bitten wir die Fürsten des Karma, daß sie alle karmischen Fäden loslassen, welche uns davon abhalten, die höchste Form unseres Schicksals zu erfüllen – alles, was unsere Zellen, unseren Verstand, unsere Gedanken, Emotionen und Körper blockiert. Wir sagen, daß es jetzt an der Zeit ist, alte, hinderliche Muster loszulassen, Muster, die uns davon abhalten, das zu sein, was wir wirklich sind. Wir bestätigen unsere Bereitschaft, Eigeninteressen und alte, menschliche Dramen, mit denen wir uns an das Gesetz des Karma fesseln, loszulassen und bitten, daß uns statt dessen die Gnade erfülle. Wir bitten den Engel der Gnade, zu uns zu kommen.

Für unseren Planeten erflehen wir, daß all die großen kollektiven Träume sich jetzt, an der Schwelle zur vierten und fünften Dimension erfüllen mögen. Wir suchen den Übergang und die Transformation auf vielen verschiedenen Ebenen – im sozialen Umfeld, der Wirtschaft, der Politik und der Umwelt – und wir bitten, daß dies alles mit Hilfe der Gnade geschehe. Mögen alle Wesen glücklich sein. So sei es.

36. Die Himalaja-Initiation

Ich möchte dieses Buch gerne mit einer Initiations-Reise beenden. Es gibt viele Aufgestiegene Meister, die aus dem Himalaja stammen und für viele Menschen ist diese Gebirgskette das Kronenchakra der Erde. Die Trans-Himalaja-Bruderschaft ist in dieser Region als Helfer zur Seelen-Initiation sehr tätig. Dies ist der Grund, warum wir dorthin reisen:

Wir verbinden uns jetzt als Gruppsenseele und lassen eine Gruppen-Merkabah entstehen. Wenn Ihr fühlt, daß das Feld der heiligen Geometrien dieser Merkabah sich aktiviert, registriert die Veränderung in der Energie. Wir werden diese Merkabah nutzen, um uns in den Himalaja zu versetzen, in eine Region mit Namen Badrinath, ein heiliges Tal in den Bergen, die Heimat des unsterblichen Yogis Babaji. Wenn Ihr dorthin reist, spürt die Kühle, spürt den süßen Duft und die Ruhe der Gebirgsluft, hört die Stimmen der unzählbaren, bunten Vögel. Die Gegend ist auch unter dem Namen „Tal der Blumen" bekannt, und es gibt hier Blumen in enormer Vielzahl und in den schönsten Farben.

Um das Tal stehen schneegekrönte Bergriesen – wir finden uns in dem Tal in einem Kreis zusammen, wir lauschen der Erde, dem Wind, der tiefen Stille und plötzlich zeigt sich in der Mitte unseres Kreises eine schimmernde Gestalt. Es ist Meister Jesus, und wir fühlen, wie unsere Herzen jauchzen vor Freude über die Begegnung mit diesem wunderbaren Wesen, das uns die Liebe und das Mitgefühl gelehrt hat, und den Weg der Meisterschaft. Es ist wie ein gegenseitiges Erkennen: Wir ehren ihn und er ehrt uns. Und er spricht: „Ich habe Euch in dieses heilige Tal eingeladen, zu einer geheiligten Zusammenkunft, damit wir eine Zeremonie durchführen, in der Ihr noch klarer erfahrt, wer Ihr seid, wie Ihr Eurer Meisterschaft näher kommt, und wie Ihr, ein für allemal, die Schleier des Unglaubens loslassen könnt, die Euch daran hindern, das Selbst zu erkennen, welches Ihr bereits seid."

Und wir gehen mit ihm mit – so wie einst seine Jünger in Galiläa – und wir betrachten die Schönheit um uns, wir lauschen den Klängen, nehmen den Duft wahr, hier in diesem Tal der unfaßbaren Schönheit. Wir empfinden in seiner Gegenwart eine enorme Leichtigkeit. Wir kommen an einen kleinen Fluß. Er ist nicht sehr tief und eiskalt, da er das Schmelzwasser der Gletscher, die um das Tal sind, mitführt. Wir durchqueren ihn, um das andere Ufer zu erreichen – das kalte Wasser versetzt uns einen Schock plötzlicher Kälte und danach einen erfrischenden Schauder der Lebendigkeit. Dieser Fluß ist anders als alle anderen.

Er hat einen goldenen Schimmer, eine elektrische Qualität. Alle unsere Körper, der Äther-, der Mental- und der Emotionalkörper, werden, da wir diesen Fluß durchqueren, von Elektrizität erfüllt. Auch der kleinste Rest von Streß, Mangel, Angst, Anspannung, Enge und Begrenzung verschwindet. Unser Atem wird tiefer und voller. Wir atmen Prana ein, direkt durch unser Kronenchakra und durch die Haut – goldenes Prana aus dem Fluß und aus jedem Partikel Luft, die um uns ist. Wenn wir am anderen Ufer ankommen, ist jede Zelle, jedes Atom erfüllt von einer neuen Schwingung. Es ist, als könnten wir uns in die Lüfte erheben. Auch unsere Bekleidung hat sich auf wunderbare Weise verändert. Jeder von uns trägt ein schimmerndes Lichtgewand. Voll Erstaunen gehen wir weiter, bis wir eine Felswand am Ende des Tales erreichen. Plötzlich öffnet sich dort ein Tor, das vorher nicht zu sehen war. Jesus führt uns durch dieses Tor in einen Tunnel, dessen Wände aus Fels und Kristallen bestehen und wie von innen heraus leuchten. Laternen oder Fackeln brauchen wir nicht. Der Durchgang ist mit jeder Art von Kristall oder Edelstein besetzt, die man sich nur vorstellen kann. Unter der Felsoberfläche verlaufen Goldadern, die unserem ätherischen Körper Nahrung geben. Wir stimmen uns auf die hohen Schwingungen ein, welche durch die Präsenz von Jesus hervorgerufen werden und aus den Kristallen und Felsen um uns strömen, und wir sehen, wie wir uns immer mehr in unseren strahlenden Körper diamantenen Lichts verwandeln.

Der Gang endet in einem riesigen Saal, der von nicht irdischem Licht erfüllt ist und in dem sich Wesen befinden, welche in konzentrischen Kreisen um einen Mittelpunkt versammelt sind. Wir werden bis in das Zentrum geführt. Wir bilden hier unseren eigenen Kreis, dessen Mittelpunkt Jesus ist. Plötzlich manifestiert sich ein weiteres Wesen im Mittelpunkt unseres Kreises. Es ist Babaji, der sich vor unseren Augen materialisiert. Er spricht kein Wort, doch seine Präsenz ist voll Licht und Schönheit. Er ist der Lehrer viele Meister gewesen, und kann Lehrer und Initiationsmeister für jeden von uns sein. Sein durchdringender Blick ruht auf uns, er sieht die Aufzeichnungen aller unserer Leben und unserer Aufgaben seit Anbeginn der Zeit. Jedes Gefühl des Unwertes und der Selbstverurteilung löst sich angesichts seines strahlenden Mitgefühls in Nichts auf.

Nun erscheint ein drittes Wesen in unserer Mitte. Es ist Sanat Kumara, der Fürst der Welt, das Höhere Selbst der Erde. Er hält einen Stab in seinen Händen, den Stab der Initiation. Mit seiner Hilfe erweckt er das kosmische Feuer in uns, das alle unseren niederen Körper durchdringt und sie mit dem Licht des Höheren Selbst und der ICH BIN - Gegenwart durchströmt. Um uns herum stehen unendlich viele Meister, Engel und kosmische Wesen. Sie strahlen ihre eigene Energie aus, ihren Segen, ihre Dankbarkeit und ihr Loblied für diesen heiligen Augenblick. Wir sollen die Initiation zur Weißen Bruderschaft erfahren. Zu einer Bruder- und Schwesternschaft, die sich auf der Erde und in allen Galaxien befindet. Im Augenblick konzentriert sie sich speziell auf die Erdebene und den Auftrag des planetaren Aufstiegs, den wir bewirken sollen.

Sanat Kumara spricht: „Wir, die wir im Lichte sind, bieten Euch nun diese Initiation dar, welche schon seit Jahrhunderten auf Eure Erde denjenigen angeboten worden ist, die sich für wert befunden haben – nicht wegen ihrer Taten, sondern wegen ihrer Verbindung zum göttlichen Funken in ihrem Inneren. Wir bieten Euch dieses kosmische Feuer an, das jede Zelle, jede Struktur Eures Wesens durchdringen kann. Dies ist unser Angebot – seid Ihr bereit, es anzunehmen?"

Und er fährt fort: „Dieses kosmische Feuer ist das Elixier des Lebens, der Quell der Jugend, der heilige Gral. Es ist die reine, elektrische, kosmische Energie, welche Eure erwachte Kundalini durch Euren gesamten Körper fließen läßt. Durch sie erwacht Ihr zur vollen, bewußten Erfahrung Eures wahren Ich und sie befähigt Euch für einen größeren, planetaren Dienst. Ihr werdet eine tiefere, bewußtere telepathische Verbindung mit uns, den restlichen Mitgliedern der Weißen Bruderschaft erleben. Viele Jahrhunderte habt Ihr auf diesen Augenblick gewartet. Immer wieder sind Aspekte von Euch angekommen – doch wenn Ihr es wünscht, können jetzt alle Eure Aspekte in die Ganzheit und Einheit gelangen. Ich frage Euch: Wollt Ihr diese Initiation der erleuchteten Kraft erhalten? Wollt Ihr mit uns den Weg des planetaren Dienstes gehen? Wollt Ihr der Mutter dienen und ihren Dienst empfangen?"

Sanat Kumara bittet Euch, wenn Ihr wollt, selbst etwas dazu zu sagen: Drückt Eure Akzeptanz, Euer Versprechen, Eure Wünsche aus, was immer Ihr wollt. Eure Worte werden aufgezeichnet. Wofür Ihr Euch jetzt entscheidet, wird von der gesamten Legion des Lichtes unterstützt.

(Vielleicht möchte jetzt jeder im Kreis etwas dazu sagen.)

In der großen Stille danach findet diese innere Initiation statt – eine Initiation, die durch den Klangstrom bewirkt wird. Konzentriert Euch auf diesen Klangstrom. Es fließt etwas durch Euch, das Euch stark macht. Es kommt ein heller Lichtstrahl, im Inneren wie im Äußeren, der durch alle Körper jedes einzelnen von Euch hindurch geht. Nehmt es wahr, empfangt dieses Licht mit all seiner Tiefe und Fülle. Macht Eure Erfahrung so, wie dies zu diesem Zeitpunkt für Euch vorgesehen ist, dann setzt Eure Reise fort bis Ihr Euch vollständig fühlt. So sei es.

(Stille; laßt Euch ausreichend Zeit für Eure eigene Erfahrung).

Epilog

Vor vielen Jahren arbeitete ich im Pocket Ranch Institute, einem Heilzentrum in Kalifornien. Wir hatten dort regelmäßig einen „Story Day“ (Geschichten-Tag). Wir verbrachten einen ganzen Tag damit, die Teilnehmer in Partnerarbeit ihre Lebensgeschichte erzählen zu lassen. Sie wechselten sich dabei ab und als sie fertig waren, begann das Spiel von Neuem. Die Leute hörten einander zu, und ich bemerkte, wie sich die Geschichten veränderten. Schlußendlich kam es zu einer wahren „Entleerung“, d.h., die Teilnehmer waren imstande, ihre persönliche Geschichte loszulassen. Das ließ ein neues Selbstgefühl bei ihnen entstehen, das nicht so sehr auf den Dramen und Identitäten der Vergangenheit beruhte, sondern eher auf der freudigen Akzeptanz der Gegenwart. Diese Art ist übrigens für mich der Übergang von der Heilung der linearen Vergangenheit, wie dies in der Heilungsarbeit der dritten Dimension üblich war, zur Heilungsarbeit der vierten Dimension, welche sich darauf konzentriert, tiefer im ewigen Jetzt präsent zu sein – aber das ist eine andere Geschichte.

Die Inspiration, all dies niederzuschreiben, kam mir am Ende einer „Visionssuche" im Frühjahr 2001. Ich zögerte es hinaus, so lange ich konnte, doch als ich erst einmal begonnen hatte, übernahm etwas tief in meinem Inneren die Regie, und bevor ich recht wußte, wie mir geschah, hielt ich dieses Buch in Händen. Beim Niederschreiben fand auch bei mir eine „Entleerung" statt und ich habe das Gefühl, am Ende eines langen Erfahrungszyklus zu stehen, und daß der Beginn eines neuen Zyklus kurz bevorsteht. Wenn man ein Buch schreibt, verändert dies alles. Ich habe mir bekannte Leute beobachtet, die auch diesen Prozeß durchgemacht haben. Plötzlich sind sie ständig auf Reisen, signieren Bücher, halten Ansprachen, geben Seminare und treten bei „Oprah" auf. Ich habe gesehen, wie sie damit kämpfen, den Anforderungen gerecht zu werden, die das Leben in der Öffentlichkeit mit sich bringt.

Ich muß zugeben, daß mich ein Teil davon zu Tode erschreckt. Und doch gibt es, meiner Meinung nach, nichts Interessanteres, als einen Dialog mit anderen Menschen hier auf diesem Planeten zu beginnen, die ebenfalls an dem gemeinsamen Ziel arbeiten – mit ihnen Ideen auszutauschen, sich gegenseitig auf dem Weg zu unterstützen und gemeinsam unsere Träume zu verwirklichen. Ich habe mich oft auf diesem Weg sehr einsam gefühlt, so als wäre ich am falschen Ort und hätte falsche Ziele. Doch jetzt, wenn ich meine Seelenfamilie kennenlerne und die Vision der Zukunft mit ihr teile, weiß ich auch, daß ich nirgends im ganzen Universum lieber sein wollte, als hier!

Ich möchte damit sagen, daß es mir unendlich Freude machen würde, mit Euch, als Person, in Kontakt zu treten. Bitte schreibt mir, wie es Euch gefallen hat, was Ihr dabei fühlt, Anregungen, Wünsche und erzählt mir Eure Geschichte. Ich bin auch gerne bereit, Zusammenkünfte, Gruppen und Workshops zu leiten. In meinem tiefsten Herzen bin ich ein Zigeuner, ich liebe das Reisen, ich liebe es, Menschen etwas beizubringen und selbst zu lernen. Ich habe auch eine Maillist, die meine derzeitigen Wahrnehmungen, Diskussionspunkte und Forschungen aufzeigt. Ihr könnt Euch dem über kiara@doorwaytoeternity.com anschließen. Wie ich bereits angesprochen habe, ist eines meiner Ziele, ein Chrysalis-Netzwerk zu entwickeln, das innerhalb des „globalen Gehirns“ des planetaren Bewußtseins sehr stark zur Veränderung beitragen soll, und ich bitte Euch um Eure Mitarbeit. Vor der Morgendämmerung kommt der dunkelste Teil der Nacht, doch unser Weg in das „Zeitalter des Lichtes“ ist sicherlich einfacher, wenn wir ihn gemeinsam gehen.

Ich möchte auch noch kurz etwas zum spirituellen Weg sagen und dazu, daß wir uns dazu beglückwünschen sollen, daß wir so einzigartig sind. Viele Jahre lang habe ich mich immer mit anderen verglichen und habe meine eigenen Gaben und Auffassungen nicht ernst genommen. Die Yogis in ihren Höhlen haben mich fasziniert, und Meister, wie Jesus, die immer wieder sagten, daß wir die selbe Arbeiten leisten würden, wie sie und noch besser sein würden, als sie. Und doch, tief in meinem Inneren fühlte ich mich immer als spirituell Ausgestoßener. Die Erleuchtung war natürlich jedermann zugänglich, selbstverständlich hatten wir alle das Potential, Heiler, Wissende und Meister zu werden ... außer mir, wie mir eine kleine Stimme in mir immer zuflüsterte. Von Zeit zu Zeit höre ich dieses Stimmchen noch, aber ich höre ihm nicht mehr so oft zu und gebe ihm dadurch nicht mehr so viel Kraft. Ich spreche davon, weil dies ein sehr häufiges Thema zu sein scheint. Wir sind darauf konditioniert, „bescheiden“ zu sein, und unsere spirituelle Unabhängigkeit zugunsten aller anderen aufzugeben. Vielleicht gibt es Leute, die das auch mit diesem Buch tun.

Der Wahrheit, so wie ein anderer Mensch sie sieht, zu lauschen, speziell, wenn sie „gechannelt" wurde, und diesen Menschen dann auf ein Podest zu stellen und zu verehren, als käme er aus einer anderen Galaxis – das ist sehr, sehr einfach.

Wenn es etwas gibt, das ich in bezug auf das kommende Zeitalter sicher weiß, dann ist es dies, daß wir, jeder von uns, eine ganz spezielle Aufgabe zu erfüllen haben, daß jeder von uns ganz gleich wichtig ist, wie jeder andere, und daß jeder von uns die gleiche Fähigkeit besitzt, Licht, Liebe und Weisheit zu erlangen.

Wenn wir unsere Gaben verleugnen, verlieren wir alle. Wenn wir unsere Gaben nutzen, ist dies ein Gewinn für alle. Jeder von uns ist nicht mehr und nicht weniger als die höchsten Meister des Universums, denn es verbindet uns die gleiche ICH BIN - Gegenwart. Heute weiß ich, daß dies die Wahrheit ist. Unsere Reise hat letztlich damit zu tun, die Menschen um uns und uns selbst zu lieben und mit uns alle Spiegelbilder dessen, was wir in der Welt darstellen:

Was kann ich noch sagen?
Die Würfel sind schon längst gefallen,
in einer Welt lange vor der Zeit.
Ich liebe weil ich liebe,
ohne Grund, ohne Bedacht.
Ich liebe, weil ich es nicht anders kann.
Was soll ich sonst noch tun?
Erbitten, daß die Glut in mir gelöscht wird?
Erbitten, daß das Leben endet?
Der Falke kreist am Himmel,
ungehindert und frei,
ein Bote zwischen den Welten.
An manchem Tag bedauere ich mich selbst -
und doch trägt mich der Sturm
hoch in den Himmel! Immer!

Über Kiara Windrider

Kiara ist Psychotherapeut, Dichter, Astrologe, Heiler und Erforscher mystischer und schamanischer Wege. Er hat schon sehr viel in seinem Leben gemacht. In seiner Jugend ist er viel gereist und hat sich mit spirituellen Traditionen in Indien auseinander-gesetzt. Sein seit Jugendtagen bestehendes Interesse an der Heilung der Umwelt, am Frieden und an sozialer Gerechtigkeit veranlasste ihn, in den Fächern Friedensstudien und internationale Entwicklung am Bethel College, North Newton, Kansas, zu promovieren. Später beendete er ein Fachstudium in transpersoneller Beratungspsychologie am der JFK Universität in Orinda, Kalifornien, und arbeitete in einem alternativmedizinischen Zentrum für Psychiatrie, dem Pocket Ranch Institute, welches auf die Heilung emotionaler Traumata und das Erkennen spiritueller Fähigkeiten spezialisiert war.

Kiara hat verschiedene Formen der Massage erlernt und ist in Lichtarbeit, Atemarbeit, Hypnotherapie und hellsichtigem Heilen ausgebildet. Er arbeitet mit der jedem Menschen und jeder Lebensform individuell eigenen „Christusfrequenz", um spirituelle Einstimmung, Kommunikation und Heilung zu ermöglichen. Er hat einige Jahre in Mt. Shasta, Kalifornien und auf Hawaii verbracht, wo er zum ersten Mal Erfahrungen mit den Bereichen der Aufgestiegenen Meister machte und die Welt der Naturgeister, der Delphine und Wale erforschte. Im Jahre 1997 erhielt er sein MFT Diplom (früher MFCC). Kiara war immer wieder an planetaren und kosmischen Zyklen und ihrem Zusammenhang mit dem Weg des Erwachens interessiert. Er hat diese Studienrichtung von verschiedenen Perspektiven her ausgeleuchtet: vom

Schamanismus über Geologie, Futurismus, Geschichte und Astrophysik bis zu Prophezeiungen und Mystik. Diese Forschungen haben ihn zu der Überzeugung gebracht, daß wir als Kollektiv kurz davor stehen, einen evolutionären Quantensprung zu machen, der alle unsere Vorstellungen übersteigt.

Im Augenblick konzentriert er sich auf die inneren Technologien der planetaren Heilung, und auf das Chrysalis-Netzwerk, durch welches dem erwachenden Planeten neue Chancen geboten werden sollen. Kiara hält auf Wunsch Vorträge und leitet Retreats zum inneren Erwachen und um verschiedene Formen der Lichtarbeit zu lehren. Er nimmt gerne an „Sufi-Tänzen" teil und schätzt die direkte Arbeit mit Einzelpersonen, sofern ihm die Zeit dafür bleibt. Er lebt leidenschaftlich jeden einzelnen Augenblick und kennt nichts Schöneres, als Menschen dazu zu bringen, sich und ihren schönen Planeten mit wachen Augen zu betrachten und zu erkennen, wozu sie auf der Erde sind.

Man kann Kiara über kiara@doorwaytoeternity.com erreichen, und es würde ihn freuen, Rückmeldungen und Anregungen zu seinem Buch zu bekommen. Seine Website ist unter www.doorwaytoeternity.com zu finden. Kontaktiert ihn auch, wenn Ihr auf seiner E-Mail-Adressliste aufgenommen werden wollt, um die neuesten Artikel, Forschungsergebnisse und Diskussionsthemen zu erhalten.

Über die visionären Malerinnen

Delmary

Es ist Delmary gelungen, die Lasurtechnik der holländischen und flämischen Maler des 15. Jahrhunderts zu meistern. Ihre strahlende Ölmalerei drückt sehr tief und sehr persönlich ihre Einstellung zu Liebe und Licht aus. Ihr Freund und Bewunderer, Walter Lantz, Vorstand der Fachgruppe Zeichentrickfilme und Schöpfer der Figur „Woody Woodpecker", hat von ihr gesagt: „Ich bewundere Delmary schon seit vielen Jahren. Sie ist eine ausgezeichnete Malerin, die in ihren Bildern Herz und Seele einbringt. Sie hat einen einmaligen Stil, und ihr Einsatz der Farben und ihre Bildkomposition sind schlichtweg hinreißend."

Sie ist auf ungewöhnliche Art und Weise geehrt worden, so trägt z.B. ein Asteroid ihren Namen, wie auch die Namen von Kadinsky, Dali und Chagall für diesen Zweck verwendet worden sind. Der Delmary-„Stern" oder Asteroid, der genau genommen ein kleiner Planet ist, ist im Smithsonian in Washington, D.C. sowie im russischen Gegenstück dazu registriert. Die Münzanstalt Franklin Mint beauftragte Delmary, 12 Bilder für eine limitierte Ausgabe zu malen, die dann für Conservation International auf Platten graviert wurden. 38 ihrer Original- Ölbilder sind auf Postkarten und Posters reproduziert worden und werden weltweit vertrieben. Ihre Arbeiten fanden auch auf den Umschlägen von Zeitschriften und Büchern Verwendung. Delmarys Werke sind auch die Freude von Sammlern in der ganzen Welt; zur Zeit lebt sie in Scottsdale, Arizona, Tel.Nr.: 480-538-8976

Willow Arlenea

Willow Arlenea ist fasziniert von Malerei, Tanz, Natur, Mystizismus und Psychologie und ihre Bilder spiegeln Intensität, Spiritualität und die Liebe zu Ureinwohner-Kulturen in strahlenden Farbnuancen und fließenden Bewegungen wider. Geometrische Formen, Energieströme, Leuchtkraft, archetypische Bildsprache und ethnische Muster sind hier verbunden, um den Weg der Transformation, auf dem wir uns alle befinden, zu beschreiben. Das Fließen und die Multidimensionalität, welche in ihrem Werk immer wieder durchdringt, führt den Beschauer in subtile Erfahrungsbereiche ein. Willows Bilder sind so farbenfroh und vielfältig wie ihr Leben. Sie legte Prüfungen an der staatlichen Universität von Boise ab und erwarb den Magistergrad in transpersoneller Psychologie am Naropa Institue. Willows beruflicher Werdegang ist voller Wendungen: vom Unterricht an der Schule, über Aquarellmalerei und Entwerfen von ethnischen Tanzkostümen bis zu Faser- Wandbehängen, tragbarer künstlerischer Bekleidung, Masken und farbenfrohem Collage-Schmuck ist alles enthalten. Der neueste Höhepunkt ihrer künstlerischen Karriere ist eine verblüffende Serie lebhafter Acrylgemäde mit Collage.

Mit ihrer Farbpalette von strahlendem Rot, tiefem Amethyst, kühnem Rubinrot, Ultramarinblau und glitzerndem Gold gelingt es Willow, Kunstfertigkeit, die heiligen Energien der Natur und archetypische Symbole miteinander zu vernetzen. Wenn sie nicht beim Malen ist, arbeitet sie in ihrer Psychotherapie-Praxis in Sebastopol, Kalifornien.

Website: www.designsbywillow.com
E-mail: willow@designsbywillow.com

Bücher und Internetquellen

Ich möchte hier eine Liste ausgewählter Bücher und Webseiten, die mir sehr bedeutend waren, vorstellen.

Andrews, Lynn. *Medicine Woman*, lynnandrews.com

Argüelles, José. *Surfers of the Zuvuya, The Mayan Factor*, inlakech13@aol.com

Bernard, Raymond. *The Hollow Earth*, healthresearchbooks.com/Authors/raymond_bernard_1.htm

Braden, Gregg. *Awakening to Zero Point, Walking Between the Worlds, The Isaiah Effect*, greggbraden.com

Bradley, Marion Zimmer. *The Mists of Avalon, Lady of Avalon*, mzbworks.home.att.net

Brown, Jr., Tom. *The Quest, The Vision, Grandfather*, trackerschool.com

Caddy, Eileen. *The Spirit of Findhorn*, findhornpress.com/bio-4.htm

Capra, Fritjof. *The Turning Point, The Tao of Physics*, ecoliteracy. org/pages/fritjofcapra.html

Carey, Ken. *The Starseed Transmissions, Vision*, www.concentric. net/~Edmc

Carroll, Lee. *The Indigo Children; Kryon, vol. 1-8*, kryon.com

Castaneda, Carlos. *The Teachings of Don Juan, The Eagle's Gift*, castaneda.com

Cherry, Joanna. *Living Mastery, Self Initiations*, amilight.com

Chopra, Deepak. *How to Know God, The Return of Merlin*, deepakchopra.com

Clark, Nancy Anne. *Earth in Ascension*, energyhealing.com

Clow, Barbara Hand. *The Pleiadian Agenda, Chiron*, villagebooks-mtshasta.com/bookbybarhan.html

Cota-Robles, Patricia. *What on Earth is Going On?*, 1spirit.com/eraofpeace

Davidson, David, and H. Aldersmith. *The Great Pyramid: Its Divine Message*

Doreal. *The Emerald Tablets of Thoth-the-Atlantean*, hiddenmysteries.com/freebook/thoth/thothpre.html

Essene, Virginia. *New Bodies, New Cells, New Life*, www.seepublishing.com

Griffiths, Bede. *Return to the Center, The Marriage of East and West*, bedegriffiths.com

Hawken, Paul. *The Magic of Findhorn*, www.peace4all.com/html/findhorn.html

Hayes, Anna. *Voyagers, vol. 1 & 2*, educate-yourself.org/annahayes index.html

Hawkins, David. *Power vs. Force: The Hidden Determinants of Human Behavior*

Hazlewood, Mark. *Blindsided—Planet X Passes in 2003*, prep2003.com

Herman, Ronna. *On Wings of Light, The Golden Promise*, ronnastar.com

Hurtak, J.J. *The Keys of Enoch*, keysofenoch.com

Hutchings, Noah. *The Great Pyramid: Prophecy in Stone*, swrc.com

Jasmuheen. *Living on Light*, selfempowermentacademy.com

Jenkins, John Major. *Mayan Cosmogenesis 2012*, edj.net/mc2012/fourahau.html

Jon, Shahan. *Receiving the Cosmic Christ*, experience@mountshastatours.com

Kaku, Michio. *Hyperspace: A Scientific Odyssey through Parallel Universes, Time Warps and the Tenth Dimension* mkaku.org

Kenyon, Tom. *The Hathor Material*, tomkenyon.com

King, Godfre Ray. *Unveiled Mysteries, The Magic Presence, The I AM Discourses*, saintgermainpress.bnserve.com

Klein, Eric. *The Crystal Stair,* crystalbridge.net

Krystal, Phyllis. *Sai Baba: The Ultimate Experience,* phyllis@krystal.cnchost.com

LaViolette, Paul. *Earth Under Fire,* etheric.com

MacLean, Dorothy. *To Hear the Angels Sing,* lindisfarne.org/lhtml/329.html

Marciniak, Barbara. *Bringers of the Dawn, Earth,* pleiadians.com

Meadows, Dennis and Donella. *Beyond the Limits,* www.chelseagreen.com/Planet/BeyondTheLimits.htm

McChrist, Mary Clarice, *The Blessed Mother's Blue Rose of the Healing Heart,* www.mother-matrix.org

Meece, Alan. *Horoscope for the New Millennium,* california.com/~eameece

Melchizedek, Drunvalo. *Ancient Secret of the Flower of Life, vol. 1 & 2,* drunvalo.net

Milanovich, Norma. *We, The Arcturians,* athenalctr.com

Miller, David. *Connecting With the Arcturians,* cybertrails.net/groupofforty

Mindell, Arnold. *Working with the Dreaming Body, The Shaman's Body,* aamindell.net

Montgomery, Ruth. *Strangers Among Us, Aliens Among Us, Threshold to Tomorrow*

Moore, Michael. *Stupid White Men* michaelmoore.com

Morgan, Marlo. *Mutant Message Down Under*

Nidle, Sheldon. *We Are Becoming Galactic Humans,* paoweb.com

Nielsen, Ashleea. *Dolphin Tribe: Remembering the Human-Dolphin Connection,* hawaiivideosetc.com

Page, Ken. *The Way It Works,* kenpage.com

Patton, Richard G. *The Autobiography: of Jesus of Nazareth and the Missing Years*

Pereira, Patricia. *The Arcturian Star Chronicles, vol. 1-4,* beyondword.com/books/asc.html

Phalam, Peter. *Celestial Reunion,* pphalam@excite.com

Quan Yin, Amorah. *The Pleiadian Workbook: Awakening Your Divine Ka, Pleiadian Perspectives on Human Evolution,* amorahquanyin.com

Rain, Mary Summer. *Phoenix Rising: No Eyes' Vision of the Changes to Come*

Redfield, James. *The Celestine Prophecy, The Tenth Insight,* celestinevision.com

Roads, Michael. *Talking with Nature, Journey into Nature, Journey into Oneness*

Robbins, Dianne. *TELOS: The Call Goes Out from the Hollow Earth and the Underground Cities,* onelight.com

Royal, Lyssa. *The Prism of Lyra,* worldtrans.org/lyssa

Russell, Craig. *Ancient Mysteries Revealed,* soul-journey.com

Russell, Peter. *The Global Brain Awakens, A White Hole in Time,* peterussell.com

Saint-Exupery, Antoine de. *The Little Prince*

Satprem. *The Mind of the Cells*

Sheldrake, Rupert. *A New Science of Life,* sheldrake.org

Shyam, Radhe. *I Am Harmony*

Sitchin, Zecharia. *The Twelfth Planet,* sitchin.com

Spangler, David. *Revelation: The Birth of a New Age, Reflections on the Christ*

Spaulding, Baird. *Life and Teaching of the Masters of the Far East, vol. 1-6*

Stone, Dr. Joshua David. *The Complete Ascension Manual, Beyond Ascension, Soul Psychology, Hidden Mysteries, Cosmic Ascension,* drjoshuadavidstone.com

Stubbs, Tony. *An Ascension Handbook,* tjpublish@aol.com

Tashi-Ren, Tashira. *What is Lightbody?*

Timms, Moira. *Beyond Prophecies and Predictions*

Twyman, James. *Emissary of Light, Secret of the Beloved Disciple*, emissaryoflight.com

Vogt, Douglas, and Sultan, Gary. *Reality Revealed: The Theory of Multidimensional Reality*, www.wolfe.net/~archive/reality.html

Walsch, Neale Donald. *Conversations with God, vol. 1-3*, conversationswithgod.org

Ward, Suzanne. *Matthew, Tell Me About Heaven* and *Revelations for a New Era*, matthewbooks.com

Wright, Machaelle Small. *Behaving as if the God in All Life Mattered*, perelandra-ltd.com

Yogananda, Paramahansa. *Autobiography of a Yogi*, yogananda-srf.org

Yukteswar, Sri. *The Holy Science*

Zukav, Gary. *The Dancing Wu Li Masters, The Seat of the Soul, Soul Stories*, zukav.com

1spirit.com – An international directory of people, places, products, and services of spirit

Aquarian Age Information Center – v-j-enterprises.com

Aquarian Perspectives Interplanetary Mission – stardoves.com

Chrysalis Foundation – members.tripod.com/chrysalis_foundation – Catalyzing the evolutionary process of birthing the "Christ Conscious" Earth

crimsoncircle.com – The Classroom for the New Spiritual Energy of Earth

dreamweaving.com – 3-D sound environment, whales and dolphins

earthportals.com – exploring new metaphors of consciousness

Earth Rainbow Network – www.cybernaute.com/earthconcert2000

fifthwaymysteryschool.org – mystical science is the essence of the Fifth Way

globalfamily.net – Education and support for personal and planetary transformation

greatdreams.com – Dreams of the great Earth changes

Hathor Temple of Light and Sound Mystery School – hathortemple1313.com

hollowplanets.com – A feasibility study of hollow worlds

Institute for Global Communications – www.igc.org – Connecting people who are changing the world

lightparty.com – health, peace, and freedom for all

magicjourney.com – exploring and experiencing the inner realms of mind and the outer reaches of science

mountshastamagazine.com – New Age, Spiritual Health Magazine

operationterra.com – A new revelation on Earth changes, ETs, the end times, and the journey to the New Earth, Terra

ourhollowearth.com

Paul's Place – handpen.com

The School of Agni Yoga – agniyoga.net

SOULutions – www.soulutions.co.uk

spiritweb.org – Comprehensive web-site promoting spiritual consciousness

webdirectory.com – Earth's biggest environment search engine

wingmakers.com – Time capsule from a future version of humankind

worldpuja.org – Live Internet webcasts for peace

Ergänzungen

Rother, Steve. *Re-member: A Handbook for Human Evolution, Welcome Home: The New Planet Earth,* lightworker.com

Sri Aurobindo. *The Life Divine, The Future Evolution of Man*

Stone, Wistancia. *Invocations to the light* drjoshuadavidstone.com/wist/wistmain.html

Van Vrekham, Georges. *Beyond Man: The Life and Work of Sri Aurobindo and the Mother, Patterns of the Present*

Earth Rainbow Network - www.earthrainbownetwork.com

Timeofglobalshift.com - eine holistische, spirituelle Schau auf die gegenwärtige Situation der Erde und die Rolle, die jeder einzelne einnehmen kann, um die globale Transformation zu unterstützen.

Glossar

Aufgestiegener Meister – Jemand, dem es gelungen ist, den physischen und den Lichtkörper miteinander zu vereinen.

Aufstieg – Diese Bezeichnung hat persönliche wie planetare Komponenten. Gemeint ist hier der Vorgang des Anhebens der Frequenzen des physischen Körpers, so daß er sich mit seinem höher dimensionierten Gegenstück, dem Lichtkörper, verbinden und damit die normalen Beschränkungen eines Körpers der dritten Dimension überwinden kann. Der Ausdruck wird auch verwendet, um unseren Übergang vom Bewußtsein der dritten Dimension in das der vierten, fünften oder sechsten zu beschreiben. (Siehe **Verschiebung der Zeitalter)**

Aufstiegs-Gitternetz – Das höher dimensionierte Gegenstück zu den **planetaren** oder **Christusbewußtseins-Gitternetzen**, welche das für den persönlichen oder planetaren Aufstieg erforderliche **morphogenetische** Feld enthalten.

Atlantis – Ein Kontinent, der das Heim einer hoch entwickelten menschlichen Rasse war, und der angeblich vor 12 bis 13.000 Jahren aufgrund einer irregeleiteten Technologie versunken ist. Der Untergang von Atlantis kann auch mit dem Polsprung vor 12.400 Jahren zu tun gehabt haben.

Atman, Monade, Gott-Selbst oder ICH BIN - Gegenwart – Individualisierter Aspekt von **Brahman**, dem Schöpfer- Bewußtsein; er existiert jenseits aller Polarität.

Avalon – Ein Gegenstück zu Glastonbury, England, in der vierten Dimension. Man nahm an, daß es mit Hilfe der Magie der Druiden und Feen geschaffen worden war, um die Religion der Göttin vor den römischen Invasoren zu schützen.

Axiatonale Linien – J.J. Hurtak spricht in dem Buch *Die Schlüssel des Enoch* von diesen Energieströmen der höheren Dimensionen, welche die galaktische Weiterführung des Meridiansystems im Körper darstellen. Sind sie vollständig geöffnet, kann man den Körper heilen, Gliedmassen regenerieren und sogar Tote zum Leben erwecken.

Blauer Stern – Es gibt eine Hopi-Prophezeiung, daß kurz nach Erscheinen des Blauen Sterns die „Fünfte Welt“ ihren Anfang nimmt. Moira Timms sieht den Blauen Stern als eine Supernova (SN 1987A), deren Strahlung, seit ihrem ersten Auftreten im Jahre 1987, jetzt die Erde mit ihrem evolutionsfördernden Einfluß durchdringt. Paul LaViolette ist der Meinung, daß dieses

Phänomen mit periodischen Explosionen im galaktischen Zentrum zusammenhängt, welche riesige Mengen von kosmischen Energien abgeben, die er als **galaktische Flutwelle** bezeichnet. Dieser Austritt kosmischer Energien wird durch Schichten interstellaren Staubes sichtbar gemacht und zeigt sich uns als glänzender blau-weißer Stern. Er ist der Meinung, daß die nächste galaktische Flutwelle kurz bevorsteht.

Brahman – das geeinte Bewußtsein reinen Seins, welches das Universum durchdringt – das Eine ohne ein Zweites. Der Begriff kann auch durch **Große Zentralsonne, Hunab Ku** oder Gott ersetzt werden

Christusbewußtseins-Gitternetz – Die höhere Oktave des **planetaren Gitternetzes**; enthält die **morphogenetischen Felder** für einen spirituell erwachten Planeten der vierten Dimension.

Dimensionen – Ausmaß von Schwingungsenergie oder Dichte. Auf unserer Involutionsreise haben wir verschiedene Dimension geschaffen, durch die wir heruntergekommen sind, bis wir schließlich die „dritte Dimension" erreichten. Unser „Fall" in diese dritte Dimension ließ uns eine außerordentliche Schwingungsdichte und die Dualität zwischen „Gut" und „Böse" erfahren. Auf unserem Evolutionsweg zurück zum Ursprung, heben wir die Schwingungsfrequenzen nach und nach wieder an, wir lassen die Lektionen der Dualität **(Karma)** hinter uns, verbinden uns wieder mit unserer Seele und erreichen schließlich das Aufstiegsbewußtsein. Die Verschiebung des Zeitalters steht mit diesem Aufstieg durch die Dimensionen im Zusammenhang,

Dritte Dimension:
Sie wird von Dualität und der Trennung von der Seele gekennzeichnet. Unsere Zeiterfahrung ist linear, unser physischer wie auch der planetare Körper unterliegen dem Gesetz der Entropie oder empfinden zunehmendes Chaos.

Vierte Dimension:
eine Durchgangsdimension, in welcher die Dichte der dritten Dimension gelockert und die Zeit zusehends als synchron empfunden wird.

Fünfte Dimension:
ist charakterisiert durch ein geeintes Bewußtsein im Inneren wie im Außen, spiegelt sich im Zeitalter des Lichtes (siehe **Verschiebung des Zeitalters**) wider. Hier können viele Parallel-Realitäten vorkommen, interdimensionales Reisen wird möglich. Syntropie, das Gesetz zunehmender Ordnung, ersetzt die Entropie und gibt damit der Seele mehr Möglichkeit, sich auszudrücken.

Sechste Dimension:
Die Aufstiegsmeisterschaft wird möglich und zwar sowohl auf der persönlichen wie der planetaren Ebene.

Ekliptik – Der Weg durch die Konstellationen auf unserem Durchgang durch das **Präzessionsjahr.**

Galaktisches Zentrum - Ein Schwarzes Loch; wird in der theosophischen Literatur als die Zentralsonne bezeichnet und befindet sich 27 Grad im Schützen. Wenn wir damit in Konjunktion gehen, regen uns die evolutionsfördernden Energien, die davon ausstrahlen, dazu an, zurück zum Ursprung zu gehen.

Galaktischer Äquator – Die zentrale Ebene in unserer Galaxis, für uns als die „Milchstraße" am Himmel erkennbar. Wir überqueren den galaktischen Äquator zwei Mal in unserem Präzessionszyklus. Wir erleben gerade diesen Übergang im Zeitraum von 1998 bis 2012. Eine Auswirkung hiervon ist der Übergang von einem patriarchalen in ein matriarchales Zeitalter.

Galaktische Flutwellen Theorie – Entwickelt von Paul LaViolette, postuliert sie, daß ca. alle 13.000 Jahre eine gewaltige Energiestrahlung aus dem galaktischen Zentrum austritt, wobei dieser

Austritt jeweils mehrere hundert bis mehrere tausend Jahre dauern kann. Eine solche Flutwelle soll in Kürze kommen. Er meint, daß dies dem Blauen Stern der Hopi Prophezeiungen entspricht, in denen es heißt, daß wir beim Erscheinen des Blauen Sterns unsere Reise in die fünfte Welt antreten.

Gammastrahlen Explosionen – Sind stärker als jede Supernova; diese außergalaktischen Feuerbälle können daher stammen, daß Neuronensterne im Zentrum einer Spiralgalaxis zusammenstoßen und sich gegenseitig zerstören.

Globales Gehirn – Das **morphogenetische Feld** eines geeinten Planeten; dieser Ausdruck wird von Peter Russell verwendet, um die nächste Entwicklungsstufe einer Spezies in der planetaren Evolution nach einem Quantensprung anzuzeigen. Auf dieser Stufe wäre unsere Identität eher global als individuell. Das Internet ist die Entsprechung dieses globalen Gehirns in der dritten Dimension.

Große Zentralsonne – Bezeichnung aus der Theosophie, welche das Bewußtsein im „Zentrum" des geschaffenen Universums, und zwar sowohl in den physischen als auch interdimensionalen Aspekten anspricht. Kann alternierend mit dem Maya-Ausdruck **Hunab Ku** verwendet werden.

Hara – asiatische Bezeichnung des Zentrums des „Chi" im Körper; liegt direkt unterhalb des Nabels.

Hohle Erde (Theorie) – Diese kontroversielle Theorie behauptet, daß die Erde, ebenso wie die anderen Planeten, ein hohles Inneres mit einer inneren Sonne besitzt; der hohle Innenraum entstand durch die Drehbewegung bei der Abkühlung der Gase und der Verfestigung der Lava. Es existieren ganze Zivilisationen im Inneren der Erde, welches durch Öffnungen in den Bereichen des Nord- und des Südpols erreicht werden kann.

Hunab Ku – Maya Ausdruck für das Zentrum aller Dinge, sei es nun das Zentrum des Universums, als Ursprung und Schöpfer von allem was ist, oder das Zentrum in jedem Atom.

Indigo Kinder – Gemeinsam mit den Kristallkindern eine Übergangsspezies von Menschen, die bereits jetzt in unserer Mitte entsteht; Vorläufer eines Zeitalters des Friedens.

Ka Kanäle – Energievernetzung im ätherischen Körper; Amorah Quan Yin erhielt die Information, daß sich diese Kanäle, wenn sie ganz geöffnet und aktiviert sind, an den Körper des Christusbewußtseins angleichen; sind mit den **axiatonalen Linien** von J.J. Hurtak vergleichbar.

Kristall (oder Violette) Kinder – eine nächste Generation von Kindern, nach den Indigo-Kindern, die mächtige Gaben und Fähigkeiten besitzen, um dem Erwachen der Erde nachzuhelfen; Sie bereiten den Weg für eine neue Spezies supramentaler Wesen auf der Erde.

Lemuria - Ein Kontinent, auf welchem eine Zivilisation der vierten Dimension zu Hause war, und zwar vor bzw. zur gleichen Zeit, als **Atlantis** vor tausenden Jahren in den Wellen versank. Es heißt, daß Reste der Bevölkerung von Lemuria in unterirdischen Bereichen zu finden sind. Dazu gehört eine Stadt mit Namen „Telos", welche unterhalb von Mt. Shasta im nördlichen Kalifornien liegt.

Licht-Gitternetz – Entspricht dem **planetaren-**, dem **Christusbewußtseins-** und dem **Aufstiegs-Gitternetz.**

Logos – Bezeichnung für ein hochentwickeltes Bewußtsein, das einem Planeten (planetarer Logos), der Sonne (solarer Logos), der Galaxis (galaktischer Logos) oder dem Universum (kosmischer Logos) die Seele gibt.

Luzifer / Luzifer-Rebellion – Vor langer Zeit schufen Erzengel Luzifer (d.h. „Lichtträger") und Erzengel Michael ein Portal, durch welches die physische Form und das individuelle Bewußtsein erfahren werden konnten. Später verband man dies mit der dualistischen Ansicht des „Falles des Menschen". Die „Luzifer-Rebellion" ist ein Spiegelbild dieses dualistischen Konzeptes, und spricht von einem Krieg im Himmel, der im „Fall" endete. Viele Religionen und spirituelle Traditionen setzen Luzifer mit Satan gleich, welcher die Schattenseite des Bewußtseins darstellt. Da wir uns zur Zeit an einem Kreuzungspunkt unserer Evolution befinden, glaube ich, daß es an der Zeit ist, unsere Religion auf eine Basis zu stellen, die der geeinten Vision der Realität, nämlich unserer Dunkelheit wie auch unserem Licht, entspricht, und damit Luzifer freizulassen.

Magnetosphäre – Um die Erde gelegtes magnetisches Schutzfeld, das durch ihre Drehungsgeschwindigkeit erzeugt wird und das „Geistes-Feld" des Planeten enthält – ähnlich wie die Aura des menschlichen Körpers.

Merkabah – Auch als „Lichtkörper" oder „Lichtvehikel" bekannt. Es enthält die heiligen Geometrien des höher- dimensionalen Bewußtseins. Wir können bewußt die Verbindung mit unserer Merkabah herstellen und verbessern, und damit den Aufstiegsweg des multidimensionalen Bewußtseins und der Meisterschaft beschreiten.

Morphogentisches Feld – Nach der Theorie von Rupert Sheldrake stellt dieses „formschaffende" Feld die Basis dar für die Erinnerungen aus der Vergangenheit und die Möglichkeiten für die Zukunft. In der Akasha-Chronik, ist angeblich alles, was jemals geschehen ist und geschehen wird, aufgezeichnet – sie ist so ein morphogenetisches Feld. „Die Theorie des „hundertsten Affen" ist ein Beispiel dafür, wie solche Felder dem Ziel der Evolution dienen können.

Neue Weltordnung – Der Ausdruck wird gerne von Politikern verwendet; klingt freundlicher als „globale Diktatur".

Nullpunkt – Diese Bezeichnung hat mehrere Bedeutungen:

* Eine „Punkt der Stille" mit ungeheurem kreativen Potential, der sich im Augenblick der Überquerung des galaktischen Äquators zeigt – ein „Reset-Button" für das galaktische Bewußtsein (John Major Jenkins).
* Die Synchronisierung der verschiedenen Zeitzyklen (Windrider).
* Eine Verschiebung, die mit der Anhebung der Grundfrequenz der Erde und dem Zusammenbruch ihres Magnetfeldes zu tun hat (Gregg Braden).
* Ein „Punkt der Stille" ungeheuren kreativen Potentials, der sich im Augenblick der Umkehrung der Magnetpole zeigt – ein „Reset-Button" für das planetare oder stellare Bewußtsein (Kiara und Barry).
* Kreuzungspunkt von der Zeitspirale der dritten Dimension in die der vierten (Barry Martin).
* Eine Art von „free energy" Technologie.

Photonengürtel – Eine in New Age-Kreisen bekannte metaphysische Theorie, welche von einem Zusammentreffen mit einem Photonenstreifen alle 13.000 Jahre spricht. Die Auswirkung eines solchen Zusammentreffens könnte entweder die vollständige Vernichtung durch Umweltkatastrophen oder die spirituelle Wiedergeburt sein – vielleicht auch beides.Dieser Begriff wurde zunächst im Bereich von Science Fiction verwendet, er spiegelt sich jedoch in verschiedenen kosmischen Phänomenen.

Planetares Gitternetz – Ein ikoso-dodecahedronales geometrisches Feld um die Erde, das sorgfältigst von Bethe Hagens und Bill Becker aufgezeichnet worden ist. Es enthält die Chakren und Meridiane der Erde als lebender Körper. Die Mehrheit der Heiligen Orte der Erde stehen mit diesem Gitternetz in Zusammenhang.

Polverschiebung – Beschreibt entweder eine geographische oder magnetische Polverschiebung – oder beides. Es gibt Nachweise, daß alle 13.000 Jahre so eine Polverschiebung stattfindet. Geographische Polverschiebungen entstanden dann, wenn die Erde sich neu ausrichtete, oder auch unabhängig davon, wenn Asteroiden auf die Erde trafen. Jede der Polverschiebungen kann auch mit Umweltkatastrophen auf der Erdoberfläche zusammenhängen – ihr Ausmaß wird von der derzeitigen Dichte des Bewußtseins auf dem Planeten bestimmt. Eine Polverschiebung wird in Kürze stattfinden.

Prana – Hinduwort für ätherische Stufen der Lebenskraft-Energie. Entspricht „Chi" oder „Mana".

Präzessionsjahr – Die scheinbare Bewegung der Konstellationen am Himmel, so wie wir sie gemäß der Neigung der Erdachse sehen. Das astrologische Wort Weltalter entspricht diesem 26.000 Jahre dauernden Zyklus.

Satanisches Gitternetz – Ein Gitternetz, welches aus dissonanten Astral-Gedankenformen besteht und welches, wenn es mit den Chakren und Meridianen der Erde verbunden wird, diese in der dritten Dimension gefangen hält.

Schumann Resonanz – Bezieht sich auf die „Grundfrequenz" der Erde, welche mit 7,38 Hertz (Zyklen) pro Sekunde schwingt. Gregg Braden, der seine Informationen aus den Arbeiten Russischer und Schwedischer Wissenschaftler bezieht, sagt, daß diese Frequenz, die seit Tausenden von Jahren unverändert geblieben ist, sich jetzt auf 13 Hertz erhöht, was der Frequenz der erwachten Erde entspricht.

Seelenverflechtung – Die Verschmelzung zweier Seelen oder zweier Parallelaspekte der gleichen Seele, mit einem Inkarnationsstrom. Nicht zu verwechseln mit dem **Walk-In**, bei dem es sich um einen Seelentausch handelt.

Seelentaustausch – Siehe **Walk-In**.

Seeleninitiation – Spezielle Ziele, die auf dem Initiationsweg der Seele erreicht werden und zu einer Beschleunigung des Bewußtseins führen; sie sind oft von Kundalini-Erfahrungen begleitet.

Seelenrückholung – Das Zurückholen abgesplitterter Seelenfragmente in den Körper nach Schock oder Trauma.

Sonne im Inneren der Erde – In der Theorie der hohlen Erde ist sie die strahlende Sonne im Erdinneren, welche den Zivilisationen, die dort angesiedelt sind, Wärme und Licht spendet.

Sternentore – Interdimensionale Portale oder "Wurmlöcher", welche Energie und Informationen von einer Region der Galaxis zur anderen bringen.

Supramentaler Zustand – Ein Zustand geeinter Harmonie, welcher jenseits des mentalen Egos unseres normalen menschlichen Bewußtseins zu suchen ist.

Supramentale Wesen – Eine zukünftige Rasse der Erde, die in ca. 300 Jahren zu finden sein wird; in ihr ist ein erweitertes Seelenbewusstsein vollständig in Körpern der „wahren Materie" (Sri Aurobindo) der vierten Dimension inkarniert.

Supramentaler Abstieg – Dieser Ausdruck, den Sri Aurobindo und die Mutter verwendeten, bezeichnet das Quanten-Erwachen in der Zukunft der Erde. Es handelt sich um einen Zustand, bei welchem höhere spirituelle Welten im Zellbewußtsein geeint werden, und zwar im menschlichen Körper wie auch in der Materie der Erde. Es ist der Startschuß für eine neue Evolution auf Erden, und ist vielleicht dem Bewußtsein der fünften und sechsten Dimension gleichzusetzen.

Tulku – Tibetischer Ausdruck für eine hoch entwickelte Seele, welche sich bewußt nach dem Tode durch einen anderen Körper inkarniert, siehe Dalai Lama oder die Karmapas. Obwohl der

Körper normalerweise bei der Geburt „betreten" wird, kann es sich jedoch auch um ein Walk-In mit einer vorgeburtlichen Absprache handeln.

Überschatten – Dieser Ausdruck aus der Theosophie beschreibt den Vorgang, bei welchem ein hoher Initiat sich für eine gewisse Zeit des Inkarnationsstroms eines weniger hohen Initiaten bedient – so wie Maitreya, der Christus, Jesus während der letzten drei Jahre seines Dienstes überschattete.

Violette Kinder – Siehe **Kristallkinder**.

Verschiebung der Zeitalter – Bezeichnet den kollektiven Eintritt unseres Planeten in das Zeitalter des Lichtes, was von einer höheren Schwingungsfrequenz der vierten oder fünften Dimension gekennzeichnet ist. Es gibt verschiedene Betrachtungspunkte, d.h., der Ausdruck kann mit einem oder allen der folgenden Interpretationen definiert werden:

* Vorwärtsbewegung aus dem Kali Yuga in das Satya Yuga.
* Schritt aus dem Fische-Zeitalter mit seinen 2.160 Präzessionsjahren in das Wassermann-Zeitalter.
* Beendigung der Langen Zählung nach dem Maya-Kalender (3313 vor bis 2012 nach Christi Geburt); Eintritt in die sechste „Sonne" bzw. das „Sonnen-Zeitalter".
* Schritt von der vierten in die fünfte Welt der Hopis nach dem Auftreten des **Blauen Sterns**.
* Verschiebung der geographischen Pole.
* Verschiebung oder Umkehrung der magnetischen Pole.
* Überschreiten des galaktische Äquators, ein Ereignis, welches zwei Mal in unserem Präzessionszyklus von 26.000 Jahren stattfindet.
* Konjunktion mit dem galaktischen Zentrum, ein Ereignis, welches ein Mal in den 26.000 Jahren unseres Präzessionszyklus stattfindet.

* **Null-Punkt** nennt Gregg Braden jene Situation, in welcher die Grundfrequenz der Erde steigt und gleichzeitig ihr Energiefeld zusammenbricht.
* Dimensionale Verschiebung von der dritten in die vierte Dimension, danach in die fünfte.
* Planetarer Aufstieg.

Walk-In – Ein Seelenaustausch nach Übereinkunft, bei welchem eine ankommende Seele anstelle der weggehenden Seele die physische Inkarnation übernimmt (vergleiche mit **Seelenverflechtung, Seeleninitiation, Tulku, Seelenrückholung** und **Überschatten**).

Yugas – Hindu-Bezeichnung für die Weltzeitalter, wobei der Weg vom Satya Yuga, dem Licht-Zeitalter durch die Treta und Dwapara Yugas zum Kali Yuga, dem Zeitalter der Finsternis führt. Nach Meinung einiger Menschen sind wir jetzt im Begriff, uns vom Kali Yuga ins Satya Yuga zu bewegen. Die „Reinigung" oder „Kranti", welche wir gerade durchlaufen, ist ein wichtiger Bestandteil dieser Rückkehr.

Zentralsonne – Theosophische Bezeichnung für das Bewußtsein im Zentrum unserer Galaxis; gemeint sind sowohl seine physischen als auch seine interdimensionalen Aspekte.

Künstlerangaben

Das Titelbild ist von Delmary, PO Box 2044 Sedona AZ 86339; Die Bilder auf den Seiten: 385-397 von Willow Arlenea, *www.designsbywillow.com* ; auf den Seiten: 81, 285, 325, 327 von Patrizia Kirby, *reunion144@aol.com* ; auf den Seiten: 132, 158, 175 von Armando Busic; Seite 272 ist von Max Field; die Seiten 29,52,93,138,149 von *www.arttoday.com*; die Seiten 93-95 von Chris Bird, aus dem New Age Journal Nr. 5 vom Mai 1975, Seite 36-41.

Meditationen
und Übungen

Die CD zum Buch
in Deutsch

Gesprochen von
Rudolf Lippert

CD 1

Mit Musik von
Paul Armitage

ISBN 3-933470-42-0 EUR 12,90/CHF 21,90

Weitere Bücher aus dem R. Lippert Verlag

zu beziehen im Buchhandel oder direkt beim Verlag (siehe Seite 2)

Saint Germain *Crea und Sananta*

broschur 128 S., EUR 15,50/ CHF 29,80 ISBN 3-933470-08-0

Durchgaben, Anrufungen und Meditationsübungen von SAINT GERMAIN. Eine Beschreibung des Wirkens dieses großen Meisters.Reinigung und Umwandlung mit der Violetten Flamme.

Sananda *Crea*

broschur 152 S., EUR 15,90/ CHF 29,80 ISBN 3-933470-02-1

Eine Zusammenfassung wertvoller Durchgaben und Meditationsübungen von SANANDA, die das Wirken dieses großen Meisters beschreibt.

Blütenblätter von Kuthumis Rose *Crea*

broschur 72 S., EUR 6,90/ CHF 11,80 ISBN 3-933470-10-2

"Jeder Vers wird als Blütenblatt meiner Rose der Weisheit dienen, und obwohl einfach gehalten, wird er die Schlüssel zum Aufschließen der Tore zum ewigen Leben beinhalten. Ich rufe alle spirituellen Aspiranten dazu auf, das größere Leben in sich, welches zu Weisheit, richtiger Handlung und Absicht führt, zu suchen und zu finden." K.H.

LICHT - MEDITATIONEN Bd. 1+2 *Sananta*

mit Engeln und Aufgestiegenen Meistern

broschur 128 S., EUR 15,50/CHF 29,80

ISBN Band 1: 3-933470-09-9 / ISBN Band 2: 3-933470-11-0

Die regelmäßige Anwendung dieser Meditationen bewirkt eine Erhöhung der persönlichen Schwingung und unterstützt die eigene geistige Entwicklung. Diese Meditationen umfassen unter anderem Themen wie: Geistigen Schutz, Heilung, Reinigung, Erdung, Licht, Vergebung, Loslassen, Freude, Liebe, Frieden...

El Morya *Crea*

broschur 96 S., EUR 8,90/ CHF 16,80 ISBN 3-933470-01-3

Eine Zusammenfassung wertvoller Durchgaben und Meditationsübungen von EL MORYA, die das Wirken dieses großen Meisters beschreibt.

Maria - Die Ankunft des Lichtkindes *Sananta*

Empfängnis, Schwangerschaft, Geburt
und Kindheit aus geistiger Sicht

broschur 72 S., EUR 8,90/ CHF 16,80 ISBN 3-933470-00-5

Die 9 Stufen zum Aufstieg *Crea*

broschur 72 S., EUR 8,90/ CHF 16,80 ISBN3-933470-04-8

Ashtar *Crea*

broschur 150 S., EUR 15,90/ CHF 29,80 ISBN 3-933470-03-X

* Erklärungen zum Thema Aufstieg * Photonengürtel & Zeitverschiebung * Göttlicher Zeitplan * Die Veränderungen annehmen * Über die Durchgaben

Die Macht der Sehnsucht nach dem Wunderbaren

Sylvia Angelika Bohlender

Broschur 144 S., EUR 10,90/ CHF 19,80 ISBN 3-933470-05-6

Diese, in sehr schöne, ansprechende Worte gekleidete Geschichte, entführt den Leser in eine ferne Welt einer alten Zeit, in das Leben eines Druiden, einem stummen Mädchen und einer großen Liebe.

Blauer Fünfzackiger Stern

Meditations-Stern, Tiffany-Handarbeit
Durchmesser 21cm, EUR 62,90 / CHF 120.-
beim Verlag erhältlich.

Das Symbol der Grossen Weissen Bruderschaft. Ein starkes Schutzsymbol. Durch meditatives Einstimmen auf diesen Stern erhöhen wir unsere Schwingung und stellen eine Verbindung zu den Meistern und den geistigen helfenden Wesen her.

Gott, Schöpfung & Universum *Dr. Ron Hanner*

broschur 288 S., EUR 19,90/ CHF 37,80 ISBN 3-933470-07-2

Dr. Joshua David Stone

1. Band: Das komplette Aufstiegs-Handbuch
- Wie man den Aufstieg in diesem Leben erreicht
416 S., gebunden, EUR 28,90 /CHF 54,80 ISBN 3-933470-60-9

2. Band: Seelenpsychologie - Psychologie der Seele
- Die spirituellen Schlüssel zum Aufstieg
448 S., gebunden, EUR 31,90 /CHF 59,80 ISBN 3-933470-61-7

3. Band: Der Pfad des Aufstiegs - Ein Wegbegleiter
288 S., broschur, EUR 21,90 /CHF 39,80 ISBN 3-933470-63-3

4. Band: Aufgestiegene Meister weisen den Weg
- Leuchtfeuer des Aufstiegs
320 S., gebunden, EUR 25,90 /CHF 49,80 ISBN 3-933470-64-1

5. Band: Integrierter Aufstieg
- Offenbarungen für das neue Jahrtausend
448 Seiten gebunden, EUR 29,90/ CHF 55,80 ISBN 3-933470-65-X

6. Band: Aufstiegskurse
224 S. broschur, EUR 19,90/ CHF 37,80 ISBN 3-933470-66-8

7. Band: Spirituelle Achtsamkeit im Angesicht des Terrorismus
- Enthüllte Wahrheit und Weisheit Gottes!
176 S. broschur, EUR 15,90/ CHF 29,80 ISBN 3-933470-67-6

8. Band: Verborgene Mysterien
448 S., gebunden, EUR 29,90/ CHF 56,80 ISBN 3-933470-68-4

9. Band: Wie man sich vom negativen Ego befreit
320 S. gebunden, EUR 25,90/ CHF 49,80 ISBN 3-933470-69-2

Willow